LAW&BUSINESS

一本书读懂股权激励

于强伟　曹　炜◎著

法律出版社 | LAW PRESS
北京

图书在版编目(CIP)数据

一本书读懂股权激励 / 于强伟，曹炜著. -- 北京 ：法律出版社，2024
ISBN 978 -7 -5197 -8096 -8

Ⅰ. ①一… Ⅱ. ①于… ②曹… Ⅲ. ①股权激励－企业法－研究－中国 Ⅳ. ①D922.291.914

中国国家版本馆 CIP 数据核字(2023)第 128929 号

一本书读懂股权激励
YI BEN SHU DUDONG GUQUAN JILI

于强伟　曹　炜　著

策划编辑　赵明霞
责任编辑　赵明霞
装帧设计　汪奇峰　鲍龙卉

出版发行　法律出版社
编辑统筹　法商出版分社
责任校对　王　丰　张翼羽
责任印制　胡晓雅
经　　销　新华书店

开本　710 毫米×1000 毫米　1/16
印张　17.25　　**字数**　270 千
版本　2024 年 7 月第 1 版
印次　2024 年 7 月第 1 次印刷
印刷　北京中科印刷有限公司

地址：北京市丰台区莲花池西里 7 号(100073)
网址：www.lawpress.com.cn
投稿邮箱：info@lawpress.com.cn
举报盗版邮箱：jbwq@lawpress.com.cn

销售电话：010 - 83938349
客服电话：010 - 83938350
咨询电话：010 - 63939796

书号：ISBN 978 - 7 - 5197 - 8096 - 8　　**定价**：78.00 元
凡购买本社图书，如有印装错误，我社负责退换。电话：010 - 83938349

前言

现代公司法有两个基础性理论支柱:公司治理制度和公司资本制度。公司治理制度解决的问题是,在所有权和经营权分离的情况下如何通过分权和制衡对利益相关者进行利益平衡,从而降低代理成本,最大化地实现股东权益;公司资本制度解决的问题是,在立法技术上应当采用何种制度设计,才能确保公司这一拟制的法人组织能够完整地拥有和行使财产性权利,并给投资人带来回报。可见,这两项制度最终目的都是保障股东权益,而贯穿于这两项基本制度的主线,就是股东所拥有的股权。但是,在公司股权高度分散、股东和管理者高度分离的情形下,股东和管理层之间的利益诉求似乎天然地发生背离。股东行使的是公司治理层面的权力,追求投资收益最大化;管理层行使的公司管理层面的权力,追求自主控制权的最大化。他们的目标虽然在很多场景下是一致的,但也有很多场景不一致,比如高额消费、豪华差旅等。为了解决这种公司治理和公司管理层面的矛盾,从 20 世纪初期开始,很多国外公司就已经开始了尝试,围绕股权进行了各种制度安排,股权激励就是在这种背景下产生的。

从架构原理上看,股权激励充分利用了激励相容的基本理论,借助“搭便车”效应,使管理层在实现自身利益最大化的同时,也实现了股东利益的最大化。相对于工资、奖金等短期收益,股权激励在公司激励体系中属于中长期激励措施。股权激励一方面具有正向刺激和引导作用,另一方面也具有惩罚效应和约束效果。不过,与传统的奖惩体制不同,股权激励的惩罚效应在许多场景下是通过同等条件不激励或弱激励实现的。

股权激励的实施效果具有争议性,有的公司认为股权激励没有实际作用,有的则认为成效显著。之所以在实践中产生如此之大的偏差,可能与多重因素有关。比如,行业因素、公司所处发展阶段及公司创始人对公司的掌控力和贡献度处于绝对优势的支配从而导致其他人价值难以衡量等,这也就导致股权激励的方案制定和实施属于完全非标准化的"定制品",更大程度上体现为公司的个性化治理和管理措施。因此,对股权激励效果和作用的评价,应当结合公司现状和实际情况展开,否则可能就不客观。

慎重定制及稳妥实施股权激励的公司,往往会取得不错的管理效果。一方面能够激发核心高管和重要骨干的积极性、主动性和归属感,另一方面也稳定了公司团队,为公司可持续发展奠定坚实的人才基础。同时,还有可能为公司节省资本开支,有助于公司将有限的资源投入能够产生更大价值的研发和市场开拓等未来增量板块。

从体例上看,本书内容总体而言主要分为两个板块:法律合规和财税合规,共七章内容。第一章主要介绍了股权激励制度设计在境内外的历史渊源,回顾了其理论基础,从公司治理和公司管理的双重视角分析了股权激励的功能。第二章从公司治理角度对实施股权激励应当注意的核心问题进行了讨论,主要涉及:大股东控制权、股权激励对公司治理的影响以及股权激励在新时代背景下的发展趋势等问题。第三章从公司管理角度对实施股权激励应当关注的核心要点进行了分析,主要涉及:股权激励对企业管理的制度价值、从管理角度需要关注的15个实操要点等。第四章对如何合规地实施股权激励进行了全面论述,包括人力资源作为出资方式的法律考量、股权激励与非法集资的辨析、境内非上市公司/境内上市公司/国有公司/赴境外上市公司等不同类型的主体在实施股权激励过程中应该关注的要点等,对设计股权激励方案的常见法律问题进行了全方位的拆解,并提出了针对性的解决方案。第五章讨论了股权激励涉及的股份支付这一核心会计处理问题,对股份支付的会计确认和计量原则、公允价值确认、股票期权和限制性股票这两种常见的股权激励工具如何进行会计处理等问题,进行了详细分析。第六章专门关注股权激励的中国境内税务处理,对上市公司和非上市公司两类主体分别探讨了税务处理的相关细节,并就股权激励的税务报备、如何利用税收优惠政策等问题进行了详细讨论。第七章专门关注股权激励的境外个税处理,重点展示了美国、英国、澳大利亚、新加坡四个国家实施股权激励的常用工具,并分别就其个税处理进行了讨论。

总体而言，股权激励的理想效果应当是充分实现激励性和约束性，最大限度发挥被激励对象的潜能，实现股东、被激励对象的共赢。在实践操作中，要想获取这种理想效果，离不开大股东和管理层的充分沟通和共识，也需要在专业人员的指导下，从法律、税务和会计处理等角度协助制订切实可行的股权激励方案，并在公司得到妥善执行和落地。如前所述，股权激励有很强的管理属性，每家公司所处行业环境及自身发展阶段和人员素质等也各不相同，由此导致"千人千面"是顺理成章的常态。是否需要实施股权激励、在什么时机实施股权激励，以及怎样实施股权激励、具体方案怎样制定和实施等，这些问题都是因人而异、因公司而异的，建议准备实施股权激励的公司慎重谋划，三思而后行。

本书在写作过程中，也得到了众多朋友的支持，包括来自北京市通商律师事务所、北京市百宸律师事务所和普华永道专门从事股权激励实务的相关同事和朋友，都为本书的写作提出了宝贵的意见和建议。尤其是法律出版社法商分社的分社长薛晗、资深编辑赵明霞，在本书的写作过程中，也对本书的目标定位、内容结构及章节编排等提出了大量的、有针对性的宝贵意见，在此一并致谢。

受限于作者的能力和经验，本书的内容一定还有许多有待提升的空间，书中观点及建议也不一定准确，如有发现错误或不当之处，真诚期望读者朋友不吝指正，及时提出，以便再版时更正。

于强伟　曹　炜

2024 年 6 月 9 日

目录

CONTENTS

第一章

综　述

“股权激励”是当前国内公司治理和公司管理实践中十分流行的制度设计，无论是实体产业的创业者，还是从事咨询服务行业的中介机构，都对“股权激励”抱有极大的兴趣。这是时代赋予的烙印，也是经济形态从曾经倚重体力劳动发展到高度依赖智力资本的必然要求。“资本雇佣劳动”的时代渐行渐远，“知识雇佣资本”的理念缓缓到来，这种以人为本的价值导向，真正体现了“人是目的而不是手段”的哲学理念。“人”所拥有的知识技能等智力资本，也应当享有参与创造价值、分享价值的平等机会，而非仅仅以人力成本的方式在财务报表中进行税前列支。但是也需要注意，“股权激励”作为一种公司治理手段和管理手段，制度设计的初衷是解决由于所有权和经营权分离而产生的委托代理成本，“风险共担、利益共享”是股权激励正当性的本源。反思今天许多公司的股权激励制度，有些做法走入了极端，对于激励对象来说要么完全“躺赢”，要么“墙上画饼”，没有准确把握“股权激励”的制度精髓。鉴于此，本章将正本清源，深度挖掘这一制度的理论基础，剖析股权激励的激励性如何体现，并更加关注其约束性。本书也赞同巴菲特先生就股权激励所表现出的合理谨慎，公司是否应当实施股权激励、如何实施股权激励，需要在准确理解并深刻分析利弊的基础上合理决策。

一、股权激励简史

1. 境内简史

我国股权激励实践可以追溯至300多年前的山西票号制度①,晋商当时创立的“身股”机制被公认为中国版股权激励的开端。身股又称顶身股、“顶生意”、人力股,由掌柜及出众伙计集合而成,即允许以劳动者的知识和技能代替出资占有相应的股份。凡票号中的掌柜、伙计,虽无资本顶银股(出钱形成的资本股),却可以以自己的劳动力顶股份,而与财东(东家)的银股一起参与分红,但顶身股者不承担亏赔责任。掌柜一般可顶1分(或称1俸,即1股),也有超过1股的;出众伙计所顶股份依照自己的劳绩酌定,少则一二厘,多则八九厘,且有每逢账期(5年或者三四年不等)递增股份的惯例,但多至1股为限。票号的顶身股制度有些类似于现代意义上的“虚拟股权”,所不同的是,持股人是登记在册的股东。通过实施这种制度,掌柜、伙计的利益和票号东家的利益被紧密地捆绑在一起,极大地激发和调动了他们的积极性。这种有效的激励和约束机制,推动了票号稳定持续地发展,使晋商称雄商界数百年,由“货通天下”发展到“汇通天下”,造就了中国历史上的商业奇迹。

我国现代意义上的股权激励,始于1993年万科的股票期权实验;在1997年,股票期权制度第一次在上海仪电控股(集团)公司实行;天津泰达股份有限公司也于1998年实施股票期权的探索;北京市于1999年7月下发《关于对国有企业经营者实施期股激励试点的指导意见》,并于该年底选择10家公司进行试点;同年,党的十五届四中全会在中共中央《关于国有企业改革和发展若干重大问题的决定》中正式明确了试行经理(厂长)年薪制、持有股权等分配方式。这一阶段我国股权激励制度的效果逐步得到了官方认可和重视,并在部分国有企业中试点实行,但并没有可操作性的相关法律法规作为依据,各家试点企业也是各自尝试。②

---

① 李永福:《山西票号研究》,中华工商联合出版社2007年版,第203~236页。

② 汉哲管理研究院:《股权激励 你不可不知的历史》,载汉哲管理咨询(北京)股份有限公司网2020年1月14日,http://www.han-consulting.com.cn/article/item-1066.html。

2002 年 9 月，国务院办公厅转发了财政部、科学技术部（以下简称科技部）制定的《关于国有高新技术企业开展股权激励试点工作的指导意见》（2016 年失效），推动了我国国有企业股权激励的试点工作，许多国有企业纷纷采取股票期权、期股、股票奖励（含岗位股）、虚拟股票等多种方式来激励经营者。

2005 年 12 月，中国证券监督管理委员会（以下简称证监会）正式出台了《上市公司股权激励管理办法（试行）》（2016 年失效），随后又在 2008 年出台股权激励有关事项备忘录 1 号、2 号、3 号（2016 年失效），对上市公司股权激励的种种问题做了补充规定。之后在中小板、创业板的发展过程中也专门做过部分规定。我国的股权激励制度建设和监管方面开始完备，股权激励也呈现了大发展状态。

2006 年，国务院国有资产监督管理委员会（以下简称国资委）、财政部也先后发布了《关于印发〈国有控股上市公司（境外）实施股权激励试行办法〉的通知》以及《关于印发〈国有控股上市公司（境内）实施股权激励试行办法〉的通知》，境内、境外的国有控股上市公司积极探索试行股权激励制度。

2008 年 10 月，针对目前部分上市公司在股权激励方案设计和实际运行过程中存在的股权激励实施条件过宽、业绩考核不严、预期收益失控等问题，国务院国资委、财政部联合发出《关于规范国有控股上市公司实施股权激励制度有关问题的通知》，从四个方面对国有控股上市公司股权激励做了进一步补充规定。与之前相比，严格股权激励的实施条件，提出加快完善公司法人治理结构，进一步明确了国有控股上市公司要完善股权激励业绩考核体系、科学设置业绩指标和水平，并对激励对象行权业绩目标做了明确规定。

2016 年 8 月，财政部、国务院国资委、中国证监会联合发布了《关于国有控股混合所有制企业开展员工持股试点的意见》，重点在试点企业条件、企业员工入股、企业员工股权管理等方面，对员工持股的范围、价格、股权比例等方面做了进一步的详细规定。

2018 年 8 月，中国证监会修正并发布了《上市公司股权激励管理办法》，对股票期权、限制性股票的适用条件和限制做了更加明确详细的规定，并列出了需要律师事务所出具法律意见书的 8 种具体情形，从合规性角度进一步完善了股权激励的制定和实施要求。

2.境外简史

很多人认为现代意义上的股权激励主要始于20世纪50年代的美国,但这一说法并不十分准确。经本书作者考证,对经理人进行激励的安排自1927年的美国杜邦公司(Du Pont)就已经开始[①],比伯利(Ir. A. A. Berle)和米恩斯(Gardiner C. Means)于1932年提出的著名的"所有权和控制权分离假设"理论早了整整5年。按照杜邦公司1927年1月1日生效的经理层激励计划,有能力并且实际上也已晋升更高层级的管理人员,有权从杜邦公司借款用于购买公司一定数量的普通股,购买价格按照账面净资产值确定,这些普通股的期限为7～10年,有固定利息,到期由公司回购。

1952年,美国菲泽尔(Pfizer)公司管理人员为避免个人薪金被高额所得税征收(当时个人所得税边际税率高达92%),设计了一个面向全体员工的股票期权计划。到20世纪60年代,日本开始实行公司职工持股计划(Employee Stock Ownership Plans,ESOP)等形式的股权激励,欧洲其他国家也普遍开始采取股权激励方式。

1974年,美国通过了《职工退休收入保障法》(Employee Retirement Income Security Act),首次明确了ESOP的合法地位。[②] 这一年,美国大约有300个ESOP。这一时期实施的ESOP,既是符合税收条件的退休计划,也是公司财务的管理工具。当国会批准ESOP时,其目的是利用税收优惠,为不易上市的私人控股企业的所有者提供财务筹划的机会,同时为美国工薪阶层创造所有权关系和退休资产。[③]

之后的20世纪80年代,美国经济发生了一系列重大的变化,由于股票市场持续走牛,大规模的企业精简与兼并重组时有发生,税收政策和新会计准则颁布,高级经理人才流动频繁等种种原因,美国股权激励计划经历了大发展阶段。到1989年,美国大约有10,000个ESOP,涉及1000万名员工,约占当时全

---

① Richard T. Holden, *The Original Management Incentive Schemes*, The Journal of Economic Perspectives, Vol.19, No.4, p.135－144(2005).

② 康至军:《事业合伙人:知识时代的企业经营之道》,机械工业出版社2019年版,第33页。

③ Sharon B. Hearn, *ESOPs: A Tax Advantaged Exit Strategy for Business Owners*, American Bar Association, Business Law Today, p.1－5(March 2015).

部美国员工的 25%。[1]

到 1998 年,在美国 350 家最大公司中,已经有近 30% 的公司实施了员工普遍持有股票期权计划,用于员工激励计划的股票平均占股票总数的近 8%,在 IT 公司这一比例高达 16%,总体上实施股票期权计划的公司用于股票期权计划的股票已占股票总数的 10%。

20 世纪 90 年代,美国公司高管人员的薪酬总额中,长期激励报酬一直稳定在 20%~30%。20 世纪 90 年代以后,股票期权又一次得到大量应用,在报酬中比重由 1992 年的 27% 上升到 2000 年的 51%,2003 年达到 63%;近年来,部分公司中比重已占报酬 95% 以上。[2]

同期,欧洲和日本的股权激励也快速发展,到 20 世纪 90 年代末,日本已有近 200 家公司相继实施了股票期权,在税法和外汇管理方面也完善了相应的制度。

2001 年后,美国企业界因股权激励产生的丑闻频频曝光,导致许多公司停止了股权激励计划。为维持高股价,世通公司会计造假金额达 71 亿美元;安然公司管理层通过做假账推高股价以牟取巨额的期权收益,其董事会主席卖出了超过 1 亿美元的期权。受此类丑闻的影响,美国股权激励的授予量大幅减少。这一轮危机引起了学者对股权激励的反思。

正是这些影响,导致后来产生了一系列变革,尤其是会计准则的变化。美国财务会计准则委员会(Financial Accounting Standards Board, FASB)于 2004 年发布了修订后的《财务会计准则报告第 123 号——基于股份的支付》,确认了期权会计处理中公允价值的计量方法;后来国际会计准则委员会及欧盟委员会也相继发文,一致确立了对股票期权的费用化确认和公允价值计量的指导思想,在一定程度上规避了股权激励的相关风险。

受此影响,我国财政部也于 2006 年 2 月 15 日发布了《企业会计准则第 11

---

① Henry C. Blackiston Ⅲ, Linda E. Rappaport, Lawrence A. Pasini, *ESOPs: What They Are and How They Work*, The Business Lawyer, Vol. 45, No. 1, p. 85 – 143 (November 1989).

② 沪桂金融中心:《股权激励是如何起源和发展的?》,载沪桂集团网 2020 年 12 月 15 日,http://www.58fw.com/bangbang/qywt/1150.html。

号——股份支付》,对股份支付产生的费用确认和摊销进行了明确规定。①

二、股权激励的理论基础

作为一种能够聚集优秀人才、促使企业绩效提高、促进企业健康稳定发展的激励机制,股权激励有着深厚的理论基础。其中最具代表性的主要是三种:人力资本理论、委托代理理论和激励相容理论。

1. 人力资本理论

按照契约论的观点,企业是两类资本(物力资本、人力资本)的"必要性合约",是这两类资本的拥有者在自愿基础上的合作。物力资本表现为各种形式的货币出资、实物出资、无形资产出资等,可以被用来偿还债务或者强制执行;人力资本则主要是凝结在人身上的具有经济价值的知识、技术、能力和体力的总和。② 最早系统地论述人力资本思想的是古典政治经济学鼻祖亚当·斯密。亚当·斯密将一个国家的总资产分为消费品、固定资本与流动资本三个部分,其中固定资本是"不必经过流通、不必更换主人即可提供收入或利润"的资财,包括有用的机器与工具、建筑物、土地改良费和人民的有用才能。在阐述第四类固定资本即"社会上一切人民学到的有用才能"时,他指出:"这些才能,对于他个人自然是财产的一部分,对于他所属的社会,也是财产的一部分。工人增进的熟练程度,可以和便利劳动、节省劳动的机器和工具同样看作社会上的固定资本。学习的时候固然要花费一笔费用,但这笔费用,可以得到偿还,赚取利润"。③ 舒尔茨(Theodore W. Schultz)的人力资本理论也值得深入研究,他有两个核心观点:一是在经济增长中,人力资本的作用大于物力资本;二是人力资本

---

① 《企业会计准则第11号——股份支付》第5条规定,"授予后立即可行权的换取职工服务的以权益结算的股份支付,应当在授予日按照权益工具的公允价值计入相关成本或费用,相应增加资本公积";第6条规定,"完成等待期内的服务或达到规定业绩条件才可行权的换取职工服务的以权益结算的股份支付,在等待期内的每个资产负债表日,应当以对可行权权益工具数量的最佳估计为基础,按照权益工具授予日的公允价值,将当期取得的服务计入相关成本或费用和资本公积";第11条规定,"授予后立即可行权的以现金结算的股份支付,应当在授予日以企业承担负债的公允价值计入相关成本或费用,相应增加负债"。

② [美]西奥多·W. 舒尔茨:《人力资本投资》,蒋斌、张蘅译,商务印书馆1990年版,第12页。

③ [英]亚当·斯密:《国民财富的性质和原因的研究》(上卷),郭大力、王亚南译,商务印书馆1972年版,第258~259页。

的核心是提高人口质量,教育投资是人力投资的主要部分。他认为经济制度的最显著特征就是人力资本的增长,人力资本是促进经济增长的重要生产要素,人力、知识和技能是资本的一种形态,对人力资本的投资收益率超过一切其他形态资本的投资收益率。[①]

股权激励通常将公司的高级管理人才和核心技术员工视为激励对象,这不仅是对人力资本价值的肯定,也是对其能力的激励。作为一个长期的激励和约束体系,股权激励通过增强激励对象与公司之间的权益关联,为提高公司绩效提供了可能。

不同于传统的可视化的物力资本,将人力作为资本需要准确把握人力资本的以下特性。[②]

第一,人力资本具有专属性或支配性,即人力资本专属于特定的人身,是一种不可转让、不可继承的特殊资本,由人力资本所有者独自支配。正如舒尔茨所言,“人力资本的显著标志是它属于人的一部分。它是人类的,因为它表现在人的身上……没有人能把自己同他所拥有的人力资本分开”。[③] 因此,凝结于特定个体的知识和技能,必须通过特定个体才能发挥效用,也正因如此,人力资本也难以被他人准确地认识和精确地度量。

第二,人力资本具有无形性。但这种无形性与知识产权的无形性有本质区别,知识产权可以通过一定载体表现出来,如图纸、生产配方等,而人力资本的表现方式没有具体的物质载体,往往是以成果来度量。

第三,人力资本具有稀缺性。国内也有学者认为,人力资本可分为通用性人力资本和特质性人力资本。前者是指在任何企业、对于任何工作都有相同价值的技能和知识;后者是指只对特定行业、特定企业才有价值的技能或知识,从股权激励角度来讲,企业看重的往往是特质性人力资本。[④] 这种特质性人力资本,经常是稀缺的,因而也更有价值。

---

① [美]西奥多·舒尔茨:《人力资本投资》,蒋斌、张蘅译,商务印书馆1990年版,第53页。

② 张明若等:《创业投资模式的制度创新——公司法人力资本价值的理性回归》,法律出版社2016年版,第31~34页。

③ [美]西奥多·舒尔茨:《人力资本投资》,蒋斌、张蘅译,商务印书馆1990年版,第40页。

④ 马永斌:《公司治理之道——控制权争夺与股权激励》,清华大学出版社2013年版,第284~285页。

第四，人力资本具有动态性。人力资本所附着的人身不是固定不变的，本身也处于动态发展变化的过程之中，其价值会随着人力资本所有者自身的知识、经验、能力、健康以及社会影响、外部环境变化等因素而发生相应的变化，如果没有持续性的更新，人力资本的价值可能会逐渐下降。

人力资本所具有的这些特性，是股权激励实务中难以从法律上进行权属转移、从价值上进行量化的根本原因。

2. 委托代理理论

1932 年，美国著名学者伯利和米恩斯教授发表了《现代公司与私有财产》这一经典著作，开创了现代公司治理理论的研究。[①] 他们认为，公司管理者（代理人）常常追求个人利益最大化，而非股东（委托人）利益最大化，从而可能出现管理人从事背离股东利益的行为。解决这些问题的方法就是建立完善的公司治理机制，对经营者进行有效的监管。正如学者所言，没有两权分离条件下的受托问题，就不存在所谓公司治理问题。[②] 代理理论是员工持股计划中的一个经典理论，学者们主张将公司的所有权与经营权分离，在保留公司所有者的剩余索取权的同时，把公司的经营权转让给职业经理人。在这种委托代理关系中，委托人需要聘请专业的业务人员来管理企业并作出日常事务的决策，用以弥补自身管理能力的不足。Arthurs 和 Busenitz（2003）强调委托人和代理人都是完全理性的"经济人"，在为公司作出经济决策时，双方都希望决策的结果可以使自己的收益最大化。换言之，委托人希望以最低的报酬实现股东财富最大化，代理人希望利用所赋予的资源条件和决策权为自己谋取利益。此外，由于在客观上利益取向不一致，委托人和代理人对风险的态度也不一致。为使股东利益最大化，委托人愿意让代理人承担风险，承担相应的经济活动责任。虽然代理人追求企业的利益，但 Caldwell 和 Karri（2005）表示代理人还需要考虑与福利相关的风险对他个人职业发展的不利影响。因此，在作业务决策时，代理人将选择风险较小、短期内为公司带来利益的项目，而不考虑公司未来的长期发展。这相当于保持自身的利益，但牺牲了公司的长期发展目标和更大的利

① 张忠野：《公司治理的法理学研究》，北京大学出版社 2006 年版，第 4 页。

② 梅慎实：《现代公司法人治理结构规范运作论》，中国法制出版社 2001 年版，第 19 页。

益。股东们不能在合同中对管理者的每一个行为都作出规定，这种状况造成了委托代理关系中的难点。由于代理关系而引起的问题可能会因隐藏信息、沉没成本和机会主义这三种因素而变得更加严重。为处理代理问题以及因权力分离而引起的利益冲突，学者们也就此提出了解决问题方案：一是加强对代理人的管理，对代理人进行定期的监督和评估；二是聘请外部审计师核实公司的运营管理，解决信息不对称带来的问题；三是建立有效的激励和约束机制，使委托人和经营者的利益保持一致，并允许代理人享受某些剩余的权利。这些方法从两个方面限制了管理者的权力：一方面，它鼓励员工努力提高公司绩效，享受绩效增长的成果；另一方面，由于决策将直接影响代理人的个人利益，故而其限制了代理人的决策行为。股权激励计划有助于促进企业所有者和经营者成为利益共同体，它不仅可以激励经营者专注于公司的长期发展，还可以为公司创造更多的利润。与此同时，委托代理问题也可以得到直接的解决。[①]

3. 激励相容理论

激励相容的概念首先出现在 Hurwicz（1972）创立的机制设计理论中，后来美国教授 Willian Vichrey 和英国教授 James Mirlees 将激励相容理论用于解决委托代理问题，开创了信息不对称条件下的激励理论。[②] Willian Vichrey 和 James Mirlees 指出，由于委托人和代理人的目标函数不一致，加上存在不确定性和信息不对称，代理人的行为有可能会偏离委托人的目标函数，而委托人又难以观察到这种偏离，无法进行有效监管和约束，从而会出现两种后果，即逆向选择和道德风险，这也就是前文所述的“代理人问题”。为了解决此问题，委托人需要做的是如何设计一种体制，使委托人和代理人的利益能够进行有效的“捆绑”，以便激励代理人采取最有利于委托人的行为，从而通过将代理人的利益最大化来实现委托人的利益最大化，也即实现激励相容。可见，激励相容理论的理想原则是让企业职工在追求个人利益的同时，最大化地实现公司价值。

① 张裕泳：《股权激励政策相关理论回顾》，载《国际公关》2019 年第 8 期。

② 周黎莎、余顺坤：《基于激励相容的企业绩效管理模式设计》，载《技术经济与管理研究》2012 年第 1 期。

三、股权激励承载公司治理和公司管理的双重职能

1. 公司治理和公司管理的角色定位

(1)公司治理

公司治理的历史至少可以追溯到东印度公司、哈德逊湾公司、黎凡特公司以及16世纪和17世纪成立的其他特许公司。自从以公司形式参与经济活动以来,公司治理问题就一直伴随着我们。[①] 据考证,近代"公司治理"概念最早出现在西方经济文献中的时间是20世纪80年代中期。"公司治理"当时产生的背景是:随着股东人数的急速增加,股权结构开始出现分散化,所有权和经营权也出现分离,给公司管理带来了挑战。这一概念提出后,西方学者也存在不同理解,但综合而言,他们对公司治理内涵的界定,主要是围绕控制和监督经理人员行为、保护股东利益、保护利益相关者利益展开的。国内对公司治理问题的研究要晚于西方国家,比较早关注并系统性研究公司治理问题的学者是中国政法大学梅慎实老师,他于1996年11月出版的专著《现代公司机关权力构造论》[②],就公司内部治理结构中涉及的法人财产问题、"三会"问题等进行了全面深入的开拓性研究。时至今日,国内有关公司治理的研究和实践已经十分丰富。通说认为,所谓公司治理,是指通过一套包括正式和非正式的、内部或外部的制度或机制来协调公司与所有利益相关者之间的利益关系,以保证公司决策的科学化,从而最终维护公司各方面的利益的一种制度安排。[③] 可以看出,公司治理的核心目的是降低委托代理成本,通过利益相关者进行相互制衡,保证公司决策的科学化。

(2)公司管理

公司管理是公司治理的下位概念,目的是通过计划、协调、组织、控制等具体管理手段,实现各职能板块的有效运转,产生利润,从而确保公司战略目标的

---

① Mike Wright et al. ,eds. ,*The Oxford Handbook of Corporate Governance*,Edited by Mike Wright, Donald S. Siegel,Kevin Keasey, and Igor Filatotchev,Oxford University Press, 2013,p. 57.

② 该书于2001年做了较大幅度的修订,并更名为《现代公司治理结构规范运作论》。

③ 李维安:《公司治理学》(第2版),高等教育出版社2009年版,第14页。

实现。在功能实现路径上，它通常采用战略目标分解的方式，针对公司的研发、采购、生产、营销、财务、人力、法务等各板块的事务，依靠组织机构和组织制度进行落实。李建伟老师在《公司制度、公司治理与公司管理：法律在公司管理中的地位与作用》一书中，认为管理权是从产权中分离出来的权能，以产权为基础并受产权的制约和激励。管理权属于所有权的权能范畴，相当于大陆法系传统物权法理论所说的所有权的占有、使用、收益、处分等权能，所谓的"所有权与管理权的分离"是一个约定俗成的说法，准确地说应该是作为所有权权能的管理权从所有权中分离出来。① 公司管理权从所有权分离出来后，管理权本身仍然可以在不同的管理层级继续分解，直至各个部门、各个具体岗位，通过组织机构的制度设计和流程运转，实现公司的财务目标，并最终为股东和投资人实现投资收益。

(3)公司治理与公司管理的功能区分

有研究认为，公司治理奠定了整个企业运作的基本制度框架，公司管理主要涉及具体的运营过程，二者考察企业的角度、所研究的重心不同，在公司管控中发挥的作用也不同。从学理上分析，公司治理解决的主要是委托代理问题，而公司管理解决的主要是分工协作问题，二者有明显不同的功能界分。它们之间的具体区别如表 1－1 所示。②

表 1－1 公司治理与公司管理的功能区分

对比项	公司治理	公司管理
目的	实现利益相关主体间的制衡	实现公司的目标
涉及主体	所有者、债权人、经营者、雇员、顾客	顾客、经营者、债权人、雇员、所有者
在公司发展地位	规定公司基本框架，以确保管理处于正确的轨道	规定公司具体的发展路径及手段
职能	监督、确定责任体系和指导	计划、组织、指挥、控制和协调
层级结构	企业的治理结构	企业内部的组织结构

① 李建伟：《公司制度、公司治理与公司管理：法律在公司管理中的地位与作用》，人民法院出版社 2005 年版，第 71 页。

② 李建伟：《公司制度、公司治理与公司管理：法律在公司管理中的地位与作用》，人民法院出版社 2005 年版，第 77 页。

续表

对比项	公司治理	公司管理
实施基础	主要是契约关系	行政权威关系
法律地位	主要是法律、法规决定	主要由经营者决定
政府作用	体现债权人、股东的相对地位	政府基本上不直接干预
资本结构	体现各股东的相对地位	反映企业的资本状况及管理水平

尽管二者之间存在明显差别，但公司治理与公司管理之间也存在诸多的连结点，最主要的包括以下三个。

第一，战略管理。公司治理负责公司战略的制定、控制监督和实施效果评估，而公司管理则负责公司战略实施过程中的分解、落地和具体执行。它们之间互为表里，战略依靠管理来实现，而管理的成效又影响着战略是否按照预期全部完成。

第二，内部控制。[1] 公司治理提供了内部控制良好运转的环境，其中董事会的职责之一便是监控经理人，确保经理人按照股东和公司利益最大化的方式行事；公司管理的内部控制体系也是从财务管理、资产管理的角度保护股东财产安全、确保财务报表可信。有的公司将内部控制作为风险管理体系的一个板块，直接纳入董事会专门设立的风险管理委员会进行管理。因此，从董事会管控的角度来看，在内部控制问题上，公司治理和公司管理又产生了交集。

第三，股权激励。从公司治理的角度来看，实施股权激励的部分效果是员工成为公司的股东，拥有《公司法》规定的各项股东权利，增强了他们的归属感；而从公司管理的角度来看，实施股权激励的效应是，大大提升员工的工作积极性和主人翁精神，激励他们提升业务绩效，从而间接协助和促进实现公司目标。因此，在股权激励这个维度，公司治理和公司管理再次表现出较强的黏合性。

---

① 2006年6月6日，国务院国资委发布了《中央企业全面风险管理指引》，将内部控制纳入了企业风险管理体系，其中第6条规定："本指引所称内部控制系统，指围绕风险管理策略目标，针对企业战略、规划、产品研发、投融资、市场运营、财务、内部审计、法律事务、人力资源、采购、加工制造、销售、物流、质量、安全生产、环境保护等各项业务管理及其重要业务流程，通过执行风险管理基本流程，制定并执行的规章制度、程序和措施。"

2. 股权激励如何链接公司治理和公司管理

如上文所述,公司治理和公司管理虽然有诸多不同,但仍有很强的共通性。根据本书的讨论主题,下文将主要探讨股权激励如何通过激励性和约束性将二者紧密链接起来。

(1)公司治理层面的激励约束性探究

公司所有权与控制权分离下产生信用成本增加、道德风险不可控、信息不对称的现象,主要是两权分离带来的委托代理问题导致的。股权激励能够实现公司管理层和股东利益一致的目标,并且有效减少代理成本。同时,股权激励本身要求对激励对象进行有效监管,因此可以适当控制管理层恶意侵害公司利益的情况,其中包括懒惰不作为或者短期投机行为。“现代公司制度的主要特点是委托代理,而委托代理会造成企业经营效率低下、经理人谋取个人私利等问题。股权激励机制以经理人的业绩作为激励基础,只有经理人的经营业绩达到目标业绩,股权激励方案才能实现,经理人才能拿到其应得的股份。股权激励机制缓解委托代理问题的方式,在于其从长期可持续发展的角度来约束经理人的行为,将公司业绩与经理人自身利益挂钩,因此是解决委托代理问题的一个有效方式。”①

公司治理的主要任务就是将“代理成本”控制在合理范围内,防止经营者对所有者利益的侵蚀。公司治理的重要方向和出路是建构以控股股东为核心的治理结构和机制。② 换言之,公司治理问题的核心范畴是公司控制权的有效行使与股权权利的实现与保障。具有约束性的股权激励制度能够完善公司治理结构,我国大多数企业在股权结构上表现出较强的股权集中度。如果公司有资本运作的计划,特别是准备国内上市或者境外上市,股权过于集中可能会被投资者认为公司治理的规范性有待提升。实施股权激励后在股权架构层面引进多元化的股东,能够一定程度上起到优化公司治理结构的作用,至少从形式理性上看起来是规范的,尽管实际上这些股权可能仍然处于创始股东的控制之下。企业在实施股权激励时,创始股东释放的股权如果数量较大,甚至超过自

---

① 陈亚楠、付桂彦:《我国上市公司股权激励研究——从委托代理问题的视角》,载《商业经济研究》2015 年第 14 期。

② 赵旭东:《公司治理中的控股股东及其法律规制》,载《法学研究》2020 年第 4 期。

身的股权数量,将可能会带来新的问题:控制权不稳定。这种情况对公司融资和上市是严重不利的,如果由于客观需要,必须向员工释放大量股权,那也应当做好增强控制权的配套措施,如签署表决权委托协议、一致行动协议,设立员工持股平台而创始人能够控制该平台等,以确保创始股东的控制权不会发生变化。因此,在设计股权激励方案时,应当始终将保持控制权的稳定作为底线,股权激励不能影响控制权的稳定。

股权激励也要防止产生“懒人”,这是公司治理过程中激励约束性的体现。股权激励实施后,如果公司成功上市或者被其他投资者溢价并购,那些已经行权的激励对象可能因此获得比较丰厚的回报。这本是激励对象应得的收益,但是如果激励对象实现收益后不思进取、积极性下降,则可能对公司和其他激励对象产生不好的效应。股权激励的意图是希望获得激励收益的人能够陪同公司继续长期发展,而那些故步自封、不思进取的人给团队带来的是负能量,不利于公司形成积极向上的激励文化氛围。为了防止在激励过程中出现这种“懒人”,公司应当有事先的应对策略,做好相应的约束机制安排,如行权节奏、锁定期、回购机制等,使激励对象对激励收益心怀期望,始终保持一种积极向上的斗志和激情与公司共同发展。当然,这些约束机制安排也不可以标准过高、过难实现,否则过度激励容易损害积极性。股权激励的约束性还体现在实施股权激励过程中要注意股权激励不能平均化,不能搞成一种普惠性的股权福利。公司管理考核体系要完备且实施程序应当透明,理想状态下激励对象在整个过程中会感受到平等和尊重。实际操作时应注意避免两个极端:一是人人持股。股权激励是稀缺性资源,如果人人都可以参与,那么每个人可获得的份额就会比较少,所体现出的激励度就小,应当体现奖优罚劣的原则。二是仅把股权激励给极少数人。这样会让员工觉得公司没有分享精神而导致核心人才流失,从而达不到应有的激励效果。

(2)公司管理层面的激励约束性探究

公司管理中传统上将人力作为资源进行管理,而非作为资本进行管理。人力资本理论本身并没有要求直接将人力作为资本出资,或者将劳动者保护一般地提升到股权保护的高度,其仅强调以股权的方式激励人力资本,而非将人力资本如物质资本一样资本化。因此,人力资本理论并不能直接作为劳动者获得公司法积极保护的理论依据,其根据仍是劳动关系而非资本关系。[①] 有学者认为,“人力资本激励与企业经营管理效率之间存在显著正相关关系,随着人力资本激励措施的有效实施,企业经营效率将得到显著提升;人力资本激励能够显著增强创新能力与企业经营效率之间的相关性,随着人力资本激励措施的不断实施,企业创新能力将得到显著提升,企业经营效率也可得到加强”[②]。

人力资本在管理层面的股权激励约束性集中体现在,管理层在进行股权激励方案的前期论证和分配建议时,拟实施激励分配的股权比例应当建立在对人力资本价值正确衡量的基础上,过高或者过低都可能导致约束性变弱,对公司绩效的提升可能没有帮助。“股权激励强度方面,授予股权激励股份比例越高,公司绩效反而下降,说明股权激励股份占比并不是提升公司业绩的关键。”[③]人力资本的价值可以通过股权激励辅助实现,但是股权激励必须充分有效,过度的股权激励对于公司挽留人才无益。虽然没有确切的统计数据表明股权激励和公司业绩提升之间的量化对应关系,但不可否认的是,这种激励机制的实施的确从客观上加强了公司和员工之间的关联。

四、在争议中前行——兼评巴菲特对股权激励的认识

1. 巴菲特为什么不完全赞成实施股权激励

众所周知,巴菲特一直以来秉持价值投资的理念,倡导以长期投资的思维对待所有相关合作伙伴。在高管激励和股票期权的授予方面,巴菲特也表现出惊人的“吝啬”,他的观点非常明确:股票期权是发给经理人的免费彩票,这样的安排往往与经理人的个人业绩无关,会导致大量的浪费,而且会导致经理人对于什么是他真正应该关注的领域完全迷失。实际上,巴菲特并不是完全反对员工持有公司股票,但他认为,公司应该基于业绩贡献进行现金奖励,若经理人对自己的业绩表现有信心,他便可以用获得的奖金(包括其他资金、借款等)在市

---

① 张辉:《劳动者保护法律体系中公司法的限度》,载《东方法学》2010 年第 1 期。

② 张勤:《人力资本激励、创新能力与企业经营效率》,载《财会通讯》2019 年第 36 期。

③ 李珍:《股权激励对上市公司绩效影响的实证研究——基于激励强度、模式、对象的进一步分析》,载《中国证券期货》2021 年第 3 期。

场上购买公司的股票,获得企业价值增值所带来的资本收益。而且对公司持股之后,经理人员就要承担股票价格波动带来的风险。这样,他们就能真正像所有者那样对待公司。

巴菲特不完全赞成股权激励有以下四个原因。

第一,设计股权激励时应当遵循一个底线原则:共享收益、共担风险。当前市场上流行的大多数股权激励计划都过不了这个基础测试关①,在这样的基础上设计并实施的股权激励,不能准确反映经理人员对公司的贡献。

第二,许多公司授予主管人员期权是基于在其任职期内公司收益的提高,但这一做法忽略了留存收益的价值,分享了资金的递延收益,无异于剥夺了本该属于股东的利益。

第三,股权激励计划忽略了资金的置存成本。公司增资的收益掩盖了企业资本回报平平的真相,如果将资金进行其他渠道的投资,股东有可能获得高于企业资本收益率的回报,所以,股权激励制度无疑是在用华丽的业绩数据掩饰被蚕食的股东利益。

第四,在授予期权的情况下,只要经理人仍然在公司任职,便不可撤销,且是无偿的,经理人员今后无论创造什么样的业绩,都能同样地获取该期权,除非他自己选择放弃行权。从这个意义上来讲,期权类似于免费彩票,往往给高管带来巨额收益,但与他们的真实贡献毫无关系。

巴菲特得出这样的结论并非完全没有根据。在伯克希尔公司(Berkshire Hathaway Cooperation),他管理着超过 40 个规模很大的企业的首席执行官(CEO)薪酬和对他们的激励机制。巴菲特对自己在这方面的表现十分满意:花了很少的时间,而且在公司近 50 年的历史上,没有一位 CEO 主动选择离开。之所以能够做到这点,得益于他在以下方面所坚持的原则②:

第一,经理人员的薪酬必须与他可控范围内的业务绩效相关。在制定薪酬

---

① 在谈到股权激励时,巴菲特经常挂在嘴边这样一句话,“谁会认真清洗一辆租来的汽车呢”,这从侧面反映了巴菲特不认可在没有真正产权关系前提下实施的所谓“股权激励”。在他看来,股东就是股东,员工就是员工,各自向公司贡献不同类型的资源,因而也取得不同类型的回报,不假思考地将员工股东化,不仅可能起不到激励效果,还可能进一步损害股东和员工之间的关系。

② 康至军:《事业合伙人:知识时代的企业经营之道》,机械工业出版社 2019 年版,第 48 页。

制度时,巴菲特喜欢提出丰厚报酬的承诺,但是一定要在经理人能够控制的领域内,将他们的付出与产生的结果直接相连,否则就不客观。

第二,针对子公司进行单独评价。根据上一条原则,公司对各个子公司单独进行评价。即便是小规模企业,只要业绩表明经理人表现出色,他也应获得足够的奖励,甚至比那些大规模企业的经理获得更多。至于年龄、资历等在伯克希尔公司不会成为影响激励机制的决定性因素。

第三,经理薪酬与公司股价无关。巴菲特和查理·芒格相信,好的绩效应该带来好的奖励,无论公司股价是涨还是跌。类似地,他们认为,平均水平的绩效不应该带来特别的奖励,就算公司的股价飙升也不行。

第四,根据每股内在价值的增长进行激励。伯克希尔公司的长期经济目标是公司股票每股内在价值得到最大化的增长,不以规模来衡量公司的业绩表现。因此,公司的薪酬也是根据每股账面价值的增长而设定。在伯克希尔公司,更大不意味着更好,要看每股内在价值的变化来确定公司的价值。因此,经理人不能简单地以资产规模增加而获得额外激励。

2. 怎样做才能充分发挥股权激励的最佳效果

在“股权激励”概念泛滥的今天,巴菲特的做法值得我们深思。股权激励是个十分复杂的制度设计,它需要考虑的因素很多,包括人力资本的价值确认问题,法律对出资方式的认可问题,公司治理、公司管理中的公平和效率问题,最终收益归属环节的财务和税务问题等。对于这些问题,本书后续将以专章分别进行论述。此外,不同国家和地区的文化差异,也对股权激励的理念和实践产生深刻影响。所以,股权激励要不要做、怎么做,的确考验着创业者、大股东们的智慧和格局。但无论最终怎样选择,有一点是非常重要的,即股权激励既不能盲目跟风、一哄而上,也不能畏首畏尾、裹足不前,科学理性地评价公司人才现状,辅之以全局性的同行业观察和公司自身基本面分析,才能作出恰当的决策。具体来说,可以关注以下几个方面。

(1)薪酬体系的合理性是决定实施股权激励的出发点

从人力资源管理中的薪酬体系角度来看,员工激励可分为短期激励和中长期激励。工资、奖金等属于短期激励,期权和股票等属于中长期激励,不同群体应适用不同的激励方式。

公司中的人员大致可以归类为四个群体：高管人员、核心技术骨干、销售人员、普通员工。这四种不同的人员对股权激励有不同的偏好。在制订股权激励计划时，需要充分认识到他们的不同利益诉求，只有投其所好才能使股权激励的效果真正发挥出来。

(2)实施股权激励需要考量的重要前置性因素

总体来说，企业规模大小、公司所处行业、所有制性质等因素都不应当是企业实施股权激励的限制性因素，公司在决定是否要实施股权激励时，更多要从自身基本面出发进行考量。

第一，股权激励不受企业规模的限制。根据国家统计局2017年12月28日印发的《统计上大中小微型企业划分办法(2017)》，对国民经济涉及的行业，按照行业门类、大类、中类和组合类别，依据从业人员、营业收入、资产总额等指标或替代指标，将我国的企业划分为大型、中型、小型和微型四种类型。从股权激励角度来看，无论哪种规模类型的企业，只要涉及股权合作，基于有限公司人合性的考虑，都可以采用股权激励方式聚集资源，吸引和留住人才。公司规模的大小不是判断是否应当实施股权激励的依据，实践中常见有些创业公司从创业开始即考虑通过股权激励吸引合伙人加盟公司，也有一些已经上市的大型公司仍然在实施股权激励计划，这就说明股权激励不受公司规模大小的限制，而是取决于多种综合性因素。

第二，股权激励不受企业所处行业的限制。《统计上大中小微型企业划分办法(2017)》将国民经济涉及的行业划分为15个行业：农、林、牧、渔业，采矿业，制造业，电力、热力、燃气及水生产和供应业，建筑业，批发和零售业，交通运输、仓储和邮政业，住宿和餐饮业，信息传输、软件和信息技术服务业，房地产业，租赁和商务服务业，科学研究和技术服务业，水利、环境和公共设施管理业，居民服务、修理和其他服务业，文化、体育和娱乐业等15个行业门类。这些行业门类中，有的属于典型的传统行业，如采矿业、制造业，交通运输、仓储和邮政业等，有的属于新经济行业，如信息传输、软件和信息技术服务业。实践中常见的误区是，认为传统行业不需要进行股权激励，只有新经济行业和科技含量高、成长快的企业才需要实施股权激励，这种认识是不准确的。其原因在于，传统行业虽然模式相对稳定,成长速度相对可以预期,但在当今产业数字化飞速发展的时代背景下,很难讲新技术不会颠覆或重组传统行业的发展模式。因此,是否要实施股权激励,不应以公司所处行业进行判断,而要对公司的成长性、重要员工人力资本贡献程度的重要性或替代成本等进行研究,然后才能得出恰当的结论。

第三,股权激励不受企业所有制性质的限制。不可否认,实践中民营企业实施股权激励具有相当高的灵活性,也是最为常见的股权激励实施主体,这与民营企业(尤其是家族色彩浓厚的企业)所有制类型单一、决策流程短、相关法律法规有更大的授权和意思自治空间等有关。但是,也不能忽视国有企业在实施股权激励方面也有相当多的实践。在国有企业改革过程中,职工持股有较长的历史,且有关部门先后出台了多项涉及职工持股的政策性文件。这主要包括四类:一是规范持股类,如《关于规范国有企业职工持股、投资的意见》(国资发改革〔2009〕49 号);二是上市公司员工持股计划类,如《关于上市公司实施员工持股计划试点的指导意见》(中国证券监督管理委员会公告〔2014〕33 号);三是国有企业改制类,如《关于国有控股混合所有制企业开展员工持股试点的意见》(国资发改革〔2016〕133 号);四是科技成果入股类,如《国有科技型企业股权和分红激励暂行办法》(财资〔2016〕4 号,2018 年修改)等。这些类型的政策文件也为国有企业实施股权激励提供了明确的政策法规依据。

第二章

公司治理角度的股权激励

公司治理是现代公司法的两大核心支柱之一,任何一个国家的公司法立法和发展中,公司治理都是制度设计和改革的核心、重中之重。以美国为代表的西方国家公司实践中,股权高度分散、机构投资者盛行、管理层信义义务等为股权激励的产生和繁荣提供了理论基础,解决委托代理问题、保护投资者合法权益是这些国家在设计顶层激励制度体系时最为关心的内容之一。与西方国家公司不同,中国公司治理存在的问题和遭遇的困境有着鲜明的中国特色。统计数据显示,《公司法》《证券法》修改之后,上市公司高管违规人员数量和涉案金额居高不下,其中仅 2016 ~ 2018 年,处罚人员的数量以及涉案金额连年突破纪录。[①] 有限公司治理中存在的问题,其实相比于上市公司更为突出和复杂,只是由于其封闭性、规模相对较小、不涉及公众利益等原因而被社会各方关注的程度较低。与上市公司不同,有限公司的治理虽不涉及信息披露、内幕交易和市场操纵等问题,但违法违规行为的发生同样也普遍存在,包括不正当竞争、非法融资、假冒伪劣和环境污染等。有限公司治理中,更为特别和尖锐的问题则是股东之间的内部矛盾,因发展方向、长远利益、经营方针、重大交易、利益分配和

---

① 根据公开数据,2016 年证监会作出行政处罚决定 183 件,罚没款 42.83 亿元,对 38 人实施市场禁入;2017 年作出行政处罚决定 224 件,罚没款 74.79 亿元,同比增长 74.74%,市场禁入 44 人,同比增长 18.91%;2018 年作出行政处罚决定 310 件,同比增长 38.39%,罚没款 106.41 亿元,同比增长 42.28%,市场禁入 50 人,同比增长 13.64%。《2016—2017 年中国上市公司及高管行政处罚案例研究报告》,载北京德和衡律师事务所官网 2019 年 1 月 20 日,http://www.deheheng.com/Archives/IndexArchives/index/a_id/4167.html,最后访问日期:2022 年 3 月 5 日。

人事安排等各种事项的不同思路和主见，经常形成有限公司股东间的对立和冲突①，有的甚至导致公司陷入僵局和解散。

综合比较和分析中西方公司治理存在的差异，本书认为，公司治理问题成因复杂，涉及主体多元化，难以一并归类并提出系统性解决方案。但是追根溯源，管理层和核心人员的信义义务规制不足，是损害公司利益、欺诈投资人等违规违法问题滋生的土壤，如何能够从公司治理层面对管理层和核心人员等实际参与运营和管理的群体进行激励和有效约束，是激发他们对公司和股东主动自愿承担忠实义务、注意义务的关键前提。国内也有学者提出②，公司治理系统应当包含三部分：一是基于董事会制度的内部治理机制；二是基于资本市场的外部治理机制；三是基于股权激励的约束机制。基于此，本书认为，股权激励从根基上来讲是一个公司治理问题，是可以用作解决公司治理问题的重要手段。在从公司治理维度思考股权激励时，首先和最重要的就是解决控制权问题；毕竟，在中国公司实践中，有动力推动实施股权激励的往往就是公司的创始人、大股东，他们的控制权一旦旁落，股权激励可能就无从谈起了。

一、大股东控制权是实施股权激励首要考虑的问题

1. 实施股权激励对公司控制权有何影响

在谈到股权激励模式选择时，国内许多咨询机构总结出了"三分法""先分利润再分权""只分利润不分权"等做法。其实，在这些做法的背后隐含的实质是公司控制权问题。准确来说，是以股权形式承载的股东表决权在确定股权激励模式过程中，应当保持集中、可控，不因实施股权激励而分散，进而可能最终对大股东的控制权稳定造成威胁。

股权激励方案的制订和实施过程中，首先考虑的因素即通过何种方式能够确保大股东控制权不至于因股权激励而被稀释。实施股权激励所需要的股份来源通常为三种：增发新股、原股东转让和公司回购。通过前两种来源提供的激励股份，将会直接稀释大股东的控制权，如果激励份额较大，此种稀释效果更

① 赵旭东：《中国公司治理制度的困境与出路》，载《现代法学》2021年第2期。

② 马永斌：《公司治理之道：控制权争夺与股权激励》，清华大学出版社2013年版，第32页。

加明显;通过公司回购提供的激励股份,一般都要受到《上市公司股权激励管理办法》对总量和持股时间的限制,控股股东也希望借助一定的机制安排能够影响该部分表决权。所以,在实施员工持股计划时,经常可见上市公司会借助资管计划和信托计划等金融工具回购并持有激励股份。

2. 实施股权激励过程中如何保证大股东或实际控制人的控制权稳定

股权激励实施后,公司可能会增发新股,老股东也可能转让部分股份,必然会稀释公司部分股份,此部分股份相对应的表决权归属也将发生变动。要防止股权激励对大股东的控制权造成稀释,则必须对相关部分涉及的表决权作出事先安排。常见的保持公司控制权稳定的方法有以下几种。

(1)通过有限合伙企业持股

目前,国内上市及境外上市的许多公司,设计股权激励方案时大多数采用有限合伙企业作为持股平台,用于持有及发放激励股份和期权。近年来,国内许多地方基于本地税收因素考量,出台了地方性的税收优惠及返还政策。这些政策多数与国家层面的税收要求不完全一致,国家税务总局也先后纠正了一些地区的激进做法。受此影响,许多地方不再就单纯的有限合伙企业持股平台给予税收优惠,因此用有限合伙企业作为持股平台曾经具有的所谓"税筹"优势,已经开始悄然发生变化。虽然税收层面的优惠不再像过去一样普遍,但有限合伙企业作为便于管理股权激励的平台工具,在保持公司控制权方面仍然具有不可替代的优势,实践中仍然具有相当大的应用空间。其具体表现在以下几个方面。

第一,对激励对象的管理具有便利性。有限合伙企业设置两种类型的合伙人:普通合伙人(General Partner,GP)和有限合伙人(Limited Partner,LP)。GP日常管理合伙事务并作出决策,LP在出资完成后通常不参与合伙企业的管理。通常情况下,由公司的创始人或创始人指定的可控的人作为公司的GP,激励对象一般作为LP。在激励对象人数较多且经常变动的情况下,可以由GP在合伙企业内部直接调整LP的变动份额,避免了在公司层面直接持股的情况下,反复调整股权带来的各种烦琐手续,极大地便利了对激励对象的管理。

第二,具有增强控制权的天然优势。由于有限合伙企业的事务都是由GP

负责决策及执行，且 GP 对外代表合伙企业，因此 GP 对有限合伙企业具有很强的控制力。如果公司的实际控制人或者大股东担任有限合伙企业的 GP，则可以以较少的资金投入起到控制较多股权的目的。这种优势如果想要在有限公司中实现，则必须借助其他手段，如投票权委托协议、类别股份制度、实际控制等；但在有限合伙企业中，这种控制是法律直接赋予的权力，是可以天然实现的。

第三，具有控制权放大的自然效应。即使不完全出于实施股权激励的需要，一般场景下通过有限合伙持股也具有放大控制权的自然效应。在成立一家有限合伙企业时，考虑到 GP 对合伙企业的控制权，除了 GP 出资部分对应的份额，由 LP 出资形成的全部份额，可以被视为控制权的放大部分。并且，LP 的份额越大，放大效果越明显。比如，2015 年绿地集团借壳金丰投资时，就用一系列有限合伙企业，实现了公司创始人张玉良及绿地集团管理层的股权控制。

综上所述，通过有限合伙企业持股可以有效地保持及放大对公司的控制权，但在设立有限合伙企业、具体落地实施股权激励的过程中，也要注意以下几个方面可能带来的问题。

第一，要选择合适的地点设立有限合伙企业。国内许多地区为了吸引资本、增强金融活力，针对股权投资类型的合伙企业出台了一些税收优惠政策，目前许多已经不能兑现，从合规角度考虑，目前可以考虑的地方仅有海南省、广东省珠海市横琴等地。

第二，注意控制合伙人的数量。采用有限合伙企业持股，许多情况下是为了对员工实施股权激励，如果公司未来有上市打算，要注意控制人数不要超标。按照法律规定，每家有限合伙企业人数不得超过 50 人，在公开发行上市前公司股东人数不得超过 200 人，因此对于合伙企业的人数要进行控制，避免将来构成上市障碍。

第三，注意控制合伙人的类型。如果合伙人是自然人，应注意达到合规标准，如政府官员、国企管理人员等不要持有合伙企业份额；如果合伙人不是自然人，应注意尽量避免契约型基金、信托计划、资管计划等金融产品持有合伙份额，避免因监管政策导向的变动而给公司将来资本运作带来风险。从最近科创板审核标准来看，监管部门对三类股东的容忍度有所提升。[①]

（2）表决权委托

表决权委托的公司法理论基础是，股权中的表决权可以单独分离行使。从控制权角度看，对任何公司的股权控制均必须最终捆绑到表决权的控制上，否则所谓的股权控制并不具有真正的价值，或并非真正意义上的股权控制。表决委托是英美国家公司法中比较盛行的制度，其目的是让无法出席股东大会进行投票的股东可以委托代理人出席股东大会，由代理人向公司提交股东授权委托书，并在授权范围内就会议事项行使表决权。在制订和实施股权激励方案时，对于已经转换为普通股份的股权，为了增强大股东对该部分股权的控制，表决权委托的理念是可以借鉴的。

在进行表决权委托时，需要注意以下几点。

第一，关于表决权委托的约定要明确、具体。常见的表述为：本人不可撤销地、不设限制地及无偿地将××%的股份的全部投票权授予××行使，并确认××可随其意愿自由行使该等投票权。这样约定就相对不容易产生歧义，给未来行使这部分股权的表决权留下了很好的操作空间。

第二，要对委托人转让股权进行限制。委托人将投票权委托行使的前提是合法拥有该部分投票权对应的全部股权，如果委托人将股权全部转让给他人，基于合同的相对性，新股东没有义务遵守委托人和被委托人的约定，从而会导致被委托人的初始目的落空。因此，在投票权委托协议中也要对委托人的转让股权行为进行符合法律的约定限制，如转让数量限制、优先购买权限制等，以确

---

① 《上海证券交易所科创板股票发行上市审核问答（二）》问答9的内容如下："9.发行人在全国股份转让系统挂牌期间形成契约性基金、信托计划、资产管理计划等'三类股东'的，对于相关信息的核查和披露有何要求？答：发行人在全国股份转让系统挂牌期间形成'三类股东'持有发行人股份的，中介机构和发行人应从以下方面核查披露相关信息：（一）核查确认公司控股股东、实际控制人、第一大股东不属于'三类股东'。（二）中介机构应核查确认发行人的'三类股东'依法设立并有效存续，已纳入国家金融监管部门有效监管，并已按照规定履行审批、备案或报告程序，其管理人也已依法注册登记。（三）发行人应根据《关于规范金融机构资产管理业务的指导意见》（银发〔2018〕106号）披露'三类股东'相关过渡期安排，以及相关事项对发行人持续经营的影响。中介机构应当对前述事项核查并发表明确意见。（四）发行人应当按照要求对'三类股东'进行信息披露。保荐机构及律师应对控股股东、实际控制人，董事、监事、高级管理人员及其近亲属，本次发行的中介机构及其签字人员是否直接或间接在'三类股东'中持有权益进行核查并发表明确意见。（五）中介机构应核查确认'三类股东'已作出合理安排，可确保符合现行锁定期和减持规则要求。"

保后来受让股权的股东也能够遵守之前的约定。

第三，为了进一步保证委托行使表决权的效果，可以将双方的约定比例写入章程。由于章程是公司内效力最高的法律文件，所有股东都要遵守，这样也会进一步保证受托人对表决权的牢牢控制。

(3)签署一致行动协议

为了防止实施股权激励后，股权分散导致表决权随即分散，除上述表决权委托外，还可以采用签署一致行动协议的方式解决。这是实践中被反复验证过的、行之有效的增强控制权的方式，在中国A股资本市场上，“一致行动”对维持产业资本集团的控制权起到了至关重要的作用。“一致行动”的表现形式或明或暗、手法多端，且带有很强的隐蔽性，是增强股东控制权的重要杠杆。

在签署及实施一致行动协议时，需要注意以下问题。

第一，“一致行动”的积极事项约定要明确。例如，股东会召集权、投票权、提案权的行使，董事、监事候选人的委派，指示双方委派的董事在董事会会议上的表决等，在这些积极性的事项范围上，约定越细，可操作性越强。

第二，“一致行动”的消极事项约定要明确。其遵循的原则也是约定的措施越细则可操作性越强，控制力越牢固。常见的约定方式有：全体一致行动人不得向其他第三方转让股份、各方持有的股份不得进行委托投票和代持、任何一个一致行动人不得与其他第三人签署内容相同或相似的协议、一致行动协议的所有条款不得解除和撤销等，这些都是很有力的约束一致行动的条款。

(4)股权代持

无论采用期权激励还是限制性股票，最终在行权落地时，股权所对应的权益都会实际归属于激励对象。由于种种原因的限制，有的情况下激励对象可能不希望直接显名持股，有的情况下大股东不希望采用复杂的表决权委托或一致性安排，而是直接代替激励对象持股，这些做法也是十分常见的。不过单纯就代持而言，曾经有一段时间，股权代持是不受法律保护的，但是自2011年最高人民法院《关于适用〈中华人民共和国公司法〉若干问题的规定(三)》出台后，股权代持有了明确的法律依据。在非上市公司尤其是有限公司中，股权代持非常灵活，所适用的场景也非常多元化，只要双方协商一致，不违背法律的禁止性规定，在适用上没有限制。

股权激励中进行股权代持安排时,需要注意以下三个方面可能给大股东及公司带来的风险。

第一,当激励对象未履行出资义务时,若债权人追索,则名义股东需要在承诺的出资范围内承担补缴出资的义务,而不能以其不是实际出资人为由拒绝承担责任。

第二,代持人可能有税务风险。当未来条件成熟,双方之间解除代持关系时,需要进行股权转让。此时,税务问题随之而来。因为从形式上看,双方之间进行的就是普通股权转让,税务机构一般不认可是为了解除代持关系进行还原操作,可能会要求按照公允价值计算缴纳所得税。从而给代持人带来纳税风险,但这些问题也可以事先在代持协议中进行明确约定。

第三,境内企业在主板、中小板、创业板、新三板以及科创板上市时,股权代持问题均是审核部门关注的重点,构成上市审核的法律障碍。签署股权代持协议后,将会给被代持股份的权属以及被代持股份所对应股东权利的行使带来不确定性,从而不符合《首次公开发行股票并上市管理办法》(以下简称《首发管理办法》)、《全国中小企业股份转让系统业务规则(试行)》(以下简称《股转系统业务规则》)、《全国中小企业股份转让系统股票挂牌条件适用基本标准指引(试行)》[以下简称《基本标准指引(试行)》]、《上海证券交易所科创板股票上市规则》(以下简称《科创板股票上市规则》)等规范性文件的相关要求,在上市之前都需要进行清理。清理代持问题的难点在于对其形成原因、演变及解除过程(真实性、合法性、彻底性)的确认,确保不存在因此而发生的潜在纠纷。

为了解决这些风险,股权激励中存在代持安排时,应注意以下操作。

第一,明确委托事项的权利行使规则。如果可行的话,尽量将股权中各项权能的行使规则都做详细的、可操作的约定,如出资义务的履行、表决权的行使与限制、股权收益转交的方式、股权转让的无条件配合等,以降低股权代持期间的权利行使成本。

第二,选择恰当的主体,依法实施股权代持,避免股权代持协议的无效。这主要指主体不合规导致的无效,如政府官员、国企领导干部等特殊身份人员。

第三,公司代个人持股,相比于个人代个人持股稍显复杂,主要差别体现在税收环节。个人作为代持人时,只缴纳一次个人所得税。公司作为代持人时,如果未来只分红,税收效果与个人作为代持人是一样的:公司分红免税,分配给被代持人时缴纳个人所得税;如果未来转让股份,则要视转让价格而产生不同的税务负担:平价转让时无所得税问题,溢价转让时公司要缴纳企业所得税,分配给被代持人时还要缴纳个人所得税。因此,实践操作中应当根据需要确定不同类型的代持人,避免产生过多的纳税义务。

第四,在公司有资本运营安排时,根据上市地证券监管部门的要求进行代持的清理工作。股权代持清理的基本方式都是股权转让,即代持股东将所代持的股权转让给激励对象。但是,考虑公司股权价值的变化,尤其是在公司有若干轮次融资的情况下,股权转让的价格越来越高,建议清理工作及早完成,以免由于股权真实价值与股权转让价格不符而带来税务风险。

(5)类别股份安排

股权激励中,如果公司股权高度分散,大股东拥有的股权也低于50%,在后续融资时面临进一步被稀释的可能,则可以考虑通过设置类别股的方式加强对公司的控制权,以此抵销由于实施股权激励而进一步造成控制权分散的不利效应。类别股是与普通股相对的一种股份类别,是指在公司的股权设置中,存在两个以上不同种类、不同权利的股份,这些股份因认购者身份差异而在流通性、价格、权利及义务上有所区别。通过类别股份增强控制权的方式主要是利用同股不同表决权,达到持股较少的股东拥有较多的表决权,从而控制公司股东会的一些重要表决事项。不过需要注意的是,实施类别股安排需要有注册地或上市地的法律明确许可才能使用,否则不得执行。例如,《开曼公司法》、中国香港特别行政区《公司条例》[①]等均明确允许设立同股不同权的类别股份。我国2023年12月29日公布的《公司法》第144条允许公司发行类别股并设置不同的权利、义务。不同类别股份的每股表决权差别越大,对增强控制权的效果越好。类别股份之间的差异需要公司创始人股东与投资人进行博弈之后才能确定。

---

① 根据香港联交所《上市规则》第8A.06条之规定,新申请人寻求以不同投票权架构上市必须符合以下其中一项规定:(1)上市时市值至少为400亿港元;或(2)上市时市值至少为100亿港元及经审计的最近一个会计年度收益至少为10亿港元。第8A.10条规定,上市发行人的不同投票权股份类别赋予受益人的投票权,不得超过发行人股东大会上普通股可就任何议案表决的投票权力的10倍。

二、股权激励与公司治理共生共荣

1. 股权激励对公司治理的深刻影响

(1)股权激励能够有限度地解决委托代理问题

股权激励能促使高管与外部股东之间的利益趋同,有助于解决委托代理问题,是公司治理的重要激励机制。因此,研究股权激励的公司治理效应,对充分发挥股权激励机制的正向效应和进一步完善公司治理的科学性都具有重要意义。国内外学者的研究表明,股权激励虽然确实有助于解决委托代理问题,提升公司绩效,但是推行股权激励的道路并非一帆风顺。层出不穷的财务丑闻,曾经将股权激励推至风口浪尖,对股权激励工具的使用和公司的披露义务已经被纳入越来越严的监管框架体系。例如,2001 年后美国的安然、施乐、世通等公司财务造假事件,使得人们一度对公司诚信体系、资本市场的有效性等产生怀疑,不过这些事件的连续发生,也促使美国国会于 2002 年 7 月 25 日通过了《2002 年萨班斯—奥克斯利法案》(Sarbanes - Oxley Act of 2002)。可见,不受严格监管的股权激励,可能会损害公司利益,甚至给公司治理带来严重的负面影响。股权激励能够解决的公司治理问题是有限度的。

(2)股权激励能够助力改善公司财务表现

股权激励解决了公司关键人才的“原动力”问题,完成了从“为老板打工”到“为自己打工”的观念转变,能够进一步激发这些关键人才的工作积极性和主动性,反映到绩效上,就是可以直接带来个人绩效和公司绩效的提升。这是股权激励机制的设计初衷,也是股权激励机制的巧妙之处。虽然没有确切的统计数据表明股权激励和公司业绩提升之间的量化对应关系,但不可否认的是,这种激励机制的实施的确从客观上加强了公司和员工之间的关联,至于这种关联可以在多大程度上提升公司的绩效,则取决于股权激励方案的具体设计过程中,是否兼顾了公平公正原则,是否最大化地满足了人性的需求。

(3)公司融资时外部投资人如何看待股权激励

正如投资行业内的惯例所言,“投资 = 投人 = 投股权架构”。公司融资时,外部投资人比较看重的因素之一是,公司是否为管理团队和核心成员预留了

"期权池"。投资人往往会认为,已经实施了股权激励的创业团队,代表着创始人或大股东具有开放分享的合作精神,公司也可能具有团结稳定的氛围,相比于那些股权高度集中的公司,此类公司具有更加友好的合作预期,它们在股权架构上也显得更加民主、科学,公司成功的概率也越大。所以,股权激励不仅仅是为了解决内部利益平衡的问题,从某种程度上讲,也是做给外部投资人看的。投资这样的公司,在公司治理问题上也能更加省心。

2. 公司治理过程中实施股权激励应关注什么问题

(1)行权条件的设置要合理

股权激励对公司治理作用的关键在于制定科学的行权条件。行权条件包括市场条件和非市场条件。市场条件是指存在于公司外部的不可控因素,通常与权益工具的市场价格相关,如股价;非市场条件主要是存在于公司内部的,通过自主约定及激励对象的努力,有可能实现的行权条件,诸如协议中关于劳动服务期限、遵守公司规章制度、最低盈利目标或销售目标等。其中,非市场条件主要取决于管理者的能力和水平,通过管理者的努力能够达成;但市场条件的影响因素太多,属于不可控变量,一旦市场条件设置得不切实际,会打击激励对象的动力。行权条件的设置要合理化,过高或者过低都会导致股权激励的失败。如果条件设置太高,激励对象能力有限达不到要求,就会打击激励对象的积极性;若条件太低,就失去了监督和约束的作用。无论是何种方式的股权激励政策,都是实实在在的利益割让,企业的财务状况和未来的发展是否足以负担这部分的激励也是股权激励能否成功的关键因素。一旦激励成本过高,企业负担太重,就不利于企业长久发展;但激励成本太低的话,吸引不了激励对象,也达不到激励的作用。所以,制订方案时应多方面考量企业的实际情况,包括财务状况和未来发展情况,内部可控因素与外部不可控因素等,以保障股权激励的成功实施。

(2)妥善协调创始股东与后续投资人之间的权利义务关系

公司如果经历了多轮融资,有的情况下创始团队股东的股权稀释比较严重,与股权比例相对应的控制权,在按照同股同权的原则下,可能出现失控现象。典型的情形即向董事会委派董事的数量已经不能对董事会的决议有决定性影响，从而可能引来“门口的野蛮人”。万科和阿里巴巴在此方面的做法，代表了创始股东与后续投资人之间在公司治理方面的权利义务关系博弈模式，可以参考。它们施行的合伙人制度，不同程度上都是借吸引“合伙人”的名义，加强创始管理团队对公司的控制权。但它们的做法不同，万科在“事业合伙人”机制中，通过实施股权激励的方式，控制大量公司股票的表决权，同时也激发团队参与公司管理的热情、承担经营风险的担当；阿里巴巴则是通过“事业合伙人”制度，牢牢掌控向公司董事会委派多数董事的权力，从而起到以较少股权控制公司治理和公司经营管理的效果。股权激励无论是以哪种方式影响公司治理，都是在创始团队和投资人之间协商一致的基础上，未雨绸缪地做安排。因此，它们之间的关系通常比较微妙，既有合作又有博弈，要想实现共赢就必须妥善协调各自的利益诉求。

三、公司治理在新经济时代背景下的发展趋势

1. 所有权和经营权的分离在当今新经济背景下的变化

从公司诞生的那一刻开始，作为出资的财产就在法律上完成了所有权主体的变更，所有权和经营权即已经开始分离。两权分离是公司制度设计法理的本原，与公司的设立、变更和终止伴随始终。公司治理问题的表现形式，在英美等国家公司股权高度分散的情况下，最初也表现为所有权与经营权分离状态下对管理层的代理成本管控以及预防管理层道德风险引发的逆向选择；而在以中国为代表的东亚、东南亚国家，由于国情和历史文化背景差异，公司治理中的两权分离没有像西方国家那样带来严重的道德风险和财务问题，更多的问题表现为股权高度集中情况下大股东对中小股东的欺压。

从理论角度，我们耳熟能详的“两权分离”概念预设了一个基本前提：所有权和经营权的边界是清晰的、明确的。在以有形资产出资的情况下，此种分离相对比较容易判断，但以无形资产出资（尤其是知识产权出资）时可能会面临判断上的困难。著名的科斯产权理论也是建立在具体财产形态边界清晰的基础之上，科斯认为，只要财产权是明确的，并且交易成本为零或者很小，那么无论在开始时将财产权赋予谁，市场均衡的最终结果都是有效率的，实现资源配置

的帕累托最优。[①] 步入新经济时代后，公司资本形式的变化进一步导致了所有权和经营权之间的界限在很多场景下变得模糊不清，最典型的即人力资本的出现，使传统观念上对劳动力仅仅支付工资即已经充分对劳动力进行了补偿的认知，不再成为普遍接受的观念。以人工智能、大数据为代表的数字经济时代，在很大程度上又进一步颠覆了以往“资本雇佣劳动”的生产要素结构模式，“劳动雇佣资本”已经成为越来越突出的时代特征。常见的劳动雇佣资本的表现形式，如某几位行业资深人士以专业知识或技能创立公司，且预计未来市场空间巨大，在公司新设立的同时也有天使融资，我们经常发现公司竟然也有溢价，投资人愿意以超过注册资本的价格购买新公司的股份。这种怪异的现象之所以能够出现，笔者认为其逻辑基础就是“劳动雇佣资本”，即所有参与设立公司的人都认同创始人对公司的价值贡献已远非提交登记的注册资本所能涵盖。不过应当注意，这种合作模式虽然为双方的合作协议所认同，但在初始估值溢价的基础标准是否合理，未来产生差异时如何应对，是否真的能够提高资源配置的效率等问题上，所有参与方似乎都在以风险投资的理念淡然处之。在这个维度上，作为创始人出资的“knowhow”，其所有权与经营权似乎已经含混不清，也无法准确度量，甚至创始人和投资人也无意进行准确度量。这是新经济时代带来的新问题，值得我们从公司治理方面进行深入思考。

所幸，实践中已经有大量的尝试在解决这些难题。典型的如海尔的人单合一模式、京瓷的阿米巴经营模式等，它们的主要目的之一是重塑员工和组织的关系，其实本质上就是对员工固有的普通劳动力之外的价值贡献，如何寻求一种模式进行激发，促使其创造价值，最终也参与分配价值和成长红利。

早在 2005 年，海尔即开始推行“人单合一”的理念。所谓“人”是指员工，“单”是指用户，“人单合一”就是员工为用户创造价值的同时实现自身价值，达到“双赢”的结果。在人单合一模式下，员工人人都是 CEO，全员实行战略业务单元（Strategic Business Unit, SBU），员工作为自主经营体，通过“三张表”（战略损益表、日清表和人单酬表）进行管理，每个自主经营体在可靠的成本预算和

① 科斯在《社会成本问题》第七章“权利的法律界定和经济问题”中明确指出，如果市场交易无须成本，唯一要做的事情（不考虑公平问题）就是明确界定各方权利，并且很容易预测这种法律界定的最终结果。

市场预算的前提下,及时地创造和完成客户需求,为客户创造价值,然后获得自我价值。从 2013 年开始,海尔集团张瑞敏提出“三无”的观念:企业无边界、管理无领导、供应链无尺度。2014 年,海尔集团战略推进的主题是“三化”:公司平台化、用户个性化、员工创客化,将“人单合一”的实践进一步向前推进。海尔的管理创新堪称颠覆,他们在节点闭环的动态网状生态圈中,使员工角色从接受指令者变更为资源接口人,又变为创业者,将利益攸关方从博弈关系变更为共创共享价值。这在一定程度上突破了传统的“资本雇佣劳动”、企业支付薪酬的模式,把单纯的雇佣关系转变为基于委托代理关系的员工参与价值创造和分享的新模式。海尔的管理变革表明,我们传统上对所有权和经营权分离效率的理论质疑,在实践中已经找到了创新和突破的新范式。

2.“事业合伙人”机制给我们带来的反思

合伙人机制在国内公司治理实践中曾经非常普遍,机制设计花样百出,从万科的“事业合伙人”机制,到阿里巴巴的“事业合伙人”机制,有关人才与资本、人才与控制的关系在实践中持续进行着各种探索。优客工场创始人毛大庆认为,建立“事业合伙人”机制,不仅仅是做一些股权激励,而是要颠覆和重构人才与组织、人才与资本、人才与上司之间的关系。

事实的确如此。目前实践中,采用“事业合伙人”机制要解决的问题大致可以归为以下两类。

第一,作为股权激励的载体,对需要进行激励的对象进行归类、预筛选,相当于为确定股权激励对象设置了一套评选机制,凡是能够纳入事业合伙人计划的,可以按照股权激励的规则参与股权激励计划。

第二,作为强化公司创始团队控制权的载体,在董事会层面加强对委派董事的权力控制,尤其是在公司股权高度分散的情况下,创始团队为了传承公司的文化(有时是出于噱头),在董事会层面需要保证足够数量的董事席位,委派的董事出现变化的情况下,也能在下一届董事会召开前持续保持对公司的控制。例如,阿里巴巴的“事业合伙人”机制即属此类。

“事业合伙人”机制设计的表现形式虽然多样,但从制度设计初衷来看,都在强调“人”在公司治理中的地位和作用,而这些人往往并非创始股东,多针对伴随公司共同成长的核心高管和关键员工。结合前文讨论的两权分离问题,这从另一个侧面也证明了人力资本的价值贡献问题已经得到公司实践的认可,这种认可既可以表现为与股权激励直接挂钩的利益让渡,也可以表现为与股权激励不直接挂钩的一致行动安排,但最终都是为了维护和确认核心人员对公司的价值贡献。从某种意义上讲,他们不是分享了股东的利益,而是由于参与了价值创造而最终分享了他们应得的资本利得。对于股东而言,这是公司治理在新经济时代的背景下出现的新变化,值得深入思考和积极应用。

第三章

公司管理角度的股权激励

一、股权激励带来的企业管理价值

1. 能够满足企业战略管理需求

企业战略管理是从全局和长远的视角研究企业在竞争环境下生存与发展的重大问题，是现代企业高层领导人最主要的职能，在现代企业管理中处于核心地位，是决定企业经营成败的关键。企业战略管理是一个层次化的体系，理论上认为公司战略一般分为三个层次：公司战略（corporate strategy）、经营战略（operation strategy）和职能战略（function strategy），每个层次针对企业不同层次的战略制定、实施和评价、控制行为进行管理。企业战略目标确定后，经过层层分解，落实到最前端的业务部门和人员，为了有效执行企业制定的战略，一方面要依靠各个层次的组织机构及工作人员的共同配合和积极工作，另一方面要通过企业的生产经营综合计划、各种专业计划、预算、具体作业计划等，去具体实施战略目标。可以看出，企业战略目标的实现离不开执行战略的各个层级的公司员工。解决了员工的驱动力问题，公司战略目标也就相对有更大的可能予以实现。

2. 有助于打造共赢分享的企业文化

企业是一个拟制的组织，靠创始人单打独斗是做不起来的，组织需要各种资源的集合，才能产生强大的合力，以便应对内部、外部环境的挑战。创始人需要根据资源的稀缺性、激励对象的重要性等因素合理确定实施股权激励后分享的股权比例。是否分享、如何分享，不仅代表着创始人对参与股权激励的激励对象的价值预期,也体现了创始人成就他人、成就自己的胸怀。比如,一个估值1000万元的公司,创始人即使保留80%也仅为800万元;而一个估值10亿元的公司,即使保留40%,价值也是4亿元,远超800万元,若同时预留30%做期权池,则会有3亿元的价值留给员工共享,由此可能产生的激励可想而知。所以,从价值上来讲,一起将公司这个蛋糕做大,比在股份上斤斤计较更为重要。要共享,就会有一群人跟着老板操心,一起出谋划策;而要独享,就老板自己一个人操心,独立肩负起推动整个组织发展的重任,其中的差别是显而易见的。

3. 能够提升员工满意度

和君商学院创始人王明夫认为,管理是个慢变量,要按"飞轮理论"抓管理,有耐心、有信心、有恒心。所谓"飞轮理论",是指让一个巨大的飞轮动起来是不容易的,需要持续地推它,一开始非常费力,但千万别放弃,继续推,慢慢地飞轮就开始动了,加大力气使劲,飞轮真的动起来了,开始很慢,一点点加快,越来越快,给它一点点力就能见到大大的效果,最后飞轮自己会转,而且会转得快到你难以想象的程度,如飞翔一样的美丽与欢快。抓组织建设、抓管理的民营企业家,整个轨迹和景象就非常类似于飞轮的状态,企业一旦进入飞轮状态,就会越做越轻松;否则,规模越大,越做越累。让飞轮动起来且持续转下去的核心就是员工的满意度。除短期现金和其他物质类激励措施外,股权激励是非常好的中长期激励方式,任何能够增强员工满意度的激励方式,都是能够为"飞轮"助力的推进器,当公司的核心骨干和广大员工对公司激励措施有较强的满意度时,"飞轮"就获得了源源不断的原动力,公司的发展也就越来越健康。

4. 能够优化企业的团队建设氛围

团队建设作为一个公司文化传承的优秀组织形式,在增强团队凝聚力方面具有非常独特的作用,是为了实现团队绩效及产出最大化而进行的一系列结构设计及人员激励等团队优化行为。团队建设能够提升团队的快乐能量、向心力及更加优化的合作模式。团队建设的核心要素是团队精神,但其不同于集体主义,集体主义更强调大家共同性;而团队精神更强调个人的主动性,团队是由员工和管理层组成的一个共同体,该共同体合理利用每一个成员的知识和技能协同工作,解决问题,达到共同的目标。股权激励作为绑定公司和员工利益的连接器，具有天然的使命协同导向作用，使员工能够潜意识地以公司股东身份思考和解决问题。因此，其体现在员工团队氛围方面，就是能够在利益目标趋同的情况下，搁置争议、求同存异，从而更好地实现共同的团队目标，团队氛围也会更加和谐。

5. 融智：留住及引进人才

公司的发展不仅需要融资，更需要融智，股权激励解决的就是融智问题，承认人力资本的价值贡献是融智的基本前提。与货币财产和可以用货币估价且可以依法转让的非货币财产不同，非货币形式的人力资本，由于其价值评估、占有和转移、与公司法的原则冲突等问题没有得到解决，因而一直没有在立法层面得到认可。2023 年 12 月 29 日公布的《公司法》仍未将劳务出资作为出资方式，不过，这并不妨碍实际操作中自由约定人力资本的价值。其实，早在 2016 年 12 月，中国（广东）自由贸易试验区珠海横琴新区片区就已经出台全国首部人力资源出资管理办法，鼓励企业家、创业者、管理人才、营销人才、技术人才以自身知识、技能、经验等出资入股。可见，人力资本对公司的价值贡献已经逐步得到实践及监管层的认可。随着经济水平的提升和人才观念的转变，股权激励对于优秀人才的挽留和吸引作用，将会越来越广泛地运用在公司实践中。

6. 助力公司业绩提升

从 2005 年《上市公司股权激励管理办法（试行）》发布，至 2016 年《上市公司股权激励管理办法》实施前，实行股权激励的上市公司数量逐年持续增长，推出股权激励计划的上市公司总共有 808 家，涉及股权激励计划达 1110 个，其中有 229 家公司推出两个或两个以上的股权激励计划，对科技型、创新型公司的推动比较明显，提升公司业绩发挥作用显著。

二、实施股权激励时从管理角度应当注意的问题

1. 什么时机适合实施股权激励

要点回应

公司从设立开始，要经历许多发展阶段，比较常见的界定是：初创期、成长

期、成熟期、衰退期等。不过，这是理论上比较理想的划分方式，企业的发展是连续的过程，实际运营过程中很难将每一个阶段泾渭分明地进行区分。笔者认为，只要企业仍然在发展，企业价值就会持续地发生变化，股权激励就有实施的必要和空间。国内已经上市的公司，许多在上市之前已经完成股权激励。比如，2020 年深圳证券交易所（以下简称深交所）中小板上市的 54 家公司中，在有限责任公司改制为股份公司之前已经实施股权激励的公司有 35 家，改制之后变更为股份公司阶段实施股权激励的有 19 家。2020 年深交所创业板上市的 107 家公司中，67 家在有限责任公司改制为股份公司之前已经实施股权激励，34 家在改制之后变更为股份公司阶段实施了股权激励，只有 9 家在上市之前没有实施股权激励。

从实践角度来看，实施股权激励的时机应关注以下几个要点。

① 股权激励与企业资源需求密切相关

股权激励的本质是承认人力资本具有价值贡献。因此，凡是在人力资源对公司有重要影响且公司比较依赖此类人力资源的场景下，股权激励的实施就有必要性。例如，公司为了在短期内提升销售规模，可能需要代理商或经销商的协同和帮助，这时对那些特别重要的代理商就有实施股权激励的需求。再如，公司十分欠缺某种类型的科研人才，而短期又无力支付高昂的薪酬成本，此时通过授予重要科研人才股权的方式就有可能吸引他们加盟公司。

② 股权激励要尽早实施

公司在初创阶段，现金流一般是不宽裕的。要吸引有价值的人才加盟公司，能够提供的有诱惑力的对价往往就是股权。但是，处于这个阶段的公司，其股权的价值不是很清晰，许多员工也因此对股权激励心存疑虑。不过，恰恰是由于这个因素，才能真正找到志同道合的合伙人。而且，早期授予的激励股权，由于成本较低，未来增值空间大，员工的收益空间大，激励效果也往往比较好。因此，如果公司有意通过股权激励凝聚人才，则应尽早实施。

③ 股权激励不能一劳永逸

在各个不同的发展时期，公司经营管理的财务状况和侧重点是不同的。在早期融资阶段，投资人也会关注公司的股权激励计划制订和实施情况，其成为衡量公司稳定性的重要指标。但到了经营规模和业绩稳步增长的阶段后，公司股权价值的可预期性更大，对员工的激励效果更加具有短期吸引力，此时股权激励的实施也要同步跟进，包括激励的手段和工具等都要进行相应的调整。即使公司上市后，根据公司的薪酬结构体系规划，仍然可以实施股权激励。因此，股权激励是一个持续的过程，公司在不同的发展时期都要视情形制订和实施股权激励计划。

④ 要严格遵守公司所在地的监管要求

国内未上市的民营性质的有限责任公司实施股权激励的法律法规文件相对不多，方案的制订和实施比较灵活，自主空间大；而上市公司以及国有企业则面临较多的监管要求，如《上市公司股权激励管理办法》《关于规范国有控股上市公司实施股权激励制度有关问题的通知》中的相关规定。上市公司及国有企业在未满足相关条件前，不得实施股权激励。

法条链接

①《上市公司股权激励管理办法》第 7 条

上市公司具有下列情形之一的，不得实行股权激励：

（一）最近一个会计年度财务会计报告被注册会计师出具否定意见或者无法表示意见的审计报告；

（二）最近一个会计年度财务报告内部控制被注册会计师出具否定意见或无法表示意见的审计报告；

（三）上市后最近 36 个月内出现过未按法律法规、公司章程、公开承诺进行利润分配的情形；

（四）法律法规规定不得实行股权激励的；

（五）中国证监会认定的其他情形。

②《关于规范国有控股上市公司实施股权激励制度有关问题的通知》第 4 条第 1 款第 1 项

上市公司应以严格的业绩考核作为实施限制性股票激励计划的前提条件。上市公司授予限制性股票时的业绩目标应不低于下列业绩水平的高者：公司前 3 年平均业绩水平；公司上一年度实际业绩水平；公司同行业平均业绩（或对标企业 50 分位值）水平。

2. 不同阶段企业实施股权激励应关注什么问题

公司所处的发展阶段不同，对实施股权激励的依赖度也不同，股权激励的力度和手段也有差异。

(1)初创期

公司在创业初期现金流多数很紧张，但创业前景有乐观的预期，在这个阶段实施股权激励，由于股权价值无法十分清晰地进行量化，因此实施股权激励对员工的效果差别界分非常明显。认同股权价值的激励对象往往怀揣梦想，认可公司的事业，性质上类似于公司的联合创始人角色；不认同股权价值的激励对象对股权激励可能始终无感。能够识别不同类型激励对象的需求并果断地实施激励，是创始人在此阶段面临的严峻挑战。

(2)成长期

企业在成长阶段发展速度逐渐提高，对人才的需求也更强劲。对于大部分发展中企业来说，在这个阶段做股权激励也属于比较好的时机：一方面，企业的股权已经有一定的价值，在未来也能随着企业的扩张获得快速的增长，容易获得员工认可，激励效果比较明显；另一方面，企业发展到这个阶段，选择激励模式也相对灵活，有一定的资金积累，现金流好的企业也可以考虑除期权、受限股外的虚拟股票等利润分配的方式。

(3)成熟期

企业发展到这个阶段后，已经具有较大规模或行业地位，通常准备考虑上市或者已经上市，上市后员工已经获得的激励股权会有较好的流通性，能更好地变现。很多传统企业通常会选择上市作为一个重要节点事件，上市前制订股权激励计划。但在这个阶段制订股权激励计划可能会受制于一些外部因素，如有较为强势的投资机构或券商，会对股权激励计划的批准、授予甚至计划实施的具体内容提出要求。针对不同上市地，根据上市地相关法律要求，公司也会对可能影响股权结构及财务报表的股权激励方案做出相应的限制或调整。

3. 股权激励适合向哪类员工实施

要点回应

选择激励对象时，既要考虑企业的发展历史、当前需求，也要具备一定的前瞻性；同时，还要保证所选出的激励对象具有稀缺性、价值性和忠诚性。

具体而言，在确定激励对象时，需要从以下四个方面进行考量。

① 历史贡献

自从企业创业以来，部分管理人员、普通员工为企业的发展作出了非常重要的贡献，在选择激励对象时，这部分人员是需要被优先考虑的。其原因在于：一方面，肯定这些人的历史贡献，体现出了知恩图报的正向激励作用；另一方面，为新入职的管理人员及员工树立潜移默化的榜样典范，增强他们跟随企业共同发展的信心，这对于塑造人性化的企业文化有着积极的、正面的帮助。

② 岗位价值

员工的价值主要是通过履行其岗位职责实现的，不同岗位对公司产生的价值是不一样的，识别出关键、重要的岗位并据此进行赋能、激励，可以为公司带来更多价值。国务院国资委印发的《关于国有控股混合所有制企业开展员工持股试点的意见》（国资发改革〔2016〕133 号）也规定，坚持以岗定股的激励原则，员工持股要体现爱岗敬业的导向，与岗位和业绩紧密挂钩，支持关键技术岗位、管理岗位和业务岗位人员持股。这也说明依据岗位价值进行激励是确定激励对象人选的重要标准。岗位价值的判断维度主要是基于现在和未来的视角，对岗位人员的重要性进行判断。

③ 素质能力

员工的素质能力是确定激励对象时要重点考虑的因素之一。股权激励一方面解决的是有历史贡献人员的价值确认问题，另一方面是为了发掘有工作能力、综合素质高、有发展潜力的人员，将他们作为公司后续发展的战略储备人才。股权激励效果的理想状态是能够将其对人才的杠杆激励作用最大化。一般认为，素质能力平庸的人，适合采用固定的增加工资或奖金的方式给予激励，而实施股权激励对这一类群体的杠杆撬动作用不大。不过，素质能力的判断仅仅是考量因素之一，对于有些素质能力高的员工，也不一定要通过股权激励方式肯定其价值，内部调整岗位、晋级等也都是可以考虑采用的激励措施。

④ 遵守监管规定的相关要求

普通有限公司的股权激励对象可以根据管理需求自由确定，法律上没有太多限制。法律规定对股权激励对象的限制主要体现在上市公司、国有企业等，这些企业在确定本企业的激励对象时，必须严格遵守相关规定，否则可能导致违规风险，甚至使股权激励计划无效。

法条链接

①《上市公司股权激励管理办法》第8条

激励对象可以包括上市公司的董事、高级管理人员、核心技术人员或者核心业务人员，以及公司认为应当激励的对公司经营业绩和未来发展有直接影响的其他员工，但不应当包括独立董事和监事。外籍员工任职上市公司董事、高级管理人员、核心技术人员或者核心业务人员的，可以成为激励对象。

单独或合计持有上市公司5%以上股份的股东或实际控制人及其配偶、父母、子女，不得成为激励对象。下列人员也不得成为激励对象：

（一）最近12个月内被证券交易所认定为不适当人选；

（二）最近12个月内被中国证监会及其派出机构认定为不适当人选；

（三）最近12个月内因重大违法违规行为被中国证监会及其派出机构行政处罚或者采取市场禁入措施；

（四）具有《公司法》规定的不得担任公司董事、高级管理人员情形的；

（五）法律法规规定不得参与上市公司股权激励的；

（六）中国证监会认定的其他情形。

②《国有科技型企业股权和分红激励暂行办法》第7条第1款和第3款

激励对象为与本企业签订劳动合同的重要技术人员和经营管理人员，具体包括：

（一）关键职务科技成果的主要完成人，重大开发项目的负责人，对主导产品或者核心技术、工艺流程做出重大创新或者改进的主要技术人员。

（二）主持企业全面生产经营工作的高级管理人员，负责企业主要产品（服务）生产经营的中、高级经营管理人员。

（三）通过省、部级及以上人才计划引进的重要技术人才和经营管理人才。

企业监事、独立董事不得参与企业股权或者分红激励。

③《国有控股上市公司（境内）实施股权激励试行办法》第11条

股权激励对象原则上限于上市公司董事、高级管理人员以及对上市公司整体业绩和持续发展有直接影响的核心技术人员和管理骨干。

上市公司监事、独立董事以及由上市公司控股公司以外的人员担任的外部董事，暂不纳入股权激励计划。

证券监管部门规定的不得成为激励对象的人员，不得参与股权激励计划。

④《国有控股上市公司（境外）实施股权激励试行办法》第7条

股权激励对象原则上限于上市公司董事、高级管理人员（以下简称高管人员）以及对上市公司整体业绩和持续发展有直接影响的核心技术人才和管理骨干，股权激励的重点是上市公司的高管人员。

独立非执行董事不参与上市公司股权激励计划。

上市公司高管人员是指对公司决策、经营、管理负有领导职责的人员，包括总经理、副总经理、公司财务负责人（包括其他履行上述职责的人员）、董事会秘书和公司章程规定的其他人员。

上市公司核心技术人才、管理骨干由公司董事会根据其对上市公司发展的重要性和贡献等情况确定。高新技术企业可结合行业特点和高科技人才构成情况界定核心技术人才的激励范围，但须就确定依据、授予范围及数量等情况作出说明。在股权授予日，任何持有上市公司5%以上有表决权的股份的人员，未经股东大会批准，不得参加股权激励计划。

⑤《中关村国家自主创新示范区企业股权和分红激励实施办法》第4条第1款和第4款

激励对象应当是重要的技术人员和企业经营管理人员，包括以下人员：

（一）对企业科技成果研发和产业化作出突出贡献的技术人员，包括企业内关键职务科技成果的主要完成人、重大开发项目的负责人、对主导产品或者核心技术、工艺流程作出重大创新或者改进的主要技术人员，高等院校和科研院所研究开发和向企业转移转化科技成果的主要技术人员。

（二）对企业发展作出突出贡献的经营管理人员，包括主持企业全面生产经营工作的高级管理人员，负责企业主要产品（服务）生产经营合计占主营业务收入（或者主营业务利润）50%以上的中、高级经营管理人员。

企业监事、独立董事、企业控股股东单位的经营管理人员不得参与企业股权或者分红激励。

⑥《关于国有控股混合所有制企业开展员工持股试点的意见》第3条第1款

参与持股人员应为在关键岗位工作并对公司经营业绩和持续发展有直接或较大影响的科研人员、经营管理人员和业务骨干，且与本公司签订了劳动合同。

⑦《关于上市公司实施员工持股计划试点的指导意见》第2条第4项

员工持股计划的参加对象为公司员工，包括管理层人员。

4. 股权激励是否有必要全员实施

要点回应

① 股权激励不能搞平均化

股权激励是稀缺性资源，如果人人都可以参与，那么平均分配每个人可获得的份额就会比较少，激励度就小。因此，实施股权激励过程中，要注意股权激励不能平均化，不能搞成一种普惠性的股权福利。如果股权激励不能体现奖优惩劣的价值导向，就不会被激励对象所重视。

② 股权激励要"惜售"

如同房地产行业的潜规则"捂盘惜售"一样，股权激励也是需要"惜售"的。其原理除股权激励是稀缺性资源之外，也与股权激励的有效性管理密切相关。要做好股权激励，就需要建立完备的管理考核体系，实施程序要透明，并具有"仪式感"，让员工在整个过程中感受到珍惜、平等和尊重，这些对于成功实施股权激励是极其重要的。只有如此才能提升股权激励对象的价值感、获得感。

③ 股权激励的实施范围要合规

普通有限公司股权激励的实施范围没有太多限制，在法规制度层面不限制全员持股，只要数量不违反规定即可；但是对于国有企业而言，按照相关规定不能实施全员持股。

法条链接

①《国有科技型企业股权和分红激励暂行办法》第7条第2款

企业不得面向全体员工实施股权或者分红激励。

②《中关村国家自主创新示范区企业股权和分红激励实施办法》第4条第2款

企业不得面向全体员工实施股权或者分红激励。

5. 股权激励是否可以适用于外部伙伴

要点回应

根据已经披露的上市公司案例，境内外子公司员工、关联公司员工、外部顾问、供应商及合作伙伴等都可以成为股权激励的对象，例如宏和科技、电声股份、实创投资等。实际操作中须注意以下问题。

① 不建议非员工成为股权激励对象

如果非员工持股，可能会导致财政部、国家税务总局《关于完善股权激励和技术入股所得税政策的通知》（财税〔2016〕101号，以下简称101号文）备案的成功率较低。并且，如果客户、供应商、顾问等成为持股平台合伙人，则其受税务部门或上市监管部门的关注也可能会更多。

② 非员工入股价格的公允性

公司的外部顾问、合作伙伴等非员工，一般会以较优惠的价格入股，在价格公允性方面，更容易涉及股份支付的问题，不做股份支付的会计处理将会有输送利益、调节利润的嫌疑。一般而言，不应当出现作为非员工的直接或间接投资者以员工同等价格或者更低价格取得股份的情形。

③ 客户、供应商入股的问题

客户、供应商入股的，应重点关注以下问题：

一是入股的商业逻辑、合理性、必要性；

二是入股前后商业合作模式、交易价格、毛利率等不能有重大变化；

三是入股比例不应过高，以不超过5%为宜；

四是尽可能降低入股客户、供应商对公司的影响。

④ 外部顾问入股的问题

外部顾问入股的，应重点关注以下问题：

一是外部顾问对公司的具体贡献及其与持股比例的匹配性；

二是外部顾问在公司担任的具体工作及作出的贡献与其本身任职单位是否有冲突、是否符合本身任职单位的规定、是否存在商业秘密和知识产权等问题的纠纷；

三是外部顾问的持股资金来源、是否存在利益输送等问题。

但是，如果公司选择在境外上市，由境外主体发放的股权激励，其激励对象范围受到的限制较少。

相关案例①

经查阅相关 IPO 案例，我们对持股平台中的外部人员身份进行了分类汇总，具体如下。

① 外部顾问

相关案例情况如表 3－1 所示。

表 3－1　案例外部顾问具体情况及问询情况

公司名称	具体情况	问询情况
山大地纬	2001 年至 2012 年，山大地纬规模较小，技术、管理人才相对缺乏，发行人外聘了部分技术顾问（主要为大学教师、教授），相关人员以“兼职开发”“技术咨询”等形式为公司业务技术的发展作出了贡献；同时，以“传帮带”的形式为公司培养了一批技术人才、中层管理人才。为表彰上述人员为公司作出的贡献，公司邀请该 12 人参与公司于 2012 年实施的员工持股计划。上述 12 人因看好公司发展前景，以个人合法收入出资参与了该计划	首轮问询（专门问询）、二轮问询（专门问询）

山大地纬案例有些特殊，主要是在持股平台持股的外部顾问具有大学教师、教授身份，因此存在股东资格问题，上海证券交易所（以下简称上交所）两轮问询重点关注了以下问题：

一是顾问参与员工持股平台的背景、原因及合理性，顾问加入持股平台时的身份以及目前的身份，该等持股行为是否符合相关法律法规的规定；

① 《基小律观点：从 IPO 案例看外部人员在发行人持股平台持股问题》，载微博 2020 年 11 月 25 日，https://weibo.com/ttarticle/p/show？id＝2309634575285088485432。

二是报告期内该等顾问为发行人提供顾问服务的具体内容，顾问及其关联方是否存在与发行人开展其他交易、代垫费用或进行利益输送的行为。

需要注意的是，山大地纬历史上存在的12名外部顾问股东中，有3名顾问股东或其配偶分别在2013年、2018年升任山东大学（教育部直属高校）副处级干部，不符合教育部关于直属高校领导干部对外投资相关规定，且在2019年6月发行人提交IPO申请材料时该问题尚未妥善解决。在科创板首轮问询后，“经发行人积极与上述3人沟通协商后，崔某真、彭某晖及温某华均已于2019年9月将其持有的发行人持股平台财产份额全部转让，本次转让已获得合伙企业全体合伙人书面同意，并相应修改了合伙企业的合伙协议”。由此可见，持股平台中的外部投资人若存在股东不适格情况，至迟需要在上会前对该问题进行清理。

在对存在股东资格瑕疵的外部顾问股东进行清退，并充分披露其他外部顾问持股情况后，山大地纬于2020年4月27日成功过会。

② 外部投资者或实控人朋友（见表3－2）

表3－2 案例外部投资者或实控人朋友具体情况及问询情况

公司名称	具体情况	问询情况
恒誉环保	银晟投资的有限合伙人之一孙某忠系发行人实际控制人的朋友，于2015年9月入伙银晟投资，孙某忠之外的其他合伙人均为发行人员工	首轮问询（非专门问询）
邦彦技术	2个持股平台存在14名非员工合伙人，入股原因均为“认可公司发展前景”，资金来源均为“个人及家庭积累”	首轮问询（专门问询）、二轮问询（专门问询）
诺禾致源	黄某清、范某因看好基因测序行业及公司的行业地位与未来发展，受让持股平台出资额，价格参考发行人最近一次市场化融资估值，并考虑到间接持股流动性较弱，给予了一定折扣	首轮问询（专门问询）

在邦彦技术案例中，14名外部投资者通过员工持股平台间接持有发行人股权，上交所两轮问询中均重点关注这一问题。

在首轮问询中，上交所问道：“中彦创投和邦智投资非员工合伙人的简历、入股发行人的原因以及资金来源，与发行人及其关联方、发行人客户、供应商及其关联方之间是否存在关联关系或其他利益安排，是否存在代持情形。”首轮问询的问题较为常规。

在二轮问询中，上交所问道：“(1)邦清投资非员工合伙人的简历，中彦创投、邦智投资和邦清投资非员工合伙人入股发行人过程中对发行人开展的尽职调查过程，前述非员工合伙人的入股资金是否源于发行人及其关联方，前述非员工合伙人及其关联方是否在发行人客户、供应商处任职或持有权益；(2)发行人对中彦创投和邦智投资两个员工持股平台的管理制度及相关措施，结合历史上持股平台的内部份额转让情况，说明发行人须履行的具体程序以及合伙人会议决议情况；(3)中彦创投、邦智投资、邦清投资内部是否存在股份代持情形。”二轮问询问题已经有了较强的针对性，特别要求说明外部人员入股发行人过程中的尽职调查过程，以及持股平台在存在数量较多的外部人员后的管理制度及份额转让情况。

离职员工、员工配偶或近亲属在持股平台持股均具有一定程度的合理性，但是相比较而言，外部投资者通过持股平台间接持有发行人股份的合理性就略显不足，往往会引起审核部门的重点关注和疑虑。

③ 客户/供应商的关联人员(见表3-3)

表3-3　案例关联人员具体情况及问询情况

公司名称	具体情况	问询情况
诺禾致源	胡某悦之母张某原为荣之联(发行人供应商)副董事长，2013年6月，胡某悦因其母亲看好基因测序行业及李某强的职业背景，以60万元对价取得致源禾谷17.34375万元出资额并间接持有公司2.50%股权，对应公司估值2400万元	首轮问询(专门问询)

客户、供应商关联人员入股发行人一般较为敏感，在诺禾致源案例中，发行人对胡某悦的简历、入股的原因、定价依据、资金来源、对外投资情况、发行人与供应商荣之联的历年交易详情、交易金额(报告期内逐年下降，至报告期末交易金额只有1.03万元)等情况进行了充分的信息披露。在发行人提交首轮问询回复后，上交所未对该问题进行追问，诺禾致源已于2020年11月

10 日通过上市委员会会议。

根据上文相关案例，针对外部人员在发行人处的持股问题，审核部门的关注要点可以总结为以下几点。

第一，外部人员的基本情况：外部人员的基本信息、工作履历、对外投资情况。

第二，入股发行人的相关情况：外部人员入股发行人的原因及合理性、定价依据及公允性、资金来源、股份锁定期、是否存在股权代持。

第三，关联关系及利益输送：外部人员是否与发行人及其实际控制人、董监高、其他主要核心人员、客户、供应商、中介机构及主要负责人、本项目签字人员存在关联关系或其他利益安排。外部人员曾经或目前任职或投资的公司与发行人、发行人客户或供应商是否存在业务及资金往来。

第四，持股平台机制是否健全：持股平台是否已建立健全内部流转、退出机制以及股权管理机制，相关员工或股东入股、退股、离职的股份权益处置是否符合员工持股计划的章程或协议的约定。

法条链接

① 财政部、国家税务总局《关于完善股权激励和技术入股有关所得税政策的通知》（财税〔2016〕101 号）第 5 条第 1 款

对股权激励或技术成果投资入股选择适用递延纳税政策的，企业应在规定期限内到主管税务机关办理备案手续。未办理备案手续的，不得享受本通知规定的递延纳税优惠政策。

②《首发业务若干问题解答》问题 26

对于报告期内发行人向职工（含持股平台）、客户、供应商等新增股份，以及主要股东及其关联方向职工（含持股平台）、客户、供应商等转让股份，均应考虑是否适用《企业会计准则第 11 号——股份支付》。对于报告期前的股份支付事项，如对期初未分配利润造成重大影响，也应考虑是否适用《企业会计准则第 11 号——股份支付》。有充分证据支持属于同一次股权激励方案、决策程序、相关协议而实施的股份支付事项的，原则上一并考虑适用。

6. 股权激励的授予节奏应当如何把握

股权激励作为一种长期激励方式，应当连续不断地、分散地进行，不宜集中实施。主要考虑的原因是：防止高级管理人员、核心技术人员、核心技术骨干等激励对象到期一次性套现获利离开，还可以防止这些人员的集中变动给公司人才管理带来挑战。具体到技术层面的设计，可以选择以下方式。

第一，采用一次授予、分次到期行权或者分次授予、分次到期行权的做法，避免采用一次授予、一次到期行权或者分次授予、一次到期行权的方式。

第二，在等待期的设计上，可以考虑匀速到期、加速到期、减速到期等几种方式。匀速到期的方式激励力度比较均匀，激励效果平稳；加速到期的方式中长期激励效果好，有利于激励对象的稳定；减速到期的方式中近期激励效果好，且激励力度大，但中长期激励效果较弱。企业在设计股权激励方案时，可以根据企业的具体需求进行选择。

第三，可以采用“控制授予进度、控制成熟进度”的双控分配法对期权进行管理，通过由此产生的叠加效应和延续效应，将股权持有人与公司紧密绑定在一起，并实现对各方的公平性。举例如下：

创业公司A对联合创始人B准备授予期权，双方约定，A对B分两期授予期权，每期授予10%的期权，分4年成熟完毕，每年成熟25%，并且每一期的期权在满2年后才进入成熟期可以实际兑现；第二期的期权在第一期授予后的第三年授予。这样一来，B在公司工作满7年才可以拿到全部股权，对于一个创业公司来说，7年足以在市场上站稳脚跟。在这7年中，如果B满1年离开公司，将没有股权，满4年离开公司，可以得到10%的股权，满5年离开公司，可以得到15%的股权，这样就可以在第一年和第四年这两个容易动摇的时期将B稳住，起到绑定作用。

7. 股权激励对激励对象有什么效应

要点回应

① 激励对象实现财富增值

这是实施股权激励最直接、最明显的效果。作为一种中长期激励手段，股权激励赋予员工财富增值的机会，为员工在正常薪酬之外实现财富增值提供了可能，是一种典型的正向激励。近些年，公司员工通过 IPO 实现财富巨额增值的案例非常之多，只要公司能够成功上市，低成本参与股权激励计划的员工一般都能取得不错的财务收益。

② 有利于员工的自我实现需求得到满足

股权激励的盛行，除了能够给员工带来可观的财富，甚至造就“一夜暴富”的神话，关键还在于其有一种其他激励方式所无法带来的精神上的满足感。根据马斯洛的需求层次理论，每个人都有 5 个层次的需求，即生理需求、安全需求、爱和归属需求、尊重需求和自我实现需求。按照马斯洛的观点，低层次需求满足之后，会有更高层次的需求出现。如果要有效激励某人，就要深刻了解此人所处的需求层次，然后着重满足这一层次或之上层次的需求。向员工授予股权期权的激励作用是巨大的，高额的股权激励不仅仅能满足前四个层次的需求，也可以极大地满足他们的自我实现需求，因为财富虽然经常被用作定义职场人士是否成功的一个重要标志，而成就、荣誉和信任则意味着激励对象是否真正登上了人生的巅峰。

③ 激励对象受到一定程度的约束

除激励性外，股权激励也具有约束性。一般认为，员工拥有的人力资本可以分为通用性人力资本和特质性人力资本。通用性人力资本是指对任何工作、在任何平台都有相同价值的技能和知识，如一个学校的办公室主任，辞职后在一家公司的行政管理部，仍然能够发挥类似的作用和价值。特质性人力资本是指那些只对特定行业、特定企业才有价值的技能和知识，如研究院的科研人员，离开研究院后，其学术研究能力在一个采矿业的公司就没有太大价值了。因此，实施股权激励后，特质性人力资本的特殊性越强，员工离开本公司或岗位的积极性就越低，因为只有留在本企业，其人力资本的价值才能被最大化地确认，基于股权激励而产生的价值也就越牢固。可以看出，股权激励制度一方面体现了拥有财务资本的大股东对拥有人力资本的员工的尊重，能够加强股东和经理人之间的信任，另一方面加强了对人力资本拥有者的约束，是名副其实的“金手铐”。

相关案例

2011 年,库克接替乔布斯出任苹果公司的 CEO 后,外界都在猜测他的年薪。按照当时苹果公司的市值,大家认为库克的年薪至少有几千万美元。但实际上,苹果公司董事会授予库克的年薪只有 90 万美元,年度奖金也是 90 万美元。这样的收入结构水平和苹果公司显然是不匹配的,硅谷的许多同行业小公司 CEO 也能达到这样的水平。这说明美国人在制定基本工资和年度奖金的时候,更多看重的是行业平均水平,这就导致同一行业不同公司 CEO 的基本工资和奖金是差不多的,决定他们收入水平差距的是长期激励性报酬。苹果公司董事会同时还授予库克 100 万股限制性股票,以当时苹果的股价来计算,价值估计为 3.762 亿美元,几乎占了库克薪酬总额的全部。这些股票会在未来 10 年内两次解禁,一半解禁于 2016 年,另一半解禁于 2021 年。根据苹果公司 2022 年 1 月 7 日向美国证券交易委员会提交的一份声明,库克的年度收入总额为 9870 万美元(约 6.3 亿元人民币),其中主要包括:基本工资 300 万美元,82,347,835 美元的股票奖励,该股票奖励是将随着时间的推移授予的限制性股票(Restricted Stock Unit,RSU)(包括 4480 万美元的基于绩效的股票奖励和 3750 万美元的基于时间的股票奖励)。库克能够成为全球范围内年收入最高的职业经理人之一,靠的不是传统的薪酬激励,而是长期性的股权激励。

8. 如何确定激励对象的资格

要点回应

在确定激励对象的资格时,需要综合考虑公司内部标准和外部标准,内部标准即管理性标准,外部标准即合规性标准。

① 管理性标准

公司在制订和实施股权激励计划时,一般会就股权激励对象进行摸底调查,并确定激励对象的范围标准。常见的管理性标准包括定量标准和定性标准。定量标准诸如司龄、职级、销售增长率、毛利率、安全事故率、投诉率等,定量标准的优点是直观、容易评判，缺点是数字的科学性需要证明；定性标准诸如人才价值、忠诚度、成长潜力等，定性标准一般仅作为定量标准的补充，不可独立作为判断标准。

② 合规性标准

参与股权激励的对象应当符合政策法规及规范性文件的规定，不合规的激励对象如果直接参与股权激励，不仅可能无法享受股权激励成果，还可能由于激励违规问题的存在而导致所在公司的资本运营出现意外。从股权激励的实施主体来讲，民营非上市有限责任公司受到的限制最小，公司有较大的自主权，而上市公司、国有企业的限制较多，行业规范也相对密集，实施股权激励时必须符合这些规定。从股权激励的激励对象来讲，身份敏感人员、高管层等受到的限制较多，普通员工及非身份敏感人员受到的限制较少。在制订股权激励方案过程中，要充分考虑及遵循合规性标准，不可任意率性而为地确定激励对象，否则可能带来较高的规范成本。

法条链接

①《公务员法》第 59 条第 16 项

公务员应当遵纪守法，不得有下列行为：违反有关规定从事或者参与营利性活动，在企业或者其他营利性组织中兼任职务。

②《事业单位人事管理条例》第 28 条第 3 项

事业单位工作人员有下列行为之一的，给予处分：利用工作之便谋取不正当利益的。

③《关于省、地两级党委、政府主要领导干部配偶、子女个人经商办企业的具体规定（试行）》第 5 条

不准从事其他可能与公共利益发生冲突的经商办企业活动。

9. 如何对激励对象进行考核

（1）公司上市前的考核

有限责任公司在完成上市之前，股权激励的管理相对比较灵活。公司可以依据经营管理现状、激励对象对公司影响的重要程度等，自主设置考核方法。

一般来说,对于历史上曾经伴随公司多年发展的重要骨干,考核时的方式相对比较简单,如依据司龄、职级等直接进行量化分配;而对于未来要授予期权激励的员工,有的公司设置了复杂的考核指标体系,有的公司相对简单,仅以在公司工作的时间年限作为考核方式,也有的公司采取了与薪酬考核体系挂钩的考核方式。总体来说,公司上市之前,有关股权激励的考核方式可由公司自主决定,一般可认定为属于公司内部治理和管理的范畴,除非是国有性质的企业,否则受到的监管规定相对较少。

(2)公司上市后的考核

公司如果在境外(如美国、中国香港特别行政区)上市,有关股权激励的安排考核体系也相对较为灵活;而如果在境内上市,考虑到保护中小投资者权益的要求,股权激励的考核比较多,上市公司只能在监管规定的范围内实施,尤其是国有控股的上市公司,有严格的指标设定及考核管理体系。

(3)定性考核与定量考核的综合运用

如前文所述,股权激励的作用在于,通过运用激励相容原理,员工在为自身创造价值的同时,为公司创造了更大价值,从而为投资者带来更高收益。因此,在公司成立后、上市前的发展阶段,为了促使公司能够更好发展,股权激励的作用就尤为重要。但是,在这个阶段实施股权激励时要注意,对激励对象的考核应当以"适度"为导向,设置的考核指标不可过高也不可过于复杂,否则员工认为股权激励仅是"画饼",就失去了激励的意义;但也不可过低,否则员工也可能会认为股权激励没有太多价值,激励意义也会打折扣。因此,在制定考核体系时,除定量指标外,还可以考虑设置定性指标,让激励措施的落地具有一定的弹性空间,便于配合管理措施真正起到对员工长期绑定和激励的目的。

10.股权激励常用的考核指标是什么

要点回应

股权激励考核指标的设定,因公司而异,有的相对简单,有的相对复杂。为便于理解,此处以上市公司常用的针对股票期权或限制性股票的行使指标作为参考进行列示,非上市公司可以参照适用。

① 公司业绩指标

公司业绩指标主要包括:净资产收益率、每股收益、每股分红、净利润增长率、主营业务收入增长率等。有的还可以选择反映企业收益质量的指标,如主营业务利润占利润总额比重、现金营运指数等。

② 个人业绩指标

此类指标一般由上市公司依据人力资源部门发布的薪酬考核管理体系确定,激励对象个人层面的考核按照相关规定组织实施。

相关案例①

依据《重庆小康工业集团股份有限公司 2021 年股票期权激励计划》,考核指标的设置方式如下:

① 公司层面业绩考核要求

本激励计划首次授予的股票期权行权期的相应考核年度为 2021 年、2022 年两个会计年度,每个会计年度考核一次。对考核年度的新能源汽车销量(A)或公司营业收入(B)进行考核,根据上述指标的完成情况核算各年度公司层面的行权比例。首次授予的股票期权的各年度业绩考核目标如表 3－4、表 3－5 所示。

表 3－4　首次授予的股票期权的各年度业绩考核目标 1

行权期	对应考核年度	新能源汽车销量 A/万台		公司营业收入 B/亿元	
		目标销量（Am）	触发销量（An）	目标值（Bm）	触发值（Bn）
第一个行权期	2021 年	4.00	3.20	180	144
第二个行权期	2022 年	20.00	16.00	450	360

① 《上海荣正投资咨询股份有限公司关于重庆小康工业集团股份有限公司 2021 年股票期权激励计划首次授予相关事项之独立财务顾问报告》,载巨潮资讯网,http://www.cninfo.com.cn/new/disclosure/detail?orgId=9900024265&announcementId=1210572247&announcementTime=2021－07－27。

表 3-5　首次授予的股票期权的各年度业绩考核目标 2

考核指标	完成度	行权系数
新能源汽车销量 A/万台	A≥Am	X=1
	An≤A<Am	X=A/Am
	A<An	X=0
公司营业收入 B/万元	B≥Bm	Y=1
	Bn≤B<Bm	Y=B/Bm
	B<Bn	Y=0
公司层面行权系数	X 或 Y 的孰高值	

注:1.“新能源汽车销量”以公司年报披露的新能源汽车销量为准。
2.“公司营业收入”以会计师事务所审计的公司营业收入为准。

若公司未满足上述业绩考核目标的触发值,所有激励对象对应考核当年计划行权的股票期权均不得行权,由公司注销。

② 组织层面业绩考核要求

激励对象所属组织层面的每个考核年度设置业绩达标率(P),按公司绩效管理办法执行,激励对象当年实际可行权的股票期权比例与其所属组织上一年度的业绩达标率达成情况挂钩,具体如表 3-6 所示。

表 3-6　组织层面业绩考核要求一览

组织层面上一年度业绩达标率(P)	组织层面行权系数
P≥100%	100%
85%≤P<100%	P
P<85%	0%

③ 个人层面绩效考核要求

激励对象个人层面的考核按照公司现行薪酬与考核的相关规定组织实施,届时根据以下考核评级表中对应的个人层面行权比例确定激励对象的实际可行权的股份数量,如表 3-7 所示。

表 3-7　个人层面绩效考核要求一览

个人上年度绩效系数(K)	个人层面行权系数
K≥100%	100%
85%≤K<100%	K
K<85%	0%

激励对象个人当年实际行权额度 = 个人当年计划行权额度 × 公司层面行权系数 × 组织层面行权系数 × 个人层面行权系数。激励对象考核当年不能行权的股票期权，由公司注销。

法条链接

①《上市公司股权激励管理办法》第 11 条

绩效考核指标应当包括公司业绩指标和激励对象个人绩效指标。相关指标应当客观公开、清晰透明，符合公司的实际情况，有利于促进公司竞争力的提升。

上市公司可以公司历史业绩或同行业可比公司相关指标作为公司业绩指标对照依据，公司选取的业绩指标可以包括净资产收益率、每股收益、每股分红等能够反映股东回报和公司价值创造的综合性指标，以及净利润增长率、主营业务收入增长率等能够反映公司盈利能力和市场价值的成长性指标。以同行业可比公司相关指标作为对照依据的，选取的对照公司不少于 3 家。

激励对象个人绩效指标由上市公司自行确定。

上市公司应当在公告股权激励计划草案的同时披露所设定指标的科学性和合理性。

②《关于规范国有控股上市公司实施股权激励制度有关问题的通知》第 2 条

（一）上市公司实施股权激励，应建立完善的业绩考核体系和考核办法。业绩考核指标应包含反映股东回报和公司价值创造等综合性指标，如净资产收益率(ROE)、经济增加值(EVA)、每股收益等；反映公司赢利能力及市场价值等成长性指标，如净利润增长率、主营业务收入增长率、公司总市值增长率等；反映企业收益质量的指标，如主营业务利润占利润总额比重、现金营运指数等。上述三类业绩考核指标原则上至少各选一个。相关业绩考核指标的计算应符合现行会计准则等相关要求。

（二）上市公司实施股权激励，其授予和行使（指股票期权和股票增值权的行权或限制性股票的解锁，下同）环节均应设置应达到的业绩目标，业绩目标的设定应具有前瞻性和挑战性，并切实以业绩考核指标完成情况作为股权激励实施的条件。

1. 上市公司授予激励对象股权时的业绩目标水平，应不低于公司近 3 年平均业绩水平及同行业（或选取的同行业境内、外对标企业，行业参照证券监管部门的行业分类标准确定，下同）平均业绩（或对标企业 50 分位值）水平。

2. 上市公司激励对象行使权利时的业绩目标水平，应结合上市公司所处行业特点和自身战略发展定位，在授予时业绩水平的基础上有所提高，并不得低于公司同行业平均业绩（或对标企业 75 分位值）水平。凡低于同行业平均业绩（或对标企业 75 分位值）水平以下的不得行使。

11. 如何确定每一位激励对象的激励数量

要点回应

公司在确定每一位激励对象的激励数量时，应当考虑以下因素：

① 结合管理需求确认

公司确认股权激励的数量一般会涉及两类场景：第一，对已有在岗员工进行考核，从司龄、职级、业绩指标完成率等维度确定考核结果，并将考核结果运用到股权激励的数量分配中；第二，对于新入职员工，特别是在入职 offer 中确定发放的期权或限制性股权数量，一般是依据薪酬管理体系中对应不同级别的重要员工进行发放，也有的是在双方谈判入职条件时由公司有决策权的 CEO 或大股东确定。这两种场景下确定的股权激励数量，不涉及外部监管问题，仅是公司内部管理需要，在公司制订的股权激励计划或方案中一般要明确计算方式和方法。

② 遵守合规要求

如果公司为上市公司，股权激励数量的确定还要符合相关规定的要求。例如,《上市公司股权激励管理办法》第14条要求,每一名激励对象获授的本公司激励股票,不得超过公司股本总额的1%;《关于国有控股混合所有制企业开展员工持股试点的意见》第3条第4项规定,员工持股比例应结合企业规模、行业特点、企业发展阶段等因素确定,单一员工持股比例原则上不高于公司总股本的1%。其他法律法规对单一激励对象持股要求有规定的,也要根据效力原则确定相应的持股数量。

法条链接

①《上市公司股权激励管理办法》第14条第2款

上市公司全部在有效期内的股权激励计划所涉及的标的股票总数累计不得超过公司股本总额的10%。非经股东大会特别决议批准,任何一名激励对象通过全部在有效期内的股权激励计划获授的本公司股票,累计不得超过公司股本总额的1%。

②《关于国有控股混合所有制企业开展员工持股试点的意见》第3条第4款

员工持股比例应结合企业规模、行业特点、企业发展阶段等因素确定。员工持股总量原则上不高于公司总股本的30%,单一员工持股比例原则上不高于公司总股本的1%。

③《国有科技型企业股权和分红激励暂行办法》第10条

小、微型企业的股权激励总额不超过企业总股本的30%,且单个激励对象获得的激励股权不得超过企业总股本的3%。

12.股权激励一般确定多大比例作为期权池

要点回应

公司可以根据所处行业的习惯、制订股权激励计划的时段,结合公司估值,并充分考虑后续稀释等因素来确定激励股权池大小。互联网高科技行业在公司发展初期设定股权激励池通常为15%~20%,最高的一般不超过30%;传统行业约为10%,企业发展到后期,激励股权池预留相应变小,可能低于10%。有些规范性文件也会对挂牌企业股权激励总量作出限定,如《上海证券交易所科创板股票发行上市审核问答》问题12指出，公司全部在有效期内的期权激励计划所对应股票数量占上市前总股本的比例原则上不得超过15%。

深交所2019年、2020年、2021年中小板上市的公司中，在上市前设立的股权激励池大小如图3-1所示。

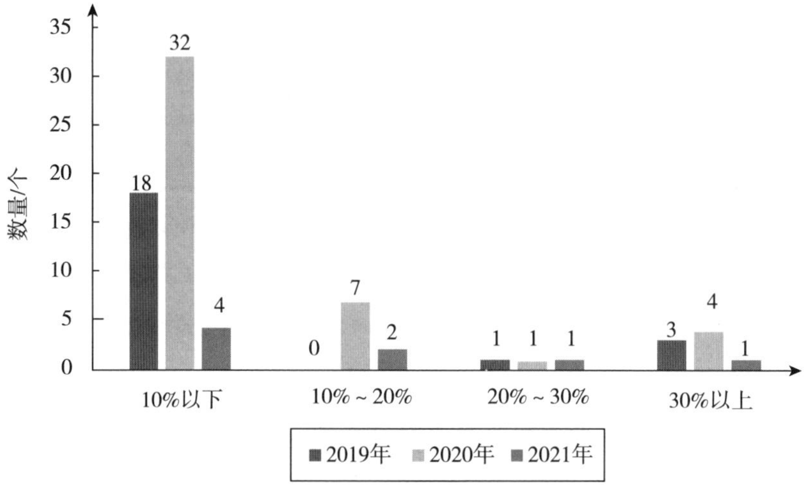

图3-1 股权激励池示意

资料来源：上市公司公告的数据。

法条链接

①《关于上市公司实施员工持股计划试点的指导意见》第6条

上市公司全部有效的员工持股计划所持有的股票总数累计不得超过公司股本总额的10%，单个员工所获股份权益对应的股票总数累计不得超过公司股本总额的1%。

②《关于国有控股混合所有制企业开展员工持股试点的意见》第3条第4款

员工持股比例应结合企业规模、行业特点、企业发展阶段等因素确定。员工持股总量原则上不高于公司总股本的30%，单一员工持股比例原则上不高于公司总股本的1%。企业可采取适当方式预留部分股权，用于新引进人才。

③《首发业务若干问题解答》问题 25

发行人全部在有效期内的期权激励计划所对应股票数量占上市前总股本的比例原则上不得超过 15%，且不得设置预留权益。

④《上海证券交易所科创板股票发行上市审核问答》问题 12

发行人全部在有效期内的期权激励计划所对应股票数量占上市前总股本的比例原则上不得超过 15%，且不得设置预留权益。

⑤《国有科技型企业股权和分红激励暂行办法》第 10 条

大型企业的股权激励总额不超过企业总股本的 5%；中型企业的股权激励总额不超过企业总股本的 10%；小、微型企业的股权激励总额不超过企业总股本的 30%。

13. 股权激励中激励对象是否应当出资

（1）因境内外监管环境而有差别

股权激励的本质是基于人力资本价值的非货币出资方式，基于公司在境内上市还是境外上市的不同选择，有关股权激励的出资问题有不同的处理方式。在国内法规环境下，公司不允许劳务出资，因此在将股权最终量化过户到激励对象时，对应的股权出资义务不能被豁免。而在公司境外上市（尤其是美股、港股）的场景下，股权激励本质是与员工分享境外上市资本收益的方式，并且由于法律要求的不同，激励对象在未来行权时，可以选择非现金方式行权，无须实际缴纳出资，有的激励方式（如 RSU）以零对价方式授予，也不存在员工出资的需求。

（2）因是否在境内完成上市而有差别

境内上市公司实施的股权激励，有明确的法律法规就行权对价作出了规定，如《上市公司股权激励管理办法》第 23 条就限制性股票的股权激励价格、第 29 条就股票期权的激励价格等，都作出了明确规定，不遵守规定而实施的股权激励计划，将会无法获得律师出具的法律意见书，也不能通过监管备案。而境内非上市公司实施的股权激励，相对比较灵活，尤其是股份制改造完成之前的有限责任公司的股权激励，只要公司股东就激励方案达成一致，哪怕采用零对价方式授予激励对象，也是合规的，但最终在注册资本层面要符合实缴义务的要求。

14. 股权激励成功的关键在于“投其所好”

从公司管理的角度来看，股权激励是一种中长期激励工具，其最终目的是调动员工积极性，最大限度地挖掘员工潜能，实现员工和公司的“双赢”。在制订和实施股权激励计划时，应注意进行详细区分：企业中不同类型的人员有不同的激励偏好，如高级管理人员侧重公司的长期成长，可以接受中长期激励，而销售骨干偏重于公司业绩的快速增长，更希望能够及时兑现奖励，因而侧重于短期激励。

通过股权进行激励只是众多激励手段中的一种，如果通过其他激励方式也可以达到激励员工、与员工绑定的效果，企业就不必拘泥于实施股权激励这种形式。在选择激励手段时，应充分评估员工的喜好，在不损害公司利益的情况下，无论通过何种激励工具，只要能充分调动其积极性，实现各方共赢才是激励的落脚点和核心。如果激励形式错配，可能浪费激励资源，实现不了激励初衷，反而会损害积极性。所以，对激励对象能够“投其所好”地进行激励，是保障股权激励成功实施的关键要素。如果一厢情愿地对员工进行股权激励，可能实现不了管理目的，甚至可能会给管理带来麻烦。

15. 股权激励如何防止产生“懒人”

股权激励实施后，如果公司成功上市或者被其他投资者溢价并购，那些已经行权的激励对象可能因此获得比较丰厚的回报。这本是激励对象应得的收益，但是如果激励对象实现收益后不思进取，积极性下降，则可能对公司和其他激励对象产生不好的效应。股权激励的意图是获得激励收益的人能够陪同公司继续长期发展，那些故步自封、不思进取的人给团队带来的是负能量，不利于公司形成积极向上的激励文化氛围。为了防止在激励过程中出现这种“懒人”，公司应当有事先的应对策略，做好相应的约束机制安排，如行权节奏、锁定期、回购机制等，使激励对象既对激励收益心怀期望，又不至于很容易地实现小富即安，始终保持一种积极向上的斗志和激情，与公司共同发展。当然，这些策略机制安排也不可以标准过高、过难实现，否则激励对象认为公司在“忽悠”自己，也会损害其积极性。如何在二者之间保持平衡，考验着创始股东的格局和智慧。华为公司2013年起实施的“时间单位计划”(Time Unit Plan，TUP)制度，能够在一定程度上防止产生“懒人”，值得借鉴。①

华为公司最初推出TUP制度，主要原因之一是原有的公司为员工担保向银行贷款用来购买公司股票的做法，被当时的中国银行业监督管理委员会(以下简称银监会)发文禁止，作为应对之策而创立了这种新型激励方式；同时，也是为了解决外籍员工无法直接参与虚拟受限股的问题。根据TUP制度安排，公司每年依照员工的岗位及级别、绩效，给员工配置一定数量的期权，期权不需要员工花钱购买，5年为一个结算周期。实际上，TUP仍然属于虚拟股权的范畴，激励对象不能真正拥有公司股权，但可以获得分红权和股价升值收益。

TUP实施框架如下：

每年根据员工岗位及级别、绩效，分配一定数量的5年期权，员工无须花钱购买，可获得相应的分红权和增值权，5年后清零。举例如下：

2014年，某员工获得期权5000股，当期股票价值为5.42元/股。

2015年，可以获取5000×1/3分红权。

2016年，可以获取5000×2/3分红权。

2017年，可以获取5000股的全额分红权。

2018年，可以获取全额分红权，同时对2014年的期权结算，如果2018年股票价值为6.42，则第五年获取的回报是：2018年分红+5000×(6.42－5.42)，同时这5000股期权进行清零。

应该说，TUP是华为公司一项非常重要的改革。从长远来看，员工现有股票也会逐步转为5年有效期限的期权，如果顺利实施，则可以真正激活那些躺在功劳簿上分享公司收益的老员工，不奋斗也能拿高额分红的日子将不再持续。TUP是防止股权激励过程中产生“懒人”的行之有效的方法。

① 康至军：《事业合伙人：知识时代的企业经营之道》，机械工业出版社2019年版，第94页。

第四章

股权激励的法律合规问题

一、人力资源作为出资方式的法律考量

1. 人力资源与人力资本的概念区分

人力资源是凝结在人体内的具有经济价值的知识、技术与能力的有机综合体，它看不见、摸不着，处于无形的状态，且主要通过劳动者提供“劳务服务”的方式体现出来。人力资本与人力资源虽然在多数情况下可以通用，但是在法律语义上略有不同，它是对人力资源所具有的资本性的描述，应将其看作公司资本的一种类型。笔者认为，人力资源应当是出资的一种形式，出资完成后所形成的资本属于公司所有。

在古典经济学里，人力资源不被看作资本的一种类型，而是使用古典的劳动概念，劳动被看作可以从事体力劳动的能力，这种劳动仅仅需要少量的知识与技能。于是，劳动者所具有的生产能力也被看作大致相等的。[①] 在当今的信息社会，在知识经济、智慧经济、共享经济等新经济模式下，人的因素越来越重要，人在创业过程中所起到的作用在许多场景下是不可替代的，他们所具有的灵感和创新的商业思维往往具有极大的经济价值。这也是许多新经济公司在创业之初一无所有的情况下（业内俗称“PPT 项目”），仍有天使投资人或风险投资基金愿意高溢价向他们投资的重要原因。因此，我们应当重新认识“人力资源”的资本价值。股权激励可能是人力资源具有经济价值的初期尝试，未来应当在更大范围和程度上解决人力资源不被立法认可的尴尬处境，缩短理想和现

---

① 梁上上:《人力资源出资的利益衡量与制度设计》，载《法学》2019 年第 3 期。

实的差距。

2. 有关人力资源出资的立法类型

关于是否允许人力资源作为出资，不同国家的立法态度大致可以分为三类。①

(1)禁止型。大陆法系大多不允许人力资源出资。例如，欧洲大陆的德国不允许股东以人力资源出资，德国《股份法》第27条第2款明确规定禁止劳务出资。在东亚国家中，日本对股份公司禁止劳务出资，这可以从日本《公司法》第34条和第38条第1款中推演出来。换言之，其采取全额出资规则，要求在设立时完成缴纳出资。韩国《商法典》第295条第2款和第548条第2款规定，股东出资限于现物出资。

(2)许可型。允许人力资源出资的典型代表是美国。美国《示范公司法》第6.21(b)条规定，无论是有形还是无形的财产或利益都可以出资，包括将来履行的服务。美国特拉华州《公司法》第152条也有类似规定。

(3)依据公司类型采取不同政策。英美法系的英国原则上允许劳务出资，但例外禁止。英国《2006年公司法》第582条第1款规定，公司配售的股份以及股份上任何溢价可以以货币或者货币等值物(包括商誉和专利技术)缴付。但是，该法第585条第1款规定，公众公司不得以将来的服务出资。

3. 我国《公司法》规定的出资形式及其演变

自1993年《公司法》颁布实施以来，有关投资人向公司出资方式的法律规定，经历了若干次调整，最终形成现在的出资结构形式。我们可以从最初的公司法版本及其之后若干次修改的时间脉络，对法律认可的出资形式进行比较分析，以探求股权激励中人力资本作为一种价值形式在法律上的地位和处境。

(1)1992年5月15日，国家经济体制改革委员会颁布《有限责任公司规范意见》，依据第12条的规定，股东可以用货币出资，也可以用实物、工业产权、非专利技术、土地使用权作价出资。其中，股东用工业产权、非专利技术作价出资的金额不得超过公司注册资本总额的20%。特殊情况下必须超过20%的，应

① 梁上上：《人力资源出资的利益衡量与制度设计》，载《法学》2019年第3期。

当经公司审批部门批准,但最高不得超过30%。

(2)1993年12月29日,全国人大常委会颁布我国第一部统一的《公司法》,依据第24条的规定,股东可以用货币出资,也可以用实物、工业产权、非专利技术、土地使用权作价出资。其中,以工业产权、非专利技术作价出资的金额不得超过有限责任公司注册资本的20%,国家对采用高新技术成果有特别规定的除外。

(3)1999年12月25日,全国人大常委会第一次修正《公司法》,修正后的《公司法》第24条与1993年《公司法》对股东出资方式及无形资产出资的限制完全一致,没有进行修改。

(4)2004年8月28日,全国人大常委会第二次修正《公司法》,修正后的《公司法》第24条与1999年《公司法》对股东出资方式及无形资产出资的限制完全一致,没有进行修改。

(5)2005年10月27日,全国人大常委会修订《公司法》,修订后的《公司法》第27条规定,股东可以用货币出资,也可以用实物、知识产权、土地使用权等可以用货币估价并可以依法转让的非货币财产作价出资。其中,全体股东的货币出资金额不得低于有限责任公司注册资本的30%,这意味着无形资产出资的比例不得超过70%。

(6)2013年12月28日,全国人大常委会第三次修正《公司法》,修正后的《公司法》第27条与2005年《公司法》对股东出资方式的规定完全一致,但是删除了全体股东的货币出资金额不得低于有限责任公司注册资本的30%的限制,这意味着无形资产出资的比例可以突破70%的限制。

(7)2018年10月26日,全国人大常委会第5次修正《公司法》,修正后的《公司法》第27条与2013年《公司法》对股东出资方式的规定及无形资产出资的限制完全一致。

(8)2023年12月,新《公司法》出台,其中第48条规定,股东可以用货币出资,也可以用实物、知识产权、土地使用权、股权、债权等可以用货币估价并可以依法转让的非货币财产作价出资;但是,法律、行政法规规定不得作为出资的财产除外。

从上文《公司法》历次修改脉络可以看出,无形资产作为出资方式,基本限定在土地使用权和知识产权的范畴,2021 年修订《公司法》又提出了股权和债权作为出资方式,但仍旧没有将人力资源作为出资形式。正如本书前文所述,股权激励问题的核心基本理论在于,人力资源作为一种出资的形式是否具有可衡量的价值、是否能够被法律所认可。对此,国内许多学者在立法过程中也强烈建议将劳务作为出资方式,但一直没有得到立法的认可。

为什么我国立法上不认可人力资源作为出资的方式?总结现行法律表述及立法理由,主要有三个方面的原因:其一,人力资源不能用货币估价,无法准确衡量价值,所以人的思想、智慧、知识等不宜作为出资方式;其二,人力资源不能依法转让,对公司债权人的保护存在天然缺陷;其三,人力资源作为出资的方式,没有合法性依据。根据《市场主体登记管理条例》的规定,股东的出资方式应当符合法律、行政法规的规定,且股东不得以劳务、信用、自然人姓名、商誉、特许经营权或者设定担保的财产等作价出资。从而在行政法规的层面彻底封堵了将《公司法》未明确禁止的劳务作为出资的合法性。

4. 人力资源出资作为股权激励的基础具备充分的理由

(1)允许人力资源出资对社会具有多方面的贡献

从创业的角度来看,现代社会的创业者众多,他们富有创新精神,充满才智,但资金准备不足,允许人力资源出资有利于他们启动创业。从创业与就业的关系来看,允许人力资源出资有利于促进就业。近几年,很多国家的生产率增速已经放缓,投资增速也出现下降,就业创造率大幅降低。尤其是在 2020 年开始的全球新冠疫情影响下,许多行业出现裁员、倒闭等现象,大量拥有知识和技能的群体面临生存压力,如果允许以人力资源方式进行出资,对于优化社会资源配置、维护社会稳定,可能会有积极的意义。

西方经济发展的实践已经证明,人力资本投资的收益率要高于物质资本的收益率。美国的诺贝尔经济学奖获得者舒尔茨认为①,“资本”有两种存在形式:一是物质资本形态;二是人力资本形态,即凝结在人体中的知识、技术与能

① [美]西奥多·W. 舒尔茨:《论人力资本投资》,吴珠华等译,北京经济学院出版社 1990 年版,第 4~8 页。

力。其实,劳动者可以变成资本家,因为人力资本是具有经济价值的知识与技能。美国长期以来保持经济增长,其中一个重要原因就是得益于人力资本对经济发展的贡献。

(2)人力资源出资有利于出资人及其他股东

就人力资本股东而言,如果允许其以人力资源出资,产生的实益就是人力资本拥有者可以用自己的知识、技艺、智慧等出资,不必缴纳金钱,但有机会成为股东并分享公司成长的红利。一方面,这是对其人力资源的尊重,也是对其人力资源的价值认同,使其可以获得精神上的满足;另一方面,他可以被免去金钱缴纳,不必通过存款或者借贷来筹措资金,可以节省金钱成本。相反,如果不允许其以人力资源出资,其对公司经营所作出的贡献就难以获得公允的对价,不但无法满足精神利益需求,还需要支出金钱成本。对于其他股东而言,如果允许人力资源出资,则有利于其找到合适的创业伙伴,更有利于其获得经营公司所需要的技术、知识、技能等无形资产,使成立公司更加容易。

(3)公司与债权人的利益不会受损

公司与股东之间是投资关系,只要股东按照约定缴纳相应出资,确保其出资是充分的、真实的,公司利益就可以得到保障。人力资源出资与其他出资形式并没有什么本质差异,股东对公司同样负有按期缴纳(或如期履行服务)的责任,而且其他股东就其债务对公司承担连带责任。在这样的责任设计中,可以实现资本充实,并不会对公司利益造成损害。只要保证公司资本充实,债权人利益理论上就获得了履行的保障。

二、股权激励与非法集资的辨析

1. 股权激励的实施谨防以合法形式掩盖非法目的

严格意义上的股权激励所针对的对象是公司内部的员工,包括高管人员、核心骨干以及重要的员工。但在实务操作中,经常出现向公司以外的人实施股权激励,这些人可能是公司的上下游合作伙伴、创始人的亲朋好友、能够给公司业务带来贡献的重要资源方等。根据最高人民法院《关于审理非法集资刑事案件具体应用法律若干问题的解释》(法释〔2022〕5 号,以下简称《非法集资司法解释》)第2条第5项、第8项的规定,以“虚假转让股权”“投资入股”等形式向社会公众(包括单位和个人)吸收资金的行为,符合《刑法》和该司法解释的条件的,可能被认定为《刑法》第176条规定的“非法吸收公众存款或者变相吸收公众存款”。在股权激励过程中,经常会涉及股权转让、激励对象投资等行为,一旦对人员范围的掌控出现违法情形,就有可能涉嫌刑事犯罪。因此,在制订和实施股权激励方案时要高度关注此类刑事风险。

2. 非法集资的表现形式及刑法规制

所谓非法集资,是指公司、企业、个人或其他组织未经批准,违反法律、法规,通过不正当的渠道,向社会公众或者集体募集资金的行为。非法集资并不是一个独立的罪名,它包括非法吸收公众存款罪、集资诈骗罪两个罪名。有关非法集资问题,与股权激励相关的法律风险应重点关注非法集资罪的构成核心要件及其量刑问题。

(1)关于非法集资的立案标准

以非法吸收公众存款罪为例,达到以下金额及人数的,将被立案并追究刑事责任:

① 非法吸收或者变相吸收公众存款数额在100万元以上的;

② 非法吸收或者变相吸收公众存款对象150人以上的;

③ 非法吸收或者变相吸收公众存款,给存款人造成直接经济损失数额在50万元以上的。

非法吸收或者变相吸收公众存款数额在50万元以上或者给存款人造成直接经济损失数额在25万元以上,同时具有下列情节之一的,也应当依法追究刑事责任:

① 曾因非法集资受过刑事追究的;

② 两年内曾因非法集资受过行政处罚的;

③ 造成恶劣社会影响或者其他严重后果的。

根据《非法集资司法解释》第1条的规定,未向社会公开宣传,在亲友或者单位内部针对特定对象吸收资金的,不属于非法吸收或者变相吸收公众存款。但以下情况下内部人员及其亲友涉案的资金,应当与向不特定对象吸收的资金一并计入犯罪数额：

① 在向亲友或者单位内部人员吸收资金的过程中，明知亲友或者单位内部人员向不特定对象吸收资金而予以放任的；

② 以吸收资金为目的，将社会人员吸收为单位内部人员，并向其吸收资金的；

③ 向社会公开宣传，同时向不特定对象、亲友或者单位内部人员吸收资金的。

（2）关于非法集资的“非法性”认定依据问题

人民法院、人民检察院、公安机关认定非法集资的“非法性”，应当以国家金融管理法律法规为依据。对于国家金融管理法律法规仅作原则性规定的，可以根据法律规定的精神并参考中国人民银行、中国银行保险监督管理委员会、中国证监会等行政主管部门依照国家金融管理法律法规制定的部门规章或者国家有关金融管理的规定、办法、实施细则等规范性文件的规定予以认定。

（3）关于非法集资的“以非法占有为目的”

在认定非法集资时，除主观故意外，一个必要的条件是“以非法占有为目的”，根据《非法集资司法解释》，凡是符合以下条件的，都属于“以非法占有为目的”：

① 集资后不用于生产经营活动或者用于生产经营活动与筹集资金规模明显不成比例，致使集资款不能返还的；

② 肆意挥霍集资款，致使集资款不能返还的；

③ 携带集资款逃匿的；

④ 将集资款用于违法犯罪活动的；

⑤ 抽逃、转移资金、隐匿财产，逃避返还资金的；

⑥ 隐匿、销毁账目，或者搞假破产、假倒闭，逃避返还资金的；

⑦ 拒不交代资金去向，逃避返还资金的；

⑧ 其他可以认定非法占有目的的情形。

（4）非法集资罪的量刑标准

依据《刑法》第 176 条的规定，非法吸收公众存款或者变相吸收公众存款，扰乱金融秩序的，处 3 年以下有期徒刑或者拘役，并处或者单处 3 万元以上 20

万元以下罚金;数额巨大或者有其他严重情节的,处3年以上10年以下有期徒刑,并处5万元以上50万元以下罚金。

三、制订和实施股权激励方案要考虑的问题——境内非上市公司

1. 股权激励的再认识

有关股权激励的内容和含义,已有许多书籍资料进行了界定,相关论述也非常多。尽管如此,本书仍尝试做出努力,从以下几方面进行更为体系化的理解。

(1)股权激励是一种价值分享机制

股权激励本质上是公司股东通过与重要员工分享企业价值以实现双方利益改善的机制,将员工与企业的利益紧密连接起来,形成共创事业、共担风险、共享收益的长久合作机制。

(2)股权激励能给公司带来更大价值

重要员工所分享的公司价值主要来自新增长的价值,而非公司存量价值的再分配。换言之,员工参与股权激励后,最终获取的收益源于新创造产生的价值,而不是原有价值。根据"激励相容"原理,员工的利益与公司利益是一致的,每个人努力为实现自己利益的目标工作,得到的结果也是公司利益的最大化。

(3)股权激励意图在于解决道德风险

公司治理之所以能够成为公司法理论和实务中的核心话题,根本原因在于所有权和经营权分离导致的代理成本问题。如果管理层是纯粹的职业经理人,则其在许多事关自身利益的问题上与股东不会完全一致,诸如高额消费、与公司的同业竞争、篡夺公司商业机会等。让员工也成为公司股东或者享有股东权益,可以使员工基于股东身份的荣誉考虑,自觉地不做或少做与公司利益背离的事情。当然,这项制度最终是否能够实现初衷,还要配合其他机制措施给予保障。

(4)股权激励的制度原理在于承认人力资本的价值贡献

按照经济学界的一般看法,亚当·斯密是最早系统论述人力资本思想的古典政治经济学家。他认为,人的才能是个人财产的一部分,工人增进的熟练程度,可以和便利劳动、节省劳动的机器和工具一样被看作固定资本,人的有用才

能与实物性财产并列，是作为获得收入与利润的一种资本。随着知识经济的到来和科学技术的突飞猛进，专业的高度分化和综合使人力资本的重要性程度不断提高。舒尔茨在《论人力资本投资》一书中指出，美国的国民收入，新增加的财富有80%是由人力资本所提供的，只有20%左右来自物质形态。舒尔茨还强调，“不发达国家的经济之所以落后，主要就在于他们重视物质资本投资而忽视人力资本投资”。世界银行的专家利用公开发表的数据对全世界192个国家的资本存量进行粗略计算，提出了“国民财富”新标准，认为目前全世界人力资本、土地资本、货币资本三者构成比为64∶20∶16，而人力资本则是全球国民财富中最大的财富。

从公司角度来看，人力资本参与了公司价值的创造，公司的价值积累不应该单纯归属于最初的物力资本提供者，人力资本和物力资本都应该参与企业剩余价值的分配。从价值角度来看，无论哪种形式的资本，决定其在公司股权架构中是否持股及其股权比例的核心要素，应当是对公司的价值贡献额度。

（5）股权激励是行之有效的制度安排

作为一种平衡利益的工具，股权激励在古今中外均已经是成熟做法。晚清时期曾经红极一时的山西票号，其股份制度中的“顶身股”即承认人力股的存在，人在股在，离开后即应退还，在性质上相当于现在所说的“股权激励”。“顶身股”制度把掌柜、伙计的利益和票号东家的利益紧密地捆绑在一起，极大地激发和调动了积极性。这种有效的激励和约束机制，推动了票号稳定持续地发展，使晋商称雄商界数百年，由“货通天下”发展到了“汇通天下”，造就了中国历史上的商业奇迹。

1952年，美国菲泽尔公司为了避免公司高管的现金薪酬缴纳高额的所得税，推出了股权激励计划，拉开了推行股权激励计划的序幕。1956年，美国的路易斯·凯尔索等人设计了“员工持股计划”，随后，职工持股计划、股票期权计划等股权激励模式纷纷推出。日本于20世纪60年代后期也推出ESOP等形式的股权激励。随着股权激励在美国和日本的推行及其产生的积极影响，法国、英国、意大利、澳大利亚等50多个国家开始纷纷效仿，在国际上掀起一场推行股权激励的风潮。

当今国内、国际巨头公司，几乎找不到不实施股权激励的案例。例如，百度、华为、京东、腾讯、小米、微软、苹果公司、SpaceX、特斯拉等，股权激励无疑为这些公司的发展和壮大起到了不可估量的作用。

相关案例[①]

截至2021年12月31日，特斯拉的市值为1.06万亿美元，创造了电动车领域的新奇迹。纵观公司的发展历程可以发现，有效的股权激励是特斯拉能够得以生存并发展壮大的重要手段。特斯拉的整体股权激励主要分为两类：一类是对CEO即马斯克的激励，另一类是对其高管团队的激励。这些激励大都采用了相同的方式，即事件型激励，将每一次激励与公司具体的里程碑事件相挂钩。

公司分批进行了以下激励：

(1)在IPO上市之前，2009年董事会对马斯克进行了一次股权激励。在这次股权激励中，他被授予约335万股的股票，在4年内可以执行，满足4个条款中的一个，就可以执行1/4的股票期权，具体如表4－1所示。

表4－1　对马斯克股权激励方案

Y2009 CEO 激励条款:3,355,986 stock options,4年内	实施情况	
	年份	金额/万美元
完成 Model S 工程原型,1/4股份	2010	920
完成 Model S 工程原型验证,1/4股份	2011	630
第1辆 Model S 生产完成,1/4股份	2012	420
第1万辆 Model S 完成,1/4股份	2013	40

注:马斯克是特斯拉的第一大股东,他拥有超过20%的股权,在这个股权当中,一大部分是现金认购的,还有一部分就是股权激励。

(2)在2010年，特斯拉对高管又发布了激励条款，同样是4年，68万份股票期权被发放，激励方案内容与对马斯克的类似，具体如表4－2所示。

① 知化汽车:《揭秘埃隆·马斯克与特斯拉10年来历次股权激励方案》,载常容咨询网2019年11月26日,www.changrong.pro/articleInfo/2855/。

表4-2　对高管股权激励方案

Y2010 高管激励条款:683,300 stock options,4 年内	实施情况	
	年份	金额/万美元
完成 Model S 工程原型,1/4 股份	2010	890
完成 Model S 工程原型验证,1/4 股份	2011	490
第1辆 Model S 生产完成,1/4 股份	2012	140
第1万辆 Model S 完成,1/4 股份	2013	80

(3)在2012年,董事会又向CEO发布了激励条款,这次包括了一个初始条件,股票市值达到40亿美元,在发布这个条款的时候,特斯拉的股票市值是32亿美元;在达到40亿美元后,接下来每完成一个条件,就可以实施一部分股票期权,这一次发布的股票期权是527万份;其他条款包括Model X和Model 3相关研发工作,以及一个财务指标要求,连续4个季度毛利率超过30%,Solarcity公司的毛利率在40%以上。通过此次股权激励,马斯克大概拿到了8/10的股权激励,具体如表4-3所示。

表4-3　2012年CEO激励条款实施情况

Y2012 CEO 激励条款:5,274,901 stock options,10 年有效期	实施情况	
	年份	金额/万美元
条件:股票市值达到40亿美元以上		
完成 Model X 工程模型(Alpha)	2012	130
完成 Model X 工程模型(Beta)	2013	1450
第1辆 Model X 完成	2014	2500
完成 Model 3 工程模型(Alpha)	2015	1060
完成 Model 4 工程模型(Alpha)	2016	1580
第1辆 Model 3 完成	2017	510
连续4个季度毛利率达到30%以上		
总共10万辆完成	2018	10
总共20万辆完成		
总共30万辆完成		

(4)在 2014 年,特斯拉又发布的相对应的高管激励条款,与 Model X 和 Model 3 有关,具体如表 4 -4 所示。

表 4 -4　2014 年高管激励条款实施情况

Y2014 高管激励条款:1, 073, 000 shares	实施情况	
	年份	金额/万美元
第 1 辆 Model X 完成,1/4 的股份	2014	1070
连续 12 个月汽车总产量达到 10 万辆,1/4 的股份	2015	1040
第 1 辆 Model 3 完成,1/4 股份	2016	2530
3 年中每 1 年毛利率超过 30% ,1/4 的股份		

(5)在 2018 年,特斯拉发布了最新一次的 CEO 激励条款,总数大概在 2026 万股,这次激励的目标是市值目标和业绩目标。其中,市值目标有 12 层,从 1000 亿美元起步,其后每一层级增加 500 亿美元,最后一级是 6500 亿美元。业绩方面的标准包括营收和利润两个方面,各有 8 个层级。营收方面的目标是 200 亿美元起步,最终要达到 1750 亿美元,是特斯拉 2017 年营收的 15 倍多。利润方面的要求是息税折旧摊销前利润,第一层级是 15 亿美元,最高一级是 140 亿美元。具体如表 4 -5 所示。

表 4 -5　2018 年 CEO 激励条款实施情况

Y2018 CEO 激励条款:20, 264, 042 stock option	实施情况
同时达成: 市值目标:1000 亿美元,此后每次递增 500 亿美元 业绩目标:收入或调整后的 EBITDA	
经调整的年化 EBITDA/10 亿美元	年化收入/10 亿美元
1.5	20
3	35
4.5	55
6	75
8	100
10	125

续表

经调整的年化 EBITDA/10 亿美元	年化收入/10 亿美元
12	150
14	175

注：EBITDA（税息、折旧、摊销前利润，即未计利息、税项、折旧和摊销前的利润），调整指股权激励，把这些（股权激励的费用）加回去，即为调整后的 EBITDA。

对比来看，特斯拉的股权激励始终把 CEO 的利益、股东的利益和公司的业绩绑定在一起，在早期的时候，不是以虚无的数字指标来确定激励，而是以具体的事件来进行阶段性的兑现，有利于整个公司及团队形成良性激励循环，促进公司的快速发展。根据公开披露的信息，自 2021 年 11 月 8 日以来，马斯克套现的股份共计达到约 1560 万股，价值约 164 亿美元，期权激励为他带来了巨额财富。

2. 股权激励通常采用什么模式

（1）对“模式”与“方式”的回应

实际操作中对于股权激励的模式有时存在误解，如一些股权类书籍或者演讲课件中，经常将股权激励的具体工具等同于股权激励模式，这种理解是不准确的。采用某种具体的激励工具实施股权激励时，应当描述为实施股权激励的“激励方式”，而不是“激励模式”。关于“模式”和“方式”的具体含义，根据“科普中国”科学百科词条的解释，“模式”是主体行为的一般方式，包括科学实验模式、经济发展模式、企业盈利模式等，是理论和实践之间的中介环节，具有一般性、简单性、重复性、结构性、稳定性、可操作性的特征。可以看出，“模式”是结构主义用语，指用来说明事物结构的主观理性形式。而“方式”是指言行所采用的方法和样式。根据上面的理解，股权激励“模式”应当具有更加一般性的特点，而股权激励“方式”则是实施股权激励时具体采用的方法。

（2）模式的确定标准

总体上看，以激励对象收益的期限长短进行划分，可以将股权激励的模式划分为两种：现金类股权激励模式和权益类股权激励模式。

第一，现金类股权激励模式。各种类型的股权激励工具中，虚拟股权、股票增值权等两种方式可以归入这个类型。这种激励模式的优点是不影响公司的股本结构，原股东的股权比例不会被稀释；缺点是公司需要以现金形式进行支付，现金支付压力较大，而且，由于激励对象不能获得真正的股权，对员工的激励作用持续时间很短，不利于公司与员工之间的长期绑定。

第二，权益类股权激励模式。在各种类型的股权激励工具中，股权期权、限制性股权、员工持股计划、延期支付、业绩股票、无条件赠与股权 6 种方式可以归入这个类型。这种激励模式的优点是激励对象可以获得真实股权，公司不需要支付大笔现金，有时甚至还可以有现金流入；缺点是公司股本结构需要变动，原股东的股权可能因此被稀释。

3. 股权激励所需要兑现的股票从哪里获取

要点回应

设立期权池的常见做法有三种。

① 原股东出让

这种方式下，由原有创始股东及合伙人按照各自持股比例进行同比例出让，汇集形成期权池。新设立的期权池可以由某一位股东暂时代持，或者另行新设一个或几个有限合伙企业直接持有，待将来实施股权激励方案时，再具体量化到激励对象的名下。

这种方式的优点是操作简便，直接签署股权转让协议即可完成。其缺点是：如果转让对价过低，会丧失税基优势，尤其是当时已经完成出资的合伙人，在未来出售股权时，该部分用作设立期权池的股权成本无法计入税基。如果稀释的股份数额较小，整体影响倒也不大，但是的确有一部分投资人会比较在意这种影响。

② 增资设立

这种方式下，根据事先测算好的股权比例，直接对创业公司进行增资设立。增资价格的确定有多个标准，可以是：第一，注册资本 1 元的价格；第二，增资时的每股净资产价格；第三，两者折中的价格等。从公司未来 IPO 的角度来看，采用第二种方式确定的价格会比较好，但相应的激励效果会比第一种和第三种方式稍微差一点，因为未来激励对象支付的成本会稍高。如果公司有近期融资产生的可比市场价格，由上面这三种方式所确定的价格将来都有可能涉及股份支付费用的确认，并因此会影响当期损益。尽管如此，通过增资方式设立期权池是比较常见的方法。

③ 股票回购

依据现行《公司法》的规定，股份有限公司实施股权激励的，可以回购本公司股票，但在程序上应当依照公司章程的规定或者股东大会的授权，经2/3以上董事出席的董事会会议决议。并且，公司回购后合计持有的本公司股份数不得超过本公司已发行股份总额的10%，并应当在3年内转让或者注销。目前，国内上市公司通过实施员工持股计划的方式进行股权激励的，大多采用此种方式。一般通过信托公司设立专项信托计划，通过员工缴纳的资金或配比一定的贷款，用于收购本公司的股票，并按事先设定好的条件进行授予、行权和出售管理。

相较而言，股权激励的股份来源中，公司增资更为多见，原股东股权转让相对较少，其中最主要的原因可能是考虑税务成本因素。从2019年、2020年和2021年深交所中小板上市的公司股权激励数量统计（见图4－1）来看，也证明了这一点。

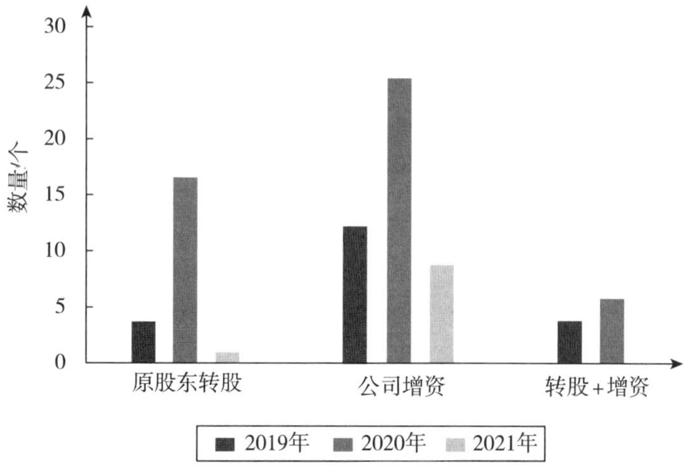

图4－1　股权激励来源统计

资料来源：上市公司报告。

法条链接

《公司法》第162条

公司不得收购本公司股份。但是,有下列情形之一的除外:

(一)减少公司注册资本;

(二)与持有本公司股份的其他公司合并;

(三)将股份用于员工持股计划或者股权激励;

(四)股东因对股东大会作出的公司合并、分立决议持异议,要求公司收购其股份;

(五)将股份用于转换公司发行的可转换为股票的公司债券;

(六)上市公司为维护公司价值及股东权益所必需。

公司因前款第(一)项、第(二)项规定的情形收购本公司股份的,应当经股东会决议;公司因前款第(三)项、第(五)项、第(六)项规定的情形收购本公司股份的,可以依照公司章程的规定或者股东大会的授权,经三分之二以上董事出席的董事会会议决议。

公司依照本条第一款规定收购本公司股份后,属于第(一)项情形的,应当自收购之日起十日内注销;属于第(二)项、第(四)项情形的,应当在六个月内转让或者注销;属于第(三)项、第(五)项、第(六)项情形的,公司合计持有的本公司股份数不得超过本公司已发行股份总额的百分之十,并应当在三年内转让或者注销。

上市公司收购本公司股份的,应当依照《中华人民共和国证券法》的规定履行信息披露义务。上市公司因本条第一款第(三)项、第(五)项、第(六)项规定的情形收购本公司股份的,应当通过公开的集中交易方式进行。

4. 股权激励通常采用什么工具

(1)股票期权

股票期权是目前国际上使用最为广泛、最为经典的股权激励方式。它是指企业所有者授予激励对象(如高管人员、技术骨干等)购买本公司股票的选择权,享有这种选择权的人,可以在规定的期限届满时(锁定期),以事先约定好的价格(行权价)从公司购买一定数量的股票(此过程称为行权),也可以放弃购买股票的权利，但股票期权本身不能转让。股票期权在行权时间和数量上有限制，且激励对象需要自行为行权支付资金，当股票交易价格大于行权价格时，激励对象可以通过套现获利。

(2)限制性股票

限制性股票(Restricted Shares, RS)是指公司按照预先确定的条件(无偿或低价)事先授予激励对象一定数量的公司股票，激励对象只有在预先确定的条件成熟后，才可以真正享有被授予的股票并通过出售从中获益；如果预先确定的条件没有达成，公司有权将授予的股票收回。这种激励方式在非上市公司中适用时，也可以称为限制性股权。限制性股票持有人的收益主要源于两方面：一是持股期间的分红；二是股票转让的增值所得。

(3)虚拟股权

虚拟股权不是真正的股权，是指公司授予激励对象的一种具有股权某些特征的虚拟化的股权(对于股份公司而言可称为虚拟股票，为了描述方便，此处统称为虚拟股权)。持有这种股权的人，不在股东名册上登记，不是法律意义上的公司股东，并且在离开公司时自动失效。

(4)员工持股计划(ESOP)

员工持股计划是指通过向员工配发本公司股票和期权而使其享有相应的管理权，成为公司股东，并因此获得长期激励的一种绩效奖励制度。在实践中，员工持股计划往往是由企业内部员工出资认购本公司的部分股票，并委托员工持股会管理运作，员工持股会代表持股员工进入董事会参与表决，并行使分红权。员工持股计划属于长期激励的一种，兴起于20世纪50年代的美国，其特点是通过全员持股的方式强化员工的主人翁精神。近年来，这种模式在A股上市公司中应用广泛。这种激励方式又包括非杠杆型ESOP和杠杆型ESOP。前者的特点是：公司每年向该计划提供股票或用于购买股票的现金，员工不需要做任何支出；由员工持股信托基金会持有员工的股票，并定期向员工通报股票数额及其价值；当员工退休或因故离开公司时，将根据一定年限的要求相应取得股票或现金。后者的特点是：主要利用信贷杠杆实现，一般是员工筹集部分资金，再通过银行或资管产品募集剩余部分，共同持有ESOP份额。目前，A股上市公司实施的员工持股计划，除了公募基金、券商资管计划，基本上是通过信托、银行操作的。

(5)股票增值权

股票增值权是指上市公司授予激励对象在未来一定时期和约定条件下,获得规定数量的股票价格上升所带来的收益的权利。这是一种虚拟的股权激励工具,激励标的仅仅是公司支付的行权日二级市场股价和激励对象行权价格之间的差价,激励对象不能获得企业的股票。

(6)业绩股票

业绩股票指公司在年初确定一个较为合理的业绩目标,如果激励对象到年末时达到预定的目标,则公司授予其一定数量的股票或提取一定的奖励基金购买本公司股票。激励对象在以后的若干年内经业绩考核通过后可以获准兑现规定比例的业绩股票,如果未能通过业绩考核或出现有损公司的行为、非正常离任等情况,则其未兑现部分的业绩股票将被取消。业绩股票与限制性股票有些类似,它们都对持股人的行权设置了一定的限制条件。其主要区别是,业绩股票是后授予,而限制性股票是先授予。

这些股权激励工具中,股票期权、限制性股票和员工持股计划是上市公司常用的激励工具,也相应受到《上市公司股权激励管理办法》《关于上市公司实施员工持股计划试点的指导意见》等规范性文件的规制。有限责任公司作为非上市公司,在股权激励工具的选择和外部监管方面相对比较灵活,只要公司股东会作出决议,不违反法律法规的强制性规定,一般都可以自行决策实施(国有的有限责任公司除外)。

5. 股票期权应用中应注意什么问题

要点回应

股票期权的设计,遵循典型的经理人长期激励性报酬设计思路,它是金融衍生品——期权在股权激励制度中的成功运用。期权制度设计的初衷本是为高管人员节税,但实践证明,激励效果明显大于节税效果。从全球范围的公司来看,股票期权是目前使用最广泛、最经典的股权激励方式。在国内的资本市场环境下,应用股票期权进行股权激励时应当注意以下问题。

① 股票期权的适用范围应当与企业发展阶段相匹配

一般来说，股票期权比较适合处于创业初期和成长期的企业，尤其是生物医药、电子、数据、通信、咨询等人力资本依附性较强的企业。在这个阶段，企业自身运营和发展对现金的需求很大，公司往往无法拿出大量的现金进行即时激励；而这些类型的企业成长潜力又可能比较大，增值速度也比较快，通过实施股票期权激励，能够将激励对象未来的收益与公司紧密联系在一起，起到了既能吸引和留住重要人才，又能短期内为公司节省当期激励成本并长期锁定人力的作用，可谓一举多得。鉴于股票期权的高风险、高回报特性，它比较适合于那些初始财务投入资本较少、资本增值较快、在资本增值过程中对人力资本依附性比较强的公司。

② 股票期权仅适用于上市公司的理解是片面的

关于股票期权激励，在实践中经常有一个误解，认为股票期权只适用于上市公司，非上市公司不能适用，因为非上市公司不发行股票，且没有股票价格。这种理解是片面的，中国公司法框架下的非上市公司包括有限责任公司和非上市股份有限公司，它们虽然可能都不在股东内部发行股票（如有限责任公司称为“股权”），但股票或股权都是股东权利的彰显，只不过股票以有价证券的形式将抽象的股权进行了表达，本质上都属于股东权利的范畴，用“股票期权”表达“期股”的概念在逻辑上没有十分严重的问题。不过，在境内公司通过搭建红筹架构赴境外上市的情况下，一般都是在境外上市主体层面发放期权，境内主体权益公司也无须进行股份制改造，因此这一问题往往会忽略不计。

③ 股票期权的适用应适时动态调整

实践中许多案例充分证明，股票期权在公司的创业初期和成长期，其激励效果往往是很好的，但是在行业出现业绩整体下滑（如新冠疫情导致许多企业出现困难）的情况下，或者公司已经进入成熟期、现金流比较稳定以后，继续坚持使用股票期权的效果可能会打折扣，股票期权在吸引人才、留住人才、激励人才方面的作用就会下降。此时，股票期权的激励成本将会高于预期收益，为了维护公司持续向前发展，就需要对激励方式进行适时的调整，而不能因循守旧、故步自封。

④ 股票期权的缺点不容忽视

股票期权的固有基因决定了它的适用受到场景的严格限制，它的有效适用取决于若干外部条件是否满足，否则可能适得其反，起不到激励的效果和作用。

首先，股票期权高度依赖市场化的股票市场。美国公司实施的股票期权计划之所以能够取得预期效果，是因为股票价格基本上能够作为衡量企业管理层绩效的相对准确的指标。如果股票市场受到的外部环境影响因素较多，导致股票价格不一定能准确反映管理层的经营努力时，股票期权的作用就会严重削弱。因为股票价格的波动可能与经营管理层的努力完全不相关，由此推导实施的股权激励有时甚至会起到反作用。

其次，约束机制的不健全可能会导致经理人的短期行为。正如前文所述，委托代理成本问题的存在，是实施股权激励制度的重要原因。在实施股票期权进行股权激励的过程中，如果约束机制没有匹配到位，股票期权将会沦落成为"买彩票"，付出的成本不大，但收益却不小，会演变成为功利主义的赌博行为。甚至在有的情况下，经理人为了取得股票期权所带来的巨额收益，不惜进行财务造假，进行饮鸩止渴式的经营和管理，最后可能给公司、股东带来巨大灾难。曾经轰动全球的安然事件，就是这样一种短期机会主义行为造成的恶性事件。

相关案例①

安然公司曾是一家位于美国得克萨斯州休斯敦市的能源类公司。在2001年宣告破产之前，安然公司拥有约21,000名雇员，是世界上最大的电力、天然气以及电讯公司之一，2000年披露的营业额达1010亿美元之巨。公司连续6年被《财富》杂志评选为"美国最具创新精神公司"，然而真正使安然公司在全世界声名大噪的，却是这个拥有上千亿美元资产的公司2002年在几周内破产，以及持续多年精心策划乃至制度化、系统化的财务造假丑闻。从那时起，"安然"已经成为公司欺诈以及堕落的象征。

1986年前，美国的能源市场处于联邦能源监管委员会的严格管制之下，

① 案例来源：根据互联网信息整理。

安然公司等能源企业在自己的控制地域能够进行垄断定价，盈利稳定。

1986年后，美国联邦能源监管委员会放开了价格管制，加剧了美国能源市场的竞争。在此情况下，股东对安然公司管理层进行了以市价为基础的股票期权激励，力图使高管人员的业绩与股东财富的创造紧密结合起来。

根据安然薪酬委员会披露的报告，高管人员报酬的一半是非立即执行的股票期权，另一半是随业绩提升而加速授权的限制性股票。激励对象包括管理人员、雇员和董事会中的非执行董事。公司股票期权的价值是根据期权授予日的安然股票价格和其他因素来决定的。限制性股票在从授予日算起的4年后赠与，但根据公司相对于标准普尔500的年度累积股东报酬的情况，可以加速赠与的过程。在这种激励诱导下，安然公司高管面临下列挑战：如何继续寻找业务增长点来扩大规模和保持利润增长的稳定性，从而保证管理层股票期权的兑现？在1997年后，安然公司的高管层开始铤而走险，利用关联企业的关联交易，并尽量创新使用衍生工具等眼花缭乱的财务手段来“创造”利润，达到快速获赠股权、攫取最大利益的目的。

安然公司董事长Kenneth Lay于2000年通过股票期权的执行就实现了1.234亿美元的收入；前首席执行官Jeffrey Skilling在2000年通过执行安然公司的股票期权，获得6000多万美元的收入。在2001年12月申请破产保护前的一年时间里，公司向其144位高层管理人士总共发放了约7.44亿美元的现金和股票，其中董事长Kenneth Lay一人就拿走1.5亿多美元。与之相对应，安然公司为巨额股权支付承担了极高的费用成本，在2000年、1999年和1998年为限制性股票计划付出的与收入对应的补偿费用就分别高达2.20亿美元、1.31亿美元和0.58亿美元。

安然事件调查结果证实，事件的真相在于公司管理层为了达到行使股票期权的目的，在关联交易和信息披露方面多次隐瞒，并通过财务数据造假的手段来抬高股价。安然事件成为美国证券市场近年来最大的上市公司高管集体造假犯罪的丑闻案。在股权激励的诱惑之下，安然管理层丧失了经营者应有的道德和信念，为虚构高超业绩，无所不用其极。最终导致公司一夕崩塌，成千上万名的投资者遭受损失，美国金融市场的信用也遭到动摇，此为股权激励负效应的典型体现。安然事件之后，美国证券交易委员会也出台了32项规定来完善上市公司治理结构。

安然事件的教训有着现实意义，它引发了国际资本市场对期权激励样板——美国式公司治理结构的反思，其所反映出来的财务造假、虚增利润、内幕交易、过度激励等问题，皆因对于高管人员的不合理的股权激励制度所致。中国证券市场和监管机构对股票期权激励制度的设计和实践，也不能回避与美国类似的问题。如何在推行股权激励、合理合法激励企业经营者的同时，避免企业管理层利用股权激励变相敛财、进行利益输送、损害股东利益，都将是今后监管层面对的焦点问题。

美国安然事件殷鉴不远，要使股票期权发挥积极的作用，必须有相互配套且动态有效的制度安排，引导各方参与者的正向行为选择，避免逆向选择，才能真正使股权激励成为促进企业发展的长效机制。如果股权激励方案设计中存在漏洞，致使公司高管人员为了获取高额收益铤而走险，玩弄财务数据，粉饰业绩，则最终不仅可能坑害公司和股东，也可能导致自己失去人身自由，甚至走向终结。

6.限制性股票应用中应注意什么问题

如果发放主体是上市公司，可称为“限制性股票”；如果应用于非上市公司，则可以称为“限制性股权”。限制性股票的设计原理相对股票期权更加简单，近年来被越来越多的公司使用。在使用过程中应注意以下问题。

(1)关于采用限制性股票激励的公司

受到安然事件的影响，美国金融监管政策和上市公司监管政策陆续进行了调整，许多美国公司实施股票期权的积极性受到一定程度的打击。对于那些处于成熟阶段、业绩增长较为稳定的公司，由于收益和盈利增长水平比较平稳，它们开始更加倾向于采用限制性股票作为激励工具。初创公司及成长性强的早期公司也更青睐这种以业绩和年限为导向的简单激励措施，许多公司在授予股票期权的时候，搭配适用限制性股票进行同步激励。

(2)关于适用对象

相对于股票期权,限制性股票的适用范围较窄,主要是授权给公司不可或缺的关键人才,而非普通管理层人员或重要骨干。通过授予限制性股票,公司希望将其与长期价值绑定,激励这些关键人才将更多的时间和精力排他性地投入公司长期战略之中。因此,在实施股权激励时,对于特别重要的人才,除授予股票期权外,往往还同时授予限制性股票。

(3)关于授予条件

由于授予对象的重要性,在实施限制性股票激励时,也经常会设置较长的服务年限,并约定更加有挑战性的业绩目标。为了增加激励性,授予限制性股票时,一般是无偿授予的,有的股权激励方案中,也同时向激励对象授予限制性股票所对应的分红权。

(4)关于激励对象退出公司时的处理

限制性股票一般都设置明确的禁售期限,被授予的限制性股票在完全归属激励对象之前不能进行内部转让和流通,在禁售期限届满或真正归属激励对象之前,假如激励对象从公司离职,限制性股票也会随之作废。如果公司以零对价授予限制性股票,则激励对象离职后公司将无偿收回;如果公司以一定对价授予限制性股票,则公司可以以原授予价格回购激励对象所持有的限制性股票。

限制性股票和股票期权是我国《上市公司股权激励管理办法》中推荐的两种主要激励模式,由于不必和股票价格挂钩,限制性股票能够规避资本市场失灵的问题,2006 年之后限制性股票是我国上市公司使用最多的一种股权激励模式。

7. 虚拟股票应用中应注意什么问题

虚拟股权作为内部股权激励的一个工具,主要作用在于模拟计算激励对象的财产性收益,提供进行员工奖励的参考指标。由于不涉及股权的转让及增资,不涉及股东表决权及股权的其他各项权能,因此在应用此种激励工具进行股权激励时,应当注意把握其与其他股权激励工具的区别,发挥这种工具的激励优势,回避“短板”和不足。

(1)注意虚拟股权与真正股权的区别

虚拟股权与真正股权的区别如表4-6所示。

表4-6 虚拟股权与真正股权的区别

项目	真正股权	虚拟股权
出资义务	有	一般没有,无偿发放
是否在股东名册登记	是	否
表决权	有	无
知情权	有	无
分红权	有	有
股份增值权	有	可以有
转让权	有	一般没有
对公司控制权的影响	有	无
离职处理	原则上继续持有	收回

(2)虚拟股权具有独特优势

第一,员工无须出资。虚拟股权一般由公司无偿赠送或奖励,持股员工可以充分感受到企业对其自身价值的认可,产生巨大的荣誉感,获得精神和物质上的双重激励,激励效果很明显。

第二,操作手续简便。只要被激励员工和公司签署一个内部协议即可,无须公司增发股份或者其他股东转让老股,无须监管部门审批,也不用在市场监管部门进行股东变更登记,股权发放和收回操作手续十分简单。

第三,控制结构稳定。虚拟股权的持股人拥有的只是分红权,而不享有普通股东的表决权,不影响公司的股东结构和股本总额,因此也不影响创始股东对企业的控制权。

(3)虚拟股权的短板明显

第一,激励效果可能不足。虚拟股权只给了激励对象"利",却没有给"名",对于重视"名"的员工来说,可能会对激励的效果带来影响。

第二,过于重视短期利益。在这种模式下,激励对象可能因考虑分红而不重视甚至故意忽视企业资本的积累,过于关注短期利益。

第三，公司现金压力较大。采用这种激励方式时，激励对象的分红意愿强烈，公司需要支出大量的现金，如果公司现金流量不充裕，将会带来一定的财务压力。

8. 业绩股票应用中应注意什么问题

这是一种相对简单的股权激励方式，在上市公司中被称为业绩股票，在非上市公司中被称为业绩股份。从本质上来看，业绩股票是一种迟延发放的“奖金”，只不过奖金的方式从现金变成了股票，而且业绩要求相对更高。在应用业绩股票进行股权激励时，需要注意以下几个方面问题。

（1）此种激励方式一般只对公司的业绩目标进行考核，并不要求股票价格上涨，能否获取业绩股票与公司股票价格的市场表现关联性不强，因而对于那些资本市场有效性较差的国家或地区来说，这种方式更加客观。

（2）合理设置公司业绩指标是非常重要的。如果业绩指标的设置不科学、不合理，非常容易导致公司管理人员为了获取业绩股票而弄虚作假。所以，一方面，需要科学合理地设置业绩基准和可考核指标；另一方面，要制定严格的约束机制和管控机制，确保这些指标能够准确地反映管理人员的业绩。

（3）从授予机制来看，业绩股票是管理人员以股票形式获得的绩效现金，虽然从公司角度看将这部分人员与公司更加紧密地绑定在一起，但从激励对象角度看，相当于迟延获得本该获取的报酬，因此业绩股票的激励力度相对于股票期权和限制性股票来说更弱。

（4）这种激励方式对公司有一定的现金压力。特别是对于上市公司来说，它们需要提前用激励基金去购买公司股票，会在短期内占用公司的现金流。

9.“干股”到底具有哪些权利

要点回应

① 对“干股”的准确理解

我国公司法上没有“干股”的概念，“干股”是在实务中对没有履行货币或实物出资义务但享有股权的一种约定俗成的称呼。在我国历史上，“干股”制度由来已久。明末清初晋商的身股制度（又称“顶身股”制度）即“干股”的前身，这是当时晋商票号中一种特有的组织管理及利润分红制度,身股由掌柜及出众伙计集合而成。掌柜一般可顶1分(或称1俸,即1股),也有超过1股的;出众伙计所顶股份依照自己的劳绩酌定,少则一二厘,多则八九厘,且有每逢账期(5年或者三四年)递增股份的惯例,但多至1股为限。可见,身股并无真正的货币出资,但在利润分配上却同银股享有一样的权利。在当代公司实践中,身股制度特有的依赖人力资本价值贡献进行利益分配的模式被继承了下来,逐步形成现在实务中所称的“干股”。

②“干股”的类型

干股有多种表现形式,实务中常见的大致包括以下几种:

一是权力干股:公司或者股东无偿送给掌握某种公共权力的人股份;

二是管理干股:公司或者股东无偿送给公司管理者股份;

三是技术干股:公司或者股东无偿送给公司技术骨干或某种技术诀窍掌握者股份;

四是信息干股:公司或者股东无偿送给为公司提供经营信息的人股份;

五是员工干股:公司无偿送给公司员工的股份;

六是亲友干股:公司股东无偿送给其亲友的股份。

③“干股”的注意事项

首先,“干股”仍然需要有人承担出资义务。由于“干股”股东没有履行出资义务,但仍然对应公司实际的股份,而非虚拟股权,因此这部分股份所对应的出资义务需要有人实际承担。按照《公司法》第48条的规定,股东可以用货币出资,也可以用实物、知识产权、土地使用权等可以用货币估价并可以依法转让的非货币财产作价出资;但是,法律、行政法规规定不得作为出资的财产除外。因此,“干股”对应的出资义务,应当以符合《公司法》要求的方式完成。

其次,“干股”的取得和存在往往以一个有效的赠股协议为前提。赠股协议的效力属于股东之间的协议,和设立协议一样对股东具有约束作用,赠股协议的内容也可以在章程上体现。由于股东并没有实际出资,因此股东资格的确认完全以赠股协议为准,如果赠股协议具有可撤销、无效、解除等情况,干股股东自然就失去了股东资格,干股股东的权利和义务(如股利请求权、表决权等)由协议确定,但股东的义务尤其是对外义务与一般股东相同,理由是股东的登记具有对外公示性。

最后,“干股”的取得不能违反法律规定。根据 2007 年 7 月 8 日最高人民法院、最高人民检察院印发的《关于办理受贿刑事案件适用法律若干问题的意见》第 2 条的规定,国家工作人员利用职务上的便利为请托人谋取利益,收受请托人提供的“干股”的,以受贿论处。

法条链接

《关于办理受贿刑事案件适用法律若干问题的意见》第 2 条

干股是指未出资而获得的股份。国家工作人员利用职务上的便利为请托人谋取利益,收受请托人提供的干股的,以受贿论处。进行了股权转让登记,或者相关证据证明股份发生了实际转让的,受贿数额按转让行为时股份价值计算,所分红利按受贿孳息处理。股份未实际转让,以股份分红名义获取利益的,实际获利数额应当认定为受贿数额。

10. 如何确定股权激励的持股路径

要点回应

持股路径是指在制订股权激励计划时,激励对象通过何种途径最终持有激励股权工具,包括期权、限制性股权、虚拟股权等。一般来说,有两种持股路径:直接持股和间接持股。直接持股即激励对象与股权公司之间没有任何隔层,直接持有股权公司的股权;间接持股即通过持有其他主体的权益而间接拥有股权公司的权益,实践中出现过的间接持股包括通过壳公司、有限合伙、委托代持、信托、工会、员工持股会、金融产品等方式和工具持有股权公司的股权。这些持股方式各有利弊,企业和激励对象应当综合考量妥善选择恰当的持股路径。

延展解释

在设计股权激励持股路径时,要充分考虑上述两种持股模式下各自的优势和劣势。对于激励对象来说,不同的持股路径意味着不同的持股成本;对于公司来说,不同的持股路径意味着不同的控制权效果。该两种模式没有孰优孰劣之分,应依据场景需求具体选定。

① 直接持股的利弊分析

从公司角度来看,直接持股模式的优点是:员工有较强的归属感、荣誉感;激励对象可以直接行使股东权利,反映自身真实意愿,安全便捷;法律关系清晰,不易产生纠纷;可以减少持股和行权管理过程中的沟通成本。

与此相对应,直接持股对于公司而言也有明显劣势:激励对象的总人数受限制,有限公司不得超过 50 人,如果激励对象数量超过该数额,操作上有法律障碍;管理难度大,如果出现激励对象离职、退休、股权转让等情形,需要召开股东会、修改公司章程并且要完成工商变更登记,程序繁杂;股权直接由激励对象持有,也会导致公司的部分股权分散化,若相关各方未能达成一致行动安排,对于控股股东而言意味着控制权的稀释。

② 间接持股的利弊分析

间接持股的平台工具很多,包括有限公司、有限合伙企业、信托产品等。间接持股的优势比较明显:可以降低目标公司股权变动频繁的管理风险,激励对象股权变动时,在持股平台层面即可完成人员变更,不会影响目标公司的股权稳定,有利于目标公司的资本运作管理;还可以避免激励对象人数过多时,无法在目标公司层面直接持股的人数限制等,也能够起到风险隔离的作用。

间接持股的弊端同样十分显著:在持股平台为公司的情况下,存在双重纳税问题,平台公司从目标公司取得的股权收益(主要是转让款涉税,分红是免税的)先在平台公司层面统一按照税法规定核算缴纳企业所得税,激励对象从平台公司取得收益时,还要缴纳个人所得税,持股人员的税负较重;平台公司需要按照《公司法》的规定弥补亏损、提取法定公积金后符合分红条件时,才能向激励对象进行分红,可能会造成资金闲置,降低激励收益;并且,激励对象因没有直接持股,所以对目标公司没有直接的影响力,在平台公司中的份额如果不大,则基本上属于被动安排享受激励收益。

11. 如何确定股权激励的授予价格

要点回应

授予价格是公司向激励对象授予期权时所确定的、激励对象未来购买公司股权(票)的价格,又称为行权价格。在确定授予价格时,主要参考以下几个金额标准。

① 注册资本金

该方式即以原始注册资本的价格作为授权价。相较于其他价格确定方式,这是一种比较低的价格,激励力度较大。但是,由于这个价格与股权公允价值之间有较大差距,在公司上市时,会计上会要求差额部分(股份支付费用)用于冲减当期损益,从而会影响公司的财务数据。在激励数额较大时,这种影响有时会很大,严重的甚至可能导致业绩期间的利润变为负数。

② 净资产评估值

这是一种相对比较客观的定价标准,也容易被税务局所接受。其缺点是,公司净资产值较高时,激励对象的支付能力会受到影响。

③ 净资产评估值的折扣价

激励对象除了以货币购买激励股权,自身投入的人力资本也有一定价值,可以考虑用以适当折抵一部分对价。因此,在确定的注册资本或净资产值的基础上,给予一定的折扣是尊重人力资本价值贡献的人性化做法。

④ 市场评估价

该方式包括参考同行业同体量上市公司的 PE 倍数与本公司年度净利润的乘积作为定价依据,或者按照未来收益法评估确定公司当前估值等。这种方法的好处是,完全体现了股权的公允价值,未来一般不会再确认股份支付费用。

⑤ 监管文件规定的价格

上市公司采用限制性股票、股票期权等方式实施股权激励时,需要严格遵守《上市公司股权激励管理办法》《关于国有控股混合所有制企业开展员工持股试点的意见》《上海证券交易所科创板股票发行上市审核问答》等相关文件规定的价格。

深交所 2019 年、2020 年创业板上市的公司中,上市前授予的股权激励,其授予价格确定方式如图 4－2 所示。

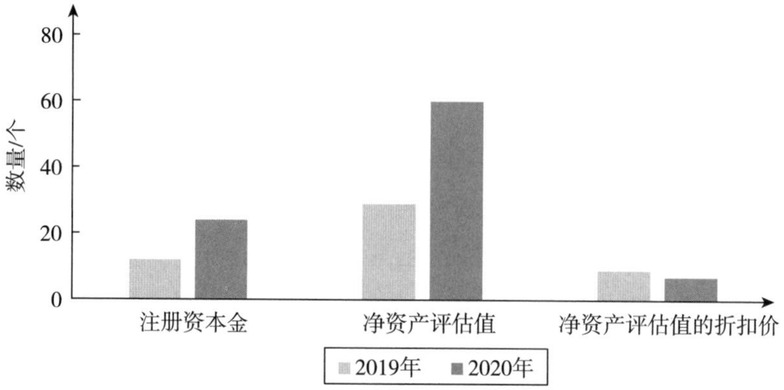

图 4－2　价格确定方式

资料来源：上市公司公告。

相关案例①

根据《长城汽车股份有限公司 2021 年股票期权激励计划》，公司授予员工的期权按照以下方式确定价格：

一、首次授予股票期权的行权价格

首次授予股票期权的行权价格为每股 33.56 元，即满足行权条件后，激励对象获授的每份股票期权可以每股 33.56 元的价格购买 1 股公司股票。

二、首次授予股票期权行权价格的确定方法

首次授予股票期权的行权价格不低于股票票面金额，且不低于下列价格较高者：

(1)本激励计划草案公告前 1 个交易日的公司股票交易均价，即每股 33.56 元；

(2)本激励计划草案公告前 20 个交易日公司股票交易均价，即每股 33.10 元。

① 《长城汽车股份有限公司 2021 年股票期权激励计划(草案)》。

三、预留股票期权行权价格的确定方法

预留股票期权在每次授予前，须召开董事会审议通过相关议案，并披露授予情况。预留股票期权的行权价格不低于股票票面金额，且不低于下列价格较高者：

（1）预留股票期权授予董事会决议公布前 1 个交易日的公司股票交易均价；

（2）预留股票期权授予董事会决议公布前 20 个交易日、60 个交易日或者 120 个交易日的公司股票交易均价之一。

法条链接

①《上市公司股权激励管理办法》第 23 条

上市公司在授予激励对象限制性股票时，应当确定授予价格或授予价格的确定方法。授予价格不得低于股票票面金额，且原则上不得低于下列价格较高者：

（一）股权激励计划草案公布前 1 个交易日的公司股票交易均价的 50%；

（二）股权激励计划草案公布前 20 个交易日、60 个交易日或者 120 个交易日的公司股票交易均价之一的 50%。

上市公司采用其他方法确定限制性股票授予价格的，应当在股权激励计划中对定价依据及定价方式作出说明。

②《上市公司股权激励管理办法》第 29 条

上市公司在授予激励对象股票期权时，应当确定行权价格或者行权价格的确定方法。行权价格不得低于股票票面金额，且原则上不得低于下列价格较高者：

（一）股权激励计划草案公布前 1 个交易日的公司股票交易均价；

（二）股权激励计划草案公布前 20 个交易日、60 个交易日或者 120 个交易日的公司股票交易均价之一。

上市公司采用其他方法确定行权价格的，应当在股权激励计划中对定价依据及定价方式作出说明。

③《关于国有控股混合所有制企业开展员工持股试点的意见》第3条第3款

在员工入股前，应按照有关规定对试点企业进行财务审计和资产评估。员工入股价格不得低于经核准或备案的每股净资产评估值。国有控股上市公司员工入股价格按证券监管有关规定确定。

④《上海证券交易所科创板股票发行上市审核问答》问题12

期权的行权价格由股东自行商定确定，但原则上不应低于最近一年经审计的净资产或评估值。

12. 如何确定股权激励的持股主体

股权激励方案制订过程中，确定了激励对象以及持股路径之后，一个非常重要的操作环节是确定激励对象如何持有激励股权，即持股主体的确认。一般来说，持股主体有以下几种确定方式：

第一，个人直接持股。这是一种最普遍最简单的持股方式，在不考虑税务筹划的情况下，这种持股方式的操作成本最低。

第二，通过有限合伙企业持股。这是一种相对比较成熟的持股方式，在国内上市公司及非上市公司中应用也比较普遍。通过有限合伙持股，多数是出于税务筹划及风险管理的目的，与个人直接持股一样，此种持股方式也是利弊共存。

第三，通过有限公司持股。相对于前两种持股方式，通过有限公司进行持股的做法，在股权激励实践中并不多见，但是，考虑近年来国家税务政策监管的从严趋势，未来此种持股方式也具有不可替代的优越性。

第四，通过金融产品持股。以这种方式持股一般包括通过信托计划、契约型私募基金、资产管理计划（主要指基金子公司和券商资管计划）等方式持股。长期以来，“三类股东”一直是困扰公司IPO的疑难问题，争论焦点主要围绕持股的主体资格、代持、股权清晰性、利益输送等问题展开。

实务操作中，在确定采用哪种形式作为持股主体时，要考虑的因素往往比较多，需要对各种方式进行利弊综合考量和分析，采取多种方式搭配进行持股是比较常见的。

2020年在深交所中小板和创业板上市的全部公司中，持股主体结构情况如图4-3所示。

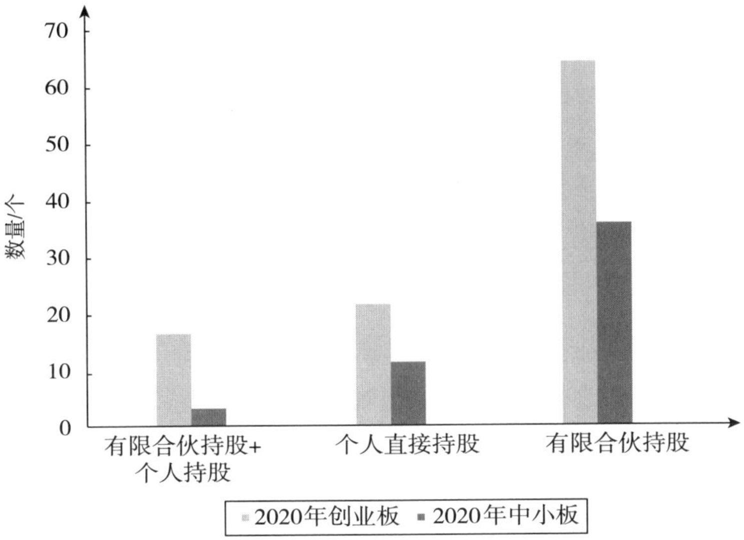

图4-3　2020年深交所中小板和创业板上市公司持股主体结构情况

资料来源：上市公司公告。

13. 采用个人直接持股有哪些利弊

在设计和实施股权激励计划过程中，采用个人直接持股还是间接持股，不仅会关系到激励对象对股权激励的效果评价，还会涉及公司对股权激励的风险管理以及控股股东对公司的控制权掌控等。

(1)个人直接持股的优势

① 个人归属感更强

直接持有激励股权的激励对象，相较于持股之前可能会对公司有更强的代入感和归属感，在观念上完成从独立打工人到公司小股东的转变，在管理上对公司能够产生更好的激励效果。由于个人直接持有的股权具有类似于所有权的效果，尤其是其中的自益权，因而此种持股方式对于激励对象而言具有更强的吸引力。

② 直接税负成本低

在个人直接持股的情况下，虽然进行税务筹划的空间小，但从直接纳税成本来看，也有一定优势：

第一，分红所得税。个人分红后需缴纳20%的个人所得税。根据《个人所得税法》第3条的规定，利息、股息、红利所得，财产租赁所得，财产转让所得和偶然所得，适用比例税率，税率为20%。

根据财政部、国家税务总局、中国证监会《关于实施上市公司股息红利差别化个人所得税政策有关问题的通知》（财税〔2012〕85号）的规定，区分两种情况缴纳个人所得税。

一是非限售股：个人从公开发行和转让市场取得的上市公司股票，持股期限在1个月以内（含1个月）的，其股息红利所得全额计入应纳税所得额；持股期限在1个月以上至1年（含1年）的，暂减按50%计入应纳税所得额；持股期限超过1年的，暂减按25%计入应纳税所得额。

二是限售股：对个人持有的上市公司限售股，解禁后取得的股息红利，按照上述规定计算纳税，持股时间自解禁日起计算；解禁前取得的股息红利继续暂减按50%计入应纳税所得额，适用20%的税率计征个人所得税。

第二，资本利得税。在个人股东转让股权后退出公司过程中，根据《股权转让所得个人所得税管理办法（试行）》的规定，个人转让股权，以股权转让收入减除股权原值和合理费用后的余额为应纳税所得额，按“财产转让所得”缴纳个人所得税，税率为20%。

根据财政部、国家税务总局、中国证监会《关于个人转让上市公司限售股所得征收个人所得税有关问题的通知》（财税〔2009〕167号）的规定，自2010年1月1日起，针对IPO形成的限售股，在上市首日至解禁期间内，由所持有的股票及孳生产生的送、转股，按照“财产转让所得”，适用20%的比例税率征收个人所得税；其中，应纳税所得额＝限售股转让收入－（限售股原值＋合理税费）。如果纳税人未能提供完整、真实的限售股原值凭证的，不能准确计算限售股原值的，主管税务机关一律按限售股转让收入的15%核定限售股原值及合理税费。其税率计算为：20%×（1－15%）＝17%。

（2）个人直接持股的劣势

① 公司的管理难度更大

如果个人直接持股，在公司层面需要进行股权的变更登记，在激励对象持股数额发生变动或从公司离职的情况下，仍然需要在登记机关完成股权的变更登记，会产生一定的管理成本。另外，只要是登记在册的股东，就享有公司法和公司章程赋予的股东权利，在公司股东会需要就某些重大事项进行表决时，要逐个征得股东同意及签署相关文件，也会带来一些管理和协调方面的成本。

② 股权调整的成本高

股东投资取得股权后，一般不能要求退股，仅在满足《公司法》规定的退股条件时，才能请求公司回购股权。因此，如果公司没有上市，则股份的流通性没有上市公司那么强，一般的有限公司股东要求退股是很难的。如此一来，无论股东主动还是被动退股，除非各方合作愉快，否则都面临法定条件限制、内部配合障碍等问题，给公司股权的调整增加了成本。但是，如果股东通过持股公司间接持股，则股东的调整只需要在持股公司层面进行，不会影响到下一层级的公司，这对于下一层级公司的股权稳定性、资本运作等有重要影响。

③ 税务筹划的空间较小

公司在进行资本运作时，如果以自然人直接持股，可能在合规化降低税务成本方面灵活性不足。例如，公司进行并购重组时，交易双方若无法符合财政部、国家税务总局《关于企业重组业务企业所得税处理若干问题的通知》（财税〔2009〕59 号）规定的“特殊性税务处理”的要求，则不能享受递延纳税的优惠待遇；加之国家税务总局《关于企业重组业务企业所得税征收管理若干问题的公告》（2015 年第 48 号）明确了企业重组“当事各方中的自然人应按个人所得税的相关规定进行税务处理”，而并购重组的金额一般又十分庞大，导致交易税负成本巨大；整体来看，由于现有公司承载基本运营功能，个人直接持股且数额较大的情况下，不利于公司横向、纵向的扩张，也无法进行税务合规筹划的安排。

④ 长期绑定作用不足

公司上市后，直接持股的员工股东一般待限售股解禁后即开始抛售，国内一些 A 股上市公司的高管甚至为了规避一年内转让股份不得超过年初所持股份 25% 的约束，在公司上市后不久即辞职，辞职半年后出售全部股份套现。这违背了公司通过员工持股将公司与员工的长远利益捆绑在一起、留住人才的初衷，也造成股权分散，不便于后期管理。

14. 采用有限合伙持股有哪些利弊

以有限合伙作为持股主体是国内公司实施员工股权激励时比较常用的持股方式，许多公司在上市之前都设计了有限合伙持股的股权激励路径。2009年11月20日《证券登记结算管理办法》修订后，以合伙企业作为上市公司股东再无技术障碍。在境外红筹上市的公司，一般也在境内权益公司层面搭建有限合伙的方式进行持股权益变更，并完成后续的外汇登记。

(1)通过有限合伙方式持股的优势

① 保持控制权不被稀释

通过有限合伙方式持股对增强公司的控制权具有放大效应，其原理在于，执行事务合伙人(GP)具有执行合伙事务的权利，具有对合伙企业的控制权，除GP自身出资部分所对应的份额之外，由LP出资形成的全部份额，也被GP所控制，该等份额可以被视为控制权的放大部分。如果公司的实际控制人或者大股东担任有限合伙企业的GP，则可以较少的资金投入起到控制较多股权的目的。正因如此，在股权激励中，这种持股方式的优势得到明显应用。实践中，我们经常能够发现在一些公司的股权激励方案制订过程中，激励股权的来源往往是由公司大股东提供的，他们是公司股权激励的发起者和推动者，但同时希望在实施股权激励后，原本属于他们的股权所对应的表决权仍然能够得到他们控制。在这种情况下，通过有限合伙的方式持股就可以很方便地实现这个期望。

② 有利于决策的简单高效

有限合伙企业作为持股平台，一般也不会有复杂的业务决策，唯一需要决策的可能就是对其所持有的公司股权进行投票表决。根据合伙企业的制度原理，此项决策权完全赋予执行事务合伙人行使。而公司型持股平台则不同，其完整的治理结构包含股东会、董事会和监事会等，按照《公司法》的规定，召开会议必须逐个通知到位，随着最高人民法院《关于适用〈中华人民共和国公司法〉若干问题的规定(四)》的出台，股东会决议的规范性也有了更高的要求。如果公司做出任何决议都要逐一通知员工股东，并在相关会议决议上一一签字，将耗费大量的管理成本。选择有限合伙就避开了这一问题，精简的治理结构使合伙企业的决策非常迅速，内部沟通成本、管理成本也会大幅度降低，从而能够促使公司轻装上阵、高效决策，更加精准地把握商机，取得竞争优势。

③ 降低管理成本

有限合伙企业具有设立门槛低、自由灵活的特点，其管理结构相较于公司型的企业来讲也非常简便，在实现高效决策的同时，也大大减轻了公司对持股平台的管理成本，从而使得持股具有更好的便捷性。特别是通过有限合伙进行间接持股，不仅可以实现对员工的动态管理，而且无须直接在母公司股东层面体现，这就完美地规避了上市前因员工流动而引起的公司层面股权结构的调整。同时，这也减去了复杂的审批程序，更好地进行投资、融资等方面的资本运作，在公司上市、并购等资本运作形式中有广泛的应用，可以有效地大幅度降低管理成本。

④ 具有一定程度的税收优势

合伙企业不是独立的纳税主体，在产生收入，如获得转让所得或红利时，穿透到上层由合伙人缴纳所得税（美国税务实践中针对 LLC 或 LLP 等企业组织形式征税时遵循的是“On a Pass – Through Basis”原则）。近年来，一些地方政府为了吸引税源，鼓励其他地方的公司前往本地区设立合伙企业，在税收方面也会承诺一些让利政策。例如，有地区规定在合伙企业转让限售股时，对不执行合伙事务的有限合伙人，按“财产转让所得”征收 20% 的个人所得税，对执行合伙事务的个人合伙人，则比照“个体工商户的生产经营所得”，按 5%～35% 的累进税率征收个人所得税。其他一些地方（如西藏等）也对股权投资类合伙企业自然人合伙人统一按 20% 的税率征收个人所得税。[①] 但是，这些政策不是国家层面的法律，不具有普适性的效力，而且政策的兑现也与本地区财政收入和政府连贯性等诸多因素有关。因此，国家税务总局在近两年来进行了全国范围的普查和清理，很多地方性的税收优惠政策被取消。截至目前，全国仅有海南和珠海等地在税收方面仍有一定程度的优惠，但是鉴于之前各地税收优惠乱象，在享受这些政策时，也受到一定的条件限制。比如，海南自由贸易港针对个

---

① 例如，在西藏注册登记并申报缴纳企业所得税的各类企业，包括西藏驻区外企业及入驻藏青工业园区企业，根据西藏自治区人民政府《关于我区企业所得税税率问题的通知》（藏政发〔2011〕14 号，自 2011 年 1 月 25 日起实施）、西藏自治区人民政府《关于印发西藏自治区企业所得税政策实施办法的通知》（藏政发〔2014〕51 号，自 2014 年 5 月 1 日起实施）、西藏自治区国家税务局和西藏自治区财政厅《关于贯彻西藏自治区企业所得税政策实施办法具体问题的通知》（藏国税发〔2014〕124 号，自 2014 年 7 月 10 日起实施）等文件的规定，2011 年至 2020 年，自治区企业统一执行西部大开发战略中企业所得税 15% 的税率；自然人合伙人取得的收益，适用税率为 20%，由合伙制企业代扣代缴。

人的所得税优惠政策，满足在海南缴纳社保满 6 个月、年薪 30 万元以上以及停留天数等条件，方可享受个人所得税实际税负超过 15% 的部分予以返还的税收优惠政策。纯粹以持股平台进行套利的时代已经成为过去时。

(2)通过有限合伙方式持股的劣势

① 股权转让自由度差

通过有限合伙持股时，对于自然人股东而言的主要弊端就是股权处置不自由，股权可控性稍差。无论是分配股权投资收益，还是进行股权转让套现退出，均需通过执行合伙事务的 GP 实施，不能直接以股权公司股东的身份操作。对于自然人合伙人而言，其间接持有的股权在处置自由度方面受到限制。当然，站在 GP 角度而言，这恰恰就是一个优势。其实，从股权激励的制度设计原理来讲，股权转让方面的限制恰恰就是股权激励应当具有的约束功能。毕竟，通过股权激励方式获取的公司股权，无论是公司还是大股东，都希望持股人能够与公司长期绑定，共同发展，如果赋予他们完全等同于普通自然人投资者的身份地位，在某种程度上也就等于放弃了对激励对象的约束，可能不利于股权激励制度的功能发挥。

② 税收优惠可能不再具有较强的吸引力

如前所述，国内合伙企业的相关税收法律法规仍不健全，不同地区在关于“先分后税”的解释、纳税时点等方面存在区别，国家税务总局也不认可地方政府出台的股权投资类合伙企业合伙人 20% 所得税的政策，且已经要求按“个体工商户的生产经营所得”实施 5%~35% 的累进税率进行规范。在此背景下，通过有限合伙企业进行持股，从最终收益的角度而言，作为激励对象的合伙人可能还不如直接持股能够享受到的利益大。

15. 采用有限责任公司持股有哪些利弊

与有限合伙持股相比，有限公司持股的适用相对较少，主要因素是税收影响。但有限公司持股也能解决有限合伙持股所不具备的特殊问题。

(1)通过有限责任公司持股具有的优势

① 便于进行股权控制

股权激励实施后，在自然人直接持股的情况下，若要对某个事项进行表决，则必须直接征得自然人股东的同意。在人数较多的情况下，由于股权分散，这样操作是有一定难度的。例如，在重大事项中哪怕有一个小股东不同意签字，也会拖慢整个实操过程，使得进程放缓，需要先解决完他们的诉求才能继续。再如，开股东会，要聚齐所有自然人股东有时候非常困难，拿到每个人的亲笔签字更是麻烦。而采用公司法人持股的方式，可以在很大程度上避免上述麻烦，有利于增强股权的控制力。公司对外投资表决时，除《公司法》规定的 7 种法定情形需要 2/3 以上股东通过，以及公司章程另有规定的需要 2/3 以上股东通过的情况外，普通事项只要过半数通过即可生效。因此，公司中持不同意见的股东在经内部表决通过后，不同意见已经被过滤，公司法人对外表达的意见是少数服从多数的意见，异议股东不会对公司法人持股的公司决策带来任何影响。

② 便于进行股权调整

如前所述，股东投资取得股权后，一般不能要求退股，仅在满足《公司法》第 74 条、第 142 条规定的退股条件时，才能请求公司回购股权。当公司出现进行股权调整的需求，而自然人股东又不配合时，或者依据法律法规规定不得在一定期限内调整时，往往会给调整工作带来很大障碍。采用有限公司持股可以避免这种障碍。由于调整持股公司法人的股权比较方便，因而其会极大地增强对股权公司进行股权调整的便利性。比如，股份公司发起人持有的股权在一年内不可以转让，如果将可能进行调整的股东纳入持股公司而不是被持股公司，可以在持股公司内对其股份进行调整，从而间接达到调整股权结构的目的。这种方式在上市前和上市后都可以实现。尤其是针对股权激励的管理层对象，如果把他放在被持股公司内进行调整，既要考虑被调整的对象是否同意，还要考虑调整的价格，且控股股东没有优先购买权。若是放在持股公司内调整，受到的约束就会少一些。

③ 分红再投资的所得税税收优势

自然人直接持股时，从公司分取的红利，都要根据税法的规定及时缴纳个人所得税。而公司法人持股的，根据《企业所得税法》第 26 条第 2 项的规定，符合条件的居民企业之间的股息、红利等权益性投资收益，为免税收入，无须缴纳企业所得税。对于有再投资需求的人来说，通过法人持股可以暂时节省大量的分红所得税。这种特殊优势在有限合伙持股的情况下是无法实现的。

④ 重组税收优势

公司法人持股在进行公司资产重组时，满足特定条件的，可以适用递延纳税的特殊税务处理。根据财政部、国家税务总局《关于企业重组业务企业所得税处理若干问题的通知》（财税〔2009〕59 号）的规定，同时满足下列条件的，可以进行特殊税务处理：

第一，具有合理的商业目的，且不以减少、免除或者推迟缴纳税款为主要目的；

第二，被收购、合并或分立部分的资产或股权比例不低于标的企业股权或资产的 50%；

第三，企业重组后的连续 12 个月内不改变重组资产原来的实质性经营活动；

第四，重组交易对价中涉及股权支付金额不低于总支付金额的 85%；

第五，企业重组中取得股权支付的原主要股东，在重组后连续 12 个月内，不得转让所取得的股权。

（2）通过有限责任公司持股具有的劣势

① 股权转让自由度差

通过法人持股时，对于自然人而言的主要弊端就是股权处置不自由，难以按照自己的意愿实现股权激励的收益，股权可控性稍差。但正如前文就有限合伙持股部分所述，其实，从股权激励的制度设计原理来讲，通过有限责任公司持股在股权转让方面的限制，恰恰就是股权激励应当具有的约束功能，如果赋予股权转让的自主性，事实上也就等于放弃了对激励对象的约束，不利于股权激励制度的实施效果。

② 持股税收成本较高

股权激励对象通过持股公司取得股权转让收入后，持股公司层面须按 25% 的税率缴纳企业所得税；持股公司向自然人股东分红时，自然人股东仍应按 20% 的税率缴纳个人所得税。因此，在不考虑税收优惠和税收筹划的前提下，自然人通过持股公司转让股权最终承担的税率为 $1-(1-25\%)\times(1-20\%)=40\%$，这在所有类型持股主体中，税负成本是最高的。但是如果考虑股权激励收益的形式，特别是可能会有后续再投资安排的情况下，通过有限公司持股也许并不比有限合伙持股更差。

16. 采用金融产品持股

通过金融产品持股主要是指“三类股东”持股。所谓“三类股东”，是指契约型私募基金、资产管理计划（主要指基金子公司和券商资管计划）和信托计划。长期以来，“三类股东”一直是困扰公司境内 IPO 的疑难问题，争论焦点主要围绕持股的主体资格、代持、股权清晰性和利益输送等问题展开。按照目前的 A 股上市审核监管要求，通过“三类股东”持股拟上市企业，在妥善处理的情况下，不构成企业上市的实质性障碍。目前，“三类股东”投资拟上市企业主要有两种类型。一种是以“三类股东”作为员工持股平台实施员工持股计划，另一种是以非员工持股计划的“三类股东”投资于拟上市企业。根据《首发业务若干问题解答》（2020 年 6 月修订，以下简称 IPO 54 条），发行人实施员工持股计划，可以通过公司制企业、合伙制企业、资产管理计划等持股平台间接持股，并建立健全持股在平台内部的流转、退出机制，以及所持发行人股权的管理机制。因此，根据 IPO 54 条的规定，目前监管层允许利用资产管理计划作为持股平台间接持有发行人的股份。科创板和创业板审核问答中也有与 IPO 54 条相一致的规定。

在 IPO 54 条明确允许资产管理计划作为持股平台间接持有拟上市企业股份的情况下，实践中也陆续出现了采用“三类股东”作为员工持股平台实施员工持股计划过会的案例。例如：

2021 年 10 月 28 日在科创板上市的辽宁成大生物股份有限公司，其上市时的直接股东中存在“辽宁成大生物股份有限公司第一期员工持股计划”；

2020 年 11 月 24 日在科创板上市的浙江中控技术股份有限公司，其上市时的直接股东中存在“申万宏源中控技术员工持股 1 号单一资产管理计划”以及“中信证券中控技术员工持股 2 号单一资产管理计划”；

2020 年 5 月 11 日在科创板上市的苏州工业园区凌志软件股份有限公司，其上市时的直接股东中存在“苏州工业园区凌志软件股份有限公司——第一期员工持股计划”。

17. 股权激励的价值预期如何进行管理

从公司管理的角度来看，股权激励的作用是通过股权价值的牵引，起到吸引人才、留住人才、稳定团队骨干的效果。对于已经实施股权激励计划的公司来说,合理地向员工宣导股权价值、正确地指引员工理解股权激励,是股权激励实施后的重要工作。实践中就股权激励价值进行预期管理时,应注意以下几方面的因素影响。

(1)不过度渲染股权的价值

实务操作中有时会出现一个导向,即实施了股权激励的公司,老板或大股东为了强调股权的价值,可能会向激励对象作出不切实际的价值承诺,诸如公司预期几年内可以完成上市,上市后预期公司估值多少,每个激励对象手中持有的股权价值预计多大等。其实,从股权长期激励角度来看,此类鼓动人心的方法无异于饮鸩止渴。众所周知,公司上市是一个漫长的过程,无论是境内上市还是境外上市,都有许多道坎需要迈过,公司上市要受到财务表现、合规状况、外部政策环境、资本市场环境、国际关系等多重因素的制约,中间存在大量的不可控因素,一些因素可能会给公司上市带来实质性障碍。因此,此类渲染公司股权价值的方法,如果在一定周期内没有使激励对象看见预期的成效,激励对象的热忱可能会逐渐消退,甚至开始怀疑公司大股东或老板是在给大家画饼充饥,激励的效果可能就会开始打折扣,产生负面效应。

(2)引导激励对象树立长期意识

制定股权激励制度的初衷是将重要员工与公司的发展长期绑定,在实现公司价值增长的同时,也使激励对象的个人价值获得增值。因此,就激励股权的价值与激励对象进行沟通时,应注意突出股权的长期持有价值,而非急功近利地将虚无缥缈的巨额增值向激励对象进行承诺。股权的价值源于激励对象持续且认真的价值贡献投入,所有增值都是基于自身的贡献,不存在"搭便车"问题。因此,引导员工树立与公司长期共存的价值观是十分必要的,企业文化和使命、愿景的宣贯对于引导激励对象树立长期意识非常重要。

(3)股权价值相对公允的参照物

单纯地向激励对象传递长期意识,有时也会被误解。因此,客观上也需要一个价值判断维度来协助判断股权激励的价值。如果公司实施股权激励时,近期恰好完成了一笔股权融资,此时该轮次融资的估值就是比较公允的有说服力的股权价值判断基准。如果公司近期没有融资,可以参照自创立公司以来已经累计投入的资源价值、年度预算等可以清晰量化的财务指标，辅助确定公司股权的价值。若公司处于较快发展的成长赛道，还可以参考同行业公司的股权价值或股票市盈率等未来指标，推算当前的股权价值。

18. 公司融资时外部投资人对股权激励的预期

要点回应

① 投资人的期望值与公司发展阶段相匹配

在天使轮或 Pre－A 轮的时候，公司的人数较少，很多团队都是熟识的朋友或老同事关系，彼此之间有很强的信任，股权结构还处于初级状态，投资人对期权池也没有必然性的要求。但是，当公司要正式启动 A 轮融资的时候，相应的期权池和期权架构就有必要建立健全了。随着人员规模的增加，这个时候开始考虑完整的期权激励方案也是比较合适的时机。如果公司经历了多轮融资而没有设立期权池，外部投资人可能会质疑大股东或实际控制人的分享精神，也可能对公司未来的稳定、可持续发展产生某些担忧。不过，这也不能一概而论，大股东或实际控制人如果对设立期权池有十分明确的时间预期，仅仅是出于控制权稀释等因素而暂时不设立期权池的，也应当被认定为具备合理的情节考量。实践中并没有就何时设立期权池有统一的、权威的操作标准和规程，各家公司自身情况千差万别，只要公司具备持续创造价值的能力，什么时候设立期权池、设立什么规模的期权池，应结合公司自身情况进行判断和决策。

② 期权池越早设立越好

一般而言，投资人希望在完成投资入股之前，公司即已经完成期权池的设立。主要原因可能包括两方面：其一，如果投资完成后再设立期权池，意味着要对投资人的股权比例进行稀释，这是投资人不太希望发生的。虽然从股权价值上看，稀释的是比例而非价值，但从控制权角度而言则是实实在在地导致了投资人表决权的降低。其二，期权池的设立，对于经营管理团队而言意味着已经开始了公司价值的预期管理，在早期公司没有形成稳定的经营模式和现金流之前，强烈的、有效的预期管理十分有利于引导创业团队结成稳定的价值同盟，为了共同的目标和愿望全力以赴地开拓市场。从某种程度上讲，除核心创始人外，投资人也十分看重团队的凝聚力，而股权激励作为一种有效的价值牵引工具，为增强和保持团队凝聚力提供了恰当的方法和路径。

③ 对公司治理和可持续发展的期望

实际操作中设立的期权池，其股份表决权也往往在大股东的直接或间接控制之下，激励对象通过某种形式与大股东保持一致行动也是惯常做法，但期权池的设立对于投资人而言仍然具有一些不可替代的作用。其中，最重要的因素就是在期权池中持有份额的公司高管及骨干员工，由于价值牵引的导向性作用，一般情况下不会出现掌握核心商业秘密的人员集体跳槽，除非公司竞争对手采取了更为激进的激励手段，如此一来，公司持续经营的稳定性就会大大增强；同时，由于期权池中的大量股权与大股东也保持了一致行动，在公司经历多次融资的情况下，股东会层面大股东对公司的稳定控制力也不太容易被改变。因此，在公司治理和公司管理方面，公司的稳定性对于投资人而言是极其重要的。如果出于某些原因而导致公司内部争夺经营管理的控制权，或者公司外部出现争夺公司治理的控制权，从而使公司的运营处于不稳定状态，最受伤害的就是外部投资人，尤其是那些持股比例不高的外部投资人。因此，对公司治理和可持续发展的期望是投资人在对待公司股权激励时比较看重的评价因素。

法条链接

《上市公司股权激励管理办法》第3条第1款

上市公司实行股权激励，应当符合法律、行政法规、本办法和公司章程的规定，有利于上市公司的持续发展，不得损害上市公司利益。

19. 期权能够流通吗

一般来说，期权在公司内部是不能流通的，主要原因包括以下两个方面。

(1)激励资格的限制

在制订股权激励方案时，公司将按照一定标准筛选确定激励对象，能够获得激励资格的人往往具有特定性，期权激励体现的是对特定人员的认可。因此，期权并非像二级市场的股票一样可以自由进行流转。

(2)避免产生纠纷

普通公司从创业开始直到上市,股权价值依靠各轮次融资进行宣示,如果允许期权未行权在公司内部流通和转让,不仅可能会造成激励对象的价值幻觉,而且可能因为内部交易价格的波动使得成交价格脱离股权价值,在交易方遭受损失的情况下可能酿成纠纷。

所以,一般的股权激励方案设计中,都不允许期权在内部进行流通,以避免产生相关风险和纠纷。

20. 激励对象离职后是否还可以继续持有激励股权或期权

关于这个问题,可以结合具体场景进行类别分析:

(1)如果激励对象在离职前已经授予的期权全都成熟,具备了行权条件但没有行权,公司可以安排给予在一定期限内行权缴款的机会,如果激励对象在此期限内没有缴款,则授予的期权作废;

(2)如果激励对象在离职前已经授予的期权全都成熟,具备了行权条件且已经行权取得股权,在多数情况下可以继续持有行权后的股权权益,少数情况下被收回处理;

(3)如果激励对象在离职前已经授予的期权未成熟,则未成熟部分的期权一般会被无偿收回,有的情况下也会由公司酌情予以补偿。

可以看出,激励对象离职后是否能够继续持有被授予的激励股权或期权,受许多因素的限制,包括是否成熟、是否缴款、公司是否有意愿给予补偿等。之所以出现这些不同的处理方式,与期权的设计原理有关。由于期权的本质是基于激励对象向公司进行的价值贡献(或以劳动方式进行出资),因此停止继续在公司工作即意味着终止了劳动出资的持续性给付义务,对公司的价值贡献将会停止,此时由公司收回期权是正当的。但是,就公平角度而言,激励对象此前已经提供了部分劳动,贡献了部分价值,由公司考虑在此基础上进行适当补偿也具有合理性;不过,从严格角度来说,因未达到期权授予协议所规定的条件,公司不给予任何补偿,似乎也是合理的。

21. 激励对象无过错离职后期权如何处理

激励对象从公司离职的原因很多,其中比较特殊的一类是无过错离职。无过错情形包括:被授予人因身患重大疾病无法继续工作而与公司解除劳动关系或聘用关系;被授予人因死亡(包括宣告死亡)、残障或丧失劳动能力而与公司解除劳动关系或聘用关系;被授予人达到法定退休年龄,按规定正常退休等。在被授予人出现这些情形时,一般按以下方式处理:

(1)已授予但未缴纳认购价款的激励股权,应当自该等事由发生之日起一定期限内由本人或继承人认购并缴纳认购价款,若未在此期限内缴纳价款,则视为放弃。

(2)对于已缴纳认购价款的激励股权(包括离职之前和之后缴纳认购价款),股权激励计划的管理人有权指定相关主体以原认购价款加对应一定的收益作为回购价格,回购该等激励股权所对应的激励份额。

22.激励对象有过错离职后期权如何处理

除无过错离职外,还有一类即有过错离职,其中过错的情形包括:被授予人严重违反与公司或公司的关联公司签署的劳动或服务合同,保密、竞业禁止及知识产权协议或规章制度;或者严重违反法律法规,被依法追究刑事责任;或者损害公司或公司的关联公司的利益或声誉;或者工作失误或其他故意渎职等行为导致其被公司或公司的关联公司终止劳动或服务关系等。在出现这些情形时,一般按照以下方式处理:

(1)被授予人的所有已授予但未缴纳认购价款的激励股权将自劳动或服务关系终止之日起自动终止,被授予人无权再获得该等激励股权。

(2)对于已由被授予人获得的激励份额,股权激励计划的管理人有权指定相关主体按照以下二者中的较低者进行回购:① 初始认购单价乘以被授予人持有的激励份额数量所得的价格;② 被授予人持有的激励份额数量所对应的公司净资产价值。

但是,由于激励对象有过错在先,可能因此给公司带来损失或损坏,若被授予人因上述原因被终止劳动或服务关系须对公司或公司的关联公司承担任何赔偿责任的,公司或公司的关联公司有权从上述回购价格中扣除该等赔偿金额。并且往往在回购文件中还要约定:回购完成后,被授予人对于已取得的激励份额所享有的任何权利均立即失效。以避免后期可能产生的纠纷。

23. 激励对象主动辞职后期权如何处理

激励对象主动离职且没有给公司造成损失的情况下，处理方式与上述两种方式也有所不同。一般区分两种情形进行处理：

(1)对于已授予的激励股权，应在离职之日起一定期限缴纳认购价款，若未在此期限内缴纳认购价款，则视为放弃激励份额。

(2)对于已缴纳认购价款的激励股权(包括离职之前和之后缴纳认购价款)，股权激励计划的管理人有权指定相关主体以原认购价款加对应一定期限的收益作为回购价格，回购该等激励股权所对应的激励份额。

回购完成后，激励对象与公司之间的权益关系自然终止。

24. 激励对象离职后违约期权如何处理

这种情况较为特殊，在被授予人与公司或公司的关联公司终止劳动或服务关系之后，如果出现以下情况：被授予人违反其与公司或公司的关联公司签署的保密、知识产权保护等方面的协议，或者在其与公司或公司的关联公司的劳动或服务关系终止后两年内从事竞争行为，则对于被授予人因行使激励股权而已获得的激励份额，股权激励计划的管理人有权指定相关主体按照以下二者中的较低者进行回购：

(1)认购单价乘以被授予人持有的激励份额数量所得的价格；

(2)被授予人持有的激励份额数量所对应的公司净资产价值。

同时，若被授予人因上述行为而须对公司或公司的关联公司承担任何赔偿责任，公司或公司的关联公司有权从上述回购价格中扣除该等赔偿金额。回购完成后，被授予人对于已取得的激励份额所享有的任何权利均立即失效。

25. 代持在股权激励中有何影响

公司法实践中，由于许多特殊情况的限制，股权代持是经常可见的安排。在股权激励中，代持产生的合规问题与普通场景下的股权代持类似，但也有特殊性，此处梳理总结如下。

(1)代持有利于公司股权结构的稳定性

股权激励中的代持所具有的最明显优势是，公司股权不会分散化，涉及的相关表决权等仍然掌握在代持人手中。代持人一般是公司的大股东或者与大股东一致行动的股东，进行代持安排后，涉及的相关激励股权即使数量较大，也不会对公司股权结构的稳定性产生威胁。但是，如果公司要进行境内上市，按照证券监管的要求，在申报上市材料之前需要进行清理，还原代持关系。① 在这种场景下，因公司即将上市，所有被代持还原的人对公司会有较高的预期，因此也不会在表决权问题上与大股东背离，一般也没有问题。

(2)代持将会产生税务合规性风险

通过代持进行股权激励主要可能会带来两方面的税务风险。

其一，进行收益分配时，代持人作为法律意义上的名义股东，直接受领分红或转让等产生的股权收益，然后再自行转交给被代持人，被代持人在法律上取得的不是股权投资性质的收益，其来源及性质可能会延伸产生其他税务风险。

其二，代持双方之间解除关系时，需要进行股权转让才能完成。从形式上看，双方之间进行的就是普通股权转让，而非股权还原，税务机构一般也不认可是为了解除代持关系进行的还原操作，可能会要求按照公允价值计算缴纳所得税，由此产生的税务成本一般也是由被代持人自行承担，从而给被代持人带来持股成本增加的风险。

(3)代持应高度关注被代持对象的合规性

多数情况下，激励对象是公司的内部人员，但也有一些情况下是外部人员，如拥有关键资源的合作伙伴、供应商等。在实际进行代持安排时，也应仔细考虑被代持人是否存在以下情形，并酌情处理。

第一，国家公务员。《公务员法》第 59 条第 16 款规定，公务员必须遵守纪律，不得违反有关规定从事或者参与营利性活动，在企业或者其他营利性组织中兼任职务。因此，国家公务员不得向公司投资成为股东。

第二，参公管理的人员。依照各省市编办认定的行政事务执行机构和参照

① 境内企业在主板、中小板、创业板、新三板以及科创板上市时，股权代持问题均是审核部门关注的重点，构成上市审核的法律障碍。签署股权代持协议后，将会给被代持股份的权属以及被代持股份对应股东权利的行使带来不确定性，从而不符合《首次公开发行股票并上市管理办法》《股转系统业务规则》《基本标准指引（试行）》《科创板股票上市规则》等规范性文件的相关要求。监管机构对股权代持问题的审核关注点主要包括以下三个方面：(1)历史沿革中历次股权代持形成的真实原因及合理性，代持关系是否真实；(2)规范委托持股的过程是否真实、合法、有效，是否存在纠纷或潜在纠纷；(3)公司股权权属是否清晰。

党的机关、工青妇机关、市委组织部认定的参照公务员管理的民主党派机关、社会团体机关公务员管理的机关人员不得设立公司。

第三，党政机关干部和职工。根据中共中央、国务院《关于严禁党政机关和党政干部经商、办企业的决定》和《关于进一步制止党政机关和党政干部经商、办企业的规定》的规定，国家机关法人的干部和职工，除中央书记处、国务院特殊批准的外，一律不准经商、办企业。因此，国家机关法人的干部和职工不得投资公司成为股东。

第四，省（自治区、直辖市）、地（市）党委、政府主要领导及其配偶、子女。根据中央纪委《关于“不准在领导干部管辖的业务范围内个人从事可能与公共利益发生冲突的经商办企业活动”的解释》（中纪发〔2000〕4 号）、《关于省、地两级党委、政府主要领导干部配偶、子女个人经商办企业的具体规定（试行）》（中纪发〔2001〕2 号）的规定，上述人员不准在领导干部管辖的业务范围内投资兴办可能与公共利益发生冲突的企业，如房地产开发、广告代理、娱乐业等，不得成为这类企业的股东。

第五，县以上党和国家机关退（离）休干部。中共中央办公厅、国务院办公厅《关于县以上党和国家机关退（离）休干部经商办企业问题的若干规定》（中办发〔1988〕11 号）明确禁止县级以上党和国家机关的退（离）休干部兴办商业性企业。因此，县级以上党和国家机关的退（离）休干部是不可以投资公司成为股东的。

第六，县以上工会、妇联、共青团、文联以及各种协会、学会等群众组织的退休干部不得设立公司。中共中央办公厅、国务院办公厅《关于县以上党和国家机关退（离）休干部经商办企业问题的若干规定》（中办发〔1988〕11 号）明确规定，有关禁止县级以上党和国家机关的退（离）休干部，不得兴办商业性企业的规定，适用于县级以上工会、妇联、共青团、文联以及各种协会、学会等群众组织的退休干部。因此，县以上工会、妇联、共青团、文联以及各种协会、学会等群众组织的退休干部不可以投资成为公司的股东。

第七，国有企业领导。根据《国有企业领导人员廉洁从业若干规定》（中办发〔2009〕26 号）第 5 条第 1 项的规定，国有企业领导人员应当忠实履行职责，不得从事营利性经营活动和有偿中介活动，或者在本企业的同类经营企业、关联企业和与本企业有业务关系的企业投资入股。因此,国有企业领导人员在特定企业范围内不可以投资成为股东。

第八,国有企业领导的配偶、子女及其他特定关系人。根据《国有企业领导人员廉洁从业若干规定》(中办发〔2009〕26 号)第 6 条第 1 项的规定,国有企业领导人员的配偶、子女及其他特定关系人,不得在本企业的关联企业、与本企业有业务关系的企业投资入股。因此,上述人员在特定企业范围内不可以投资成为股东。

第九,现役军人。《中国人民解放军内务条令》(军令〔2018〕58 号)第 105 条规定:"军人不得经商,不得从事本职以外的其他职业和网络营销、传销、有偿中介活动,不得参与以营利为目的的文艺演出、商业广告、企业形象代言和教学活动,不得利用工作时间和办公设备从事证券期货交易、购买彩票,不得擅自提供军人肖像用于制作商品。"据此,军人不得成为公司的股东。

第十,特殊情况下的境内自然人。根据国家发展和改革委员会及商务部不时更新的《外商投资产业指导目录》、商务部《关于外国投资者并购境内企业的规定》、《外商投资法》等的规定,中国自然人不得成为新设中外合资企业的股东。但是,在中外合资企业成立后,通过股权转让、继承、认购增资等方式可以成为中外合资企业股东;并且,外资并购中,原境内公司中国自然人股东在原公司享有股东地位一年以上,经批准,也可以继续作为变更后所设外商投资企业的中方投资者。

综上所述,在涉及代持的各种场景下,除判断各方是否正常的商业交易外,更应严格控制合规性,尤其是不得涉及刑事违规,否则可能会给公司及相关方带来严重法律风险。

26. 如何确定股权激励计划的退出机制

前文已经谈到了激励对象无过错离职、有过错离职、离职后违约、主动辞职等不同情形下所持期权或激励股权的处理方式,此处所述的退出机制是指员工被授予的激励股权或期权等在正常持有的情况下,后续如何产生及享受收益。

与普通投资者对公司的股权投资一样,常见的退出方式包括 IPO 方式退出、并购退出、公司回购退出等。所不同的是,激励对象通过股权激励方式持有的股权及期权等,未来退出受到的限制可能更多,除重大资本事件的限制外,还要受到股权激励方案中具体操作计划的限制。这些限制包括所有行权的期权及限制性股权等通过何种路径持股、公司上市后的锁定期承诺、行权窗口期安排以及其他的内部限制等。公司可以在股权激励计划中依据管理需求自行设计,过程中注意保证合规性即可。

27.制订和实施股权激励计划的程序性要求是什么

股权激励是典型的"一把手"工程,需要在大股东或实际控制人的支持下才能顺利落地执行。一般来说,制订和实施股权激励计划,需要关注以下程序性事项,以免影响股权激励计划的效力。

(1)确定主导机构

对于上市公司来说,董事会中的薪酬委员会将主导整个股权激励计划的起草和实施过程,选择激励对象、对激励对象进行考核、确定期权或限制性股票的授予额度及价格、授予时间表、出现突发性事件时对股权激励计划进行解释和重新安排等事项,均是由薪酬委员会提出具体操作方案,公司的人力资源部、财务部、法务部等部门配合薪酬委员会进行工作。而对于非上市公司来说,主导机构比较多元化,常见做法是,股权激励计划由人力资源部门负责,因为公司的工资、奖金发放及薪酬考核也是由其负责,人力资源部门承担此项工作是顺理成章的。其实,这是一种保守的做法,许多非上市公司的内部管理不像上市公司那么规范,人力资源部、财务部、法务部等设置的规范程度和人才配备水平有很大差异,公司治理的规范性也不那么强。上述部门中任何一个部门只要有能力支撑,都可以作为牵头部门,关键是实控人或大股东要在整个方案设计的过程中,妥当地平衡好各方利益,及时作出决策即可。业务职能部门是辅助实控人或大股东进行决策的。

(2)咨询外部专家

受限于股权激励的专业性,公司自身的力量往往难以制订十全十美的方案。因此,在操作过程中,实控人或大股东需要从外部聘请专业机构,包括律师、专业税务师、咨询公司等,协助制订和实施股权激励方案,借助专家力量取得最好的股权激励效果。特别是,公司如果未来有境内或境外上市的计划,合规性是必须要放置于首位的考量因素，其中税务问题和法律问题尤为重要；如果方案设计不当，很可能额外增加公司或激励对象的财务成本，带来外汇和税务等方面的合规性风险。

(3)共同制订方案

股权激励方案的制订需要公司内部团队和外部专家通力合作，在激励对象筛选、人员访谈、考核标准制定等方面，需要由双方共同完成符合公司实际需求的、可以落地执行的股权激励方案。在调研、制订方案过程中，往往需要各相关方进行多轮的讨论、沟通、修订，才能最终确定可行版本。

(4)审批程序

经讨论确定后的有限责任公司股权激励计划审批程序比较简单，一般由董事会、股东会批准，甚至有的直接由股东会确认即可。股份有限公司的股权激励计划审批程序相对复杂，薪酬委员会确定股权激励方案草稿后，报董事会审批，再提交股东大会批准，然后按照法律、法规及规范性文件的要求报送证监会。

(5)实施与反馈

股权激励方案批准后即进入实施阶段，有限责任公司的激励方案相对比较简单，涉及人数也不会太多，一般情况下交由人力资源部门进行日常管理和维护，与员工的入职、离职、薪酬考核等一并实施。因工作量不大，一般也不需要专门的管理软件系统，人工维护就可以满足需求。股份有限公司如果涉及的股权激励人员数量众多，特别是在涉及境外发行股份和上市的情况下，股权激励的管理相对复杂，因涉及员工持股合规性、激励收益调回境内、人员持股变动管理等众多事务性工作，借助专业的股权激励管理工具可以有效提高管理的效率和效果。目前，市场上此类软件系统也比较成熟，一些证券公司旗下都有不错的股权激励一站式管理服务产品。

28. 关于“200 人”红线在何种情况下可以突破

根据现行《证券法》第 9 条的规定，公开发行证券必须符合法律、行政法规规定的条件，并依法报经国务院证券监督管理机构或者国务院授权的部门注册。未经依法注册，任何单位和个人不得公开发行证券。该条第 2 款规定，向特定对象发行证券累计超过200人的,为公开发行。但是,该款规定了一个例外情况:依法实施员工持股计划的员工人数不计算在内。也就是在依法实施员工持股计划的情形下,股东人数可以突破200人,这是目前法律层面设置的可以突破200人红线的例外情况。立法上对此项规定的主要考量是:其一,员工持股计划并非由员工直接持股,在股份公司层面不会造成股东人数的大量增加;其二,员工持股计划有专门的管理人,员工的个人意志不会给持股计划带来影响,因而从表决权层面可以视为一个股东。

如果没有遵守200人红线的规定,根据《证券法》及《刑法》相关规定,可能要承担民事、行政、刑事责任。

在民事责任方面,企业须承担退还所募资金并加算银行同期存款利息的责任。处以非法所募资金金额5%以上50%以下的罚款;对擅自公开或者变相公开发行证券设立的公司,由依法履行监督管理职责的机构或者部门会同县级以上地方人民政府予以取缔。对直接负责的主管人员和其他直接责任人员给予警告,并处以50万元以上500万元以下的罚款。

在行政责任方面,企业须承担被罚款和被取缔的责任。罚款按照非法所募资金金额5%以上50%以下计算。取缔是指由依法履行监督管理职责的机构或者部门会同县级以上地方人民政府取消企业的存在资格。对非法公开发行股票负有责任的直接负责的主管人员和其他直接责任人员,会被给予警告,并处以50万元以上500万元以下的罚款。

在刑事责任方面,未经国家有关主管部门批准,擅自发行股票或者公司、企业债券,数额巨大、后果严重或者有其他严重情节的,处5年以下有期徒刑或者拘役,并处或者单处非法募集资金金额1%以上5%以下罚金。单位犯罪的,对单位判处罚金,并对其直接负责的主管人员和其他直接责任人员,处5年以下有期徒刑或者拘役。

四、制订和实施股权激励方案要考虑的问题——境内上市公司

1. 股权激励的股权总量和个量有什么要求

上市公司实施的股权激励,总量应当符合监管要求。依据《上市公司股权激励管理办法》第14条第2款的规定,上市公司全部在有效期内的股权激励计

划所涉及的标的股票总数累计不得超过公司股本总额的 10%。不过，按照《上海证券交易所科创板股票发行上市审核问答》，发行人存在首发申报前制订的期权激励计划，并准备在上市后实施的，经过充分完整的信息披露且中介机构进行核查后，发行人全部在有效期内的期权激励计划所对应股票数量占上市前总股本的比例原则上不得超过 15%，且不得设置预留权益。

基于此，已上市公司在设置股权激励的总量计划时，应当严格按照上述文件的规定执行，否则可能导致律师无法就股权激励计划中的此项内容出具法律意见。有限责任公司在筹备上市过程中，就股权激励数量问题也应给予关注，虽然没有法律规定明确要求非上市公司（国企除外）就股权激励总量设置限制，但是为了避免上市申报前因清理未完成的股权激励计划，从而给内部管理造成困扰，建议接近上市阶段的拟上市公司在制订和实施股权激励计划时，也参考上述数量标准。例如，国内已经上市的矩子科技（300802）、力合科技（300800）等在上市前的股权激励计划中，将股权激励数量定为 10%。

上市公司可以同时实行多期股权激励计划，非经股东大会特别决议批准，任何一名激励对象通过全部在有效期内的股权激励计划获授的本公司股票，累计不得超过公司股本总额的 1%。

2. 哪类人不得成为股权激励对象

关于股权激励对象的范围，上市监管文件的规定比较清晰。依据《上市公司股权激励管理办法》第 8 条的规定，关于激励对象的要求如下。

（1）哪些人可以成为激励对象

① 上市公司的董事、高管人员、核心技术人员或者核心业务人员。

② 公司认为应当激励的对公司经营业绩和未来发展有直接影响的其他员工。

③ 外籍员工任职上市公司董事、高管人员、核心技术人员或者核心业务人员的，可以成为激励对象。

（2）哪些人不能成为激励对象

① 单独或合计持有上市公司 5% 以上股份的股东或实际控制人及其配偶、父母、子女。

② 最近12个月内被证券交易所认定为不适当人选。

③ 最近12个月内被中国证监会及其派出机构认定为不适当人选。

④ 最近12个月内因重大违法违规行为被中国证监会及其派出机构行政处罚或者采取市场禁入措施。

⑤ 具有《公司法》规定的不得担任公司董事、高管人员情形的。

⑥ 知悉内幕信息而买卖本公司股票的。

⑦ 泄露内幕信息而导致内幕交易发生的。

⑧ 法律法规规定不得参与上市公司股权激励的。

⑨ 独立董事和监事。

⑩ 中国证监会认定的其他情形。

3. 股权激励所需要兑现的股票从哪里获取

按照《公司法》的规定，上市公司用于员工持股计划或者股权激励的股份，一般由公司安排从二级市场回购，并在规定期限内向员工授予。相比之下，有限责任公司的股权来源更为灵活。有限责任公司在上市前，主要通过公司增资和原股东转让的方式作为股权激励的股权来源。

4. 公司能够为激励对象提供资金支持吗

依据《上市公司股权激励管理办法》第21条的规定，激励对象参与股权激励计划的资金来源应当合法合规，不得违反法律、行政法规及中国证监会的相关规定。上市公司不得为激励对象依股权激励计划获取有关权益提供贷款以及其他任何形式的财务资助，包括为其贷款提供担保。

公司不得为股权激励对象提供资金支持的原因主要是公司治理规范化的要求，防止公司利益不正当地向激励对象输送。《公司法》中关于公司为股东或实际控制人提供担保时，必须经股东会或者股东大会决议且关联股东需要回避表决的规定，其背后法理与此处基本一致。

5. 股票期权应用中应注意什么问题

依据《上市公司股权激励管理办法》第28～32条的规定，上市公司发放的股票期权，在实施过程中应注意以下问题。

(1)关于用途

激励对象获授的股票期权不得转让、用于担保或偿还债务,也不得在公司内部进行流通。不能因为公司具有上市地位的便利优势,而将期权进行直接或间接的变现。

(2)关于授予价格

上市公司在授予激励对象股票期权时,应当确定行权价格或者行权价格的确定方法。行权价格不得低于股票票面金额,且原则上不得低于下列价格较高者:其一,股权激励计划草案公布前 1 个交易日的公司股票交易均价;其二,股权激励计划草案公布前 20 个交易日、60 个交易日或者 120 个交易日的公司股票交易均价之一。如果公司采用其他方法确定行权价格的,也应当在股权激励计划中对定价依据及定价方式作出说明。

(3)关于等待期

股票期权授予激励对象后,授权日与获授股票期权首次可行权日之间的间隔不得少于 12 个月。

(4)关于行权节奏

在股票期权有效期内,上市公司应当规定激励对象分期行权,每期时限不得少于 12 个月,后一行权期的起算日不得早于前一行权期的届满日。每期可行权的股票期权比例不得超过激励对象获授股票期权总额的 50%。

(5)关于未达到行权条件的期权处理

股票期权各行权期结束后,当期行权条件未成就的,激励对象未行权的当期股票期权应当终止行权,股票期权不得行权或递延至下期行权。上市公司应当及时注销。

6. 限制性股票应用中应注意什么问题

依据《上市公司股权激励管理办法》第 22 ~ 27 条的规定,上市公司发放的股票期权,在实施过程中应注意以下问题。

(1)关于用途

激励对象获授的限制性股票在解除限售前不得转让、用于担保或偿还债务。不能因为公司具有上市地位的便利优势,而将限制性股票进行直接或间接的变现。

(2)关于授予价格

上市公司在授予激励对象限制性股票时,应当确定授予价格或授予价格的确定方法。授予价格不得低于股票票面金额,且原则上不得低于下列价格较高者:其一,股权激励计划草案公布前1个交易日的公司股票交易均价的50%;其二,股权激励计划草案公布前20个交易日、60个交易日或者120个交易日的公司股票交易均价之一的50%。上市公司采用其他方法确定限制性股票授予价格的,应当在股权激励计划中对定价依据及定价方式作出说明。

(3)关于等待期

限制性股票授予激励对象后,授予日与首次解除限售日之间的间隔不得少于12个月。

(4)关于解除限售的节奏

在限制性股票有效期内,上市公司应当规定分期解除限售,每期时限不得少于12个月,各期解除限售的比例不得超过激励对象获授限制性股票总额的50%。

(5)关于未达到解除限售条件的限制性股票处理

当期解除限售的条件未成就的,限制性股票不得解除限售或递延至下期解除限售,或者出现其他终止实施股权激励计划的情形或激励对象未达到解除限售条件的,上市公司应当回购尚未解除限售的限制性股票,并按照《公司法》的规定进行处理。

7. 首发申报前拟上市公司实施的员工持股计划应当符合哪些要求

要点回应

依据《首发业务若干问题解答》的要求,发行人首发申报前实施员工持股计划的,原则上应当全部由公司员工构成,体现增强公司凝聚力、维护公司长期稳定发展的导向,建立健全激励约束长效机制,有利于兼顾员工与公司长远利益,为公司持续发展夯实基础。

员工持股计划应当符合下列要求:

第一，发行人实施员工持股计划，应当严格按照法律、法规、规章及规范性文件要求履行决策程序，并遵循公司自主决定、员工自愿参加的原则，不得以摊派、强行分配等方式强制实施员工持股计划。

第二，参与持股计划的员工与其他投资者权益平等、盈亏自负、风险自担，不得利用知悉公司相关信息的优势，侵害其他投资者合法权益。员工入股应主要以货币出资，并按约定及时足额缴纳。按照国家有关法律法规，员工以科技成果出资入股的，应提供所有权属证明并依法评估作价，及时办理财产权转移手续。

第三，发行人实施员工持股计划，可以通过公司制企业、合伙制企业、资产管理计划等持股平台间接持股，并建立健全持股在平台内部的流转、退出机制，以及所持发行人股权的管理机制。

第四，参与持股计划的员工因离职、退休、死亡等原因离开公司的，其间接所持股份权益应当按照员工持股计划章程或协议约定的方式处置。

相关案例①

2014 年 4 月 23 日，万科召开合伙人创始大会，共有 1320 名员工率先成为首批万科事业合伙人。所有事业合伙人签署了承诺书，将其在各自经济利润奖金集体奖金账户中的全部权益，委托给深圳盈安财务顾问企业（以下简称盈安合伙）的普通合伙人进行投资管理，包括引入融资杠杆进行二级市场投资（通过此种方式实施的计划，事实上即“员工持股计划”）。

盈安合伙是一家有限合伙企业，其普通合伙人为深圳市盈安财务顾问有限公司，有限合伙人为上海万丰资产管理有限公司（实质是万科工会委员会的全资子公司）以及华能信托有限公司。其中，深圳市盈安财务顾问有限公司是万科事业合伙人集体委托管理经济利润奖金集体账户的第三方，该项资金为集体资产，通过华能信托的一个信托计划注入盈安合伙，之所以引入信托计划，主要是为了实现集体财产的统一管理。可以看出，盈安合伙的普通

① 康至军：《事业合伙人：知识时代的企业经营之道》，机械工业出版社 2019 年版，第 10～12 页。

合伙人和有限合伙人的资金均源于万科的公司员工。由于有限合伙企业的人数限制最高为50人,万科1320名员工通过一个信托计划将其资金注入盈安合伙,避开了限制。盈安合伙的注册资金为14.1亿元,还可以引入外部杠杆资金进行合作。万科员工持股结构如图4－4所示。

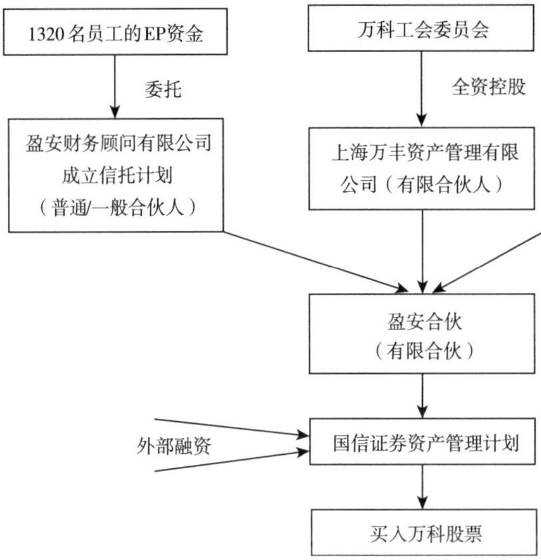

图4－4　万科员工持股结构

从上述合伙人计划的结构可以看出,万科通过设置复杂的合伙结构实现了对整个员工持股计划的控制,盈安合伙可以和外部资金进行对接,引入杠杆融资,并按市场利率支付融资成本、承担相应风险,真正体现了激励对象与其他投资者权益平等、盈亏自负、风险自担的投资原则。正如万科董事会主席郁亮所言,“一个公司要建立一个好的持股人机制,一定是按照市场价格购买股票。以特别优惠价格买股票,旱涝保收的,那不是好制度”。

8. 首发申报前拟上市公司员工持股计划如何计算股东人数

参与员工持股计划的人员数量一般不少,对于规模较大的公司来说,稍有不慎则200人红线很容易被突破。根据《首发业务若干问题解答》,实施员工持股计划后,在计算股东人数时应当遵循一定的原则。

第一，依法以公司制企业、合伙制企业、资产管理计划等持股平台实施的员工持股计划，在计算公司股东人数时，按一名股东计算。

第二，参与员工持股计划时为公司员工，离职后按照员工持股计划章程或协议约定等仍持有员工持股计划权益的人员，可不视为外部人员。

第三，新《证券法》施行之前（2020 年 3 月 1 日之前）设立的员工持股计划，参与人包括少量外部人员的，可不做清理，在计算公司股东人数时，公司员工部分按照一名股东计算，外部人员按实际人数穿透计算。

同时，发行人在首发申报前实施员工持股计划的，如果将员工持股计划视为一名股东，则应穿透计算并遵循“闭环原则”。按照《上海证券交易所科创板股票发行上市审核问答》，员工持股计划符合以下要求之一的，在计算公司股东人数时，按一名股东计算；不符合下列要求的，在计算公司股东人数时，穿透计算持股计划的权益持有人数：

第一，员工持股计划遵循“闭环原则”。员工持股计划不在公司首次公开发行股票时转让股份，并承诺自上市之日起至少 36 个月的锁定期。发行人上市前及上市后的锁定期内，员工所持相关权益拟转让退出的，只能向员工持股计划内员工或其他符合条件的员工转让。锁定期后，员工所持相关权益拟转让退出的，按照员工持股计划章程或有关协议的约定处理。

第二，员工持股计划未按照“闭环原则”运行的，员工持股计划应由公司员工持有，依法设立、规范运行，且已经在基金业协会依法依规备案。

此外，发行人还应在招股说明书中充分披露员工持股计划的人员构成、是否遵循“闭环原则”、是否履行登记备案程序、股份锁定期等内容。保荐机构及发行人律师应当对员工持股计划是否遵循“闭环原则”、具体人员构成、员工减持承诺情况、规范运行情况及备案情况进行充分核查，并发表明确核查意见。

随着注册制的深化改革，对上述“闭环原则”和 36 个月的要求也在逐步发生变化，进一步松动。2020 年 6 月 12 日深交所发布的《创业板股票首次公开发行上市审核问答》第 22 问答道：

（二）员工持股计划计算股东人数的原则

1. 依法以公司制企业、合伙制企业、资产管理计划等持股平台实施的员工持股计划，在计算公司股东人数时，按一名股东计算。

2. 参与员工持股计划时为公司员工,离职后按照员工持股计划章程或协议约定等仍持有员工持股计划权益的人员,可不视为外部人员。

3. 新《证券法》施行之前(2020 年 3 月 1 日之前)设立的员工持股计划,参与人包括少量外部人员的,可不做清理,在计算公司股东人数时,公司员工部分按照一名股东计算,外部人员按实际人数穿透计算。

9. 首发申报前实施员工持股计划的信息披露要求及中介机构核查要点

依据《首发业务若干问题解答》和《上海证券交易所科创板股票发行上市审核问答》的相关规定,发行人信息应当充分完整地披露员工持股计划信息,在招股说明书中充分披露员工持股计划的人员构成、人员离职后的股份处理、股份锁定期等内容。

同时,中介机构也要严格进行核查。保荐机构及发行人律师应当对员工持股计划的设立背景、具体人员构成、价格公允性、员工持股计划章程或协议约定情况、员工减持承诺情况、规范运行情况及备案情况进行充分核查,并就员工持股计划实施是否合法合规、是否存在损害发行人利益的情形发表明确意见。

10. 首发前制订且上市后实施的期权激励计划应满足哪些披露要求

依据《首发业务若干问题解答》和《上海证券交易所科创板股票发行上市审核问答》的相关规定,发行人存在首发申报前制订、上市后实施的期权激励计划的,应体现增强公司凝聚力、维护公司长期稳定发展的导向。信息披露原则上应符合下列要求:

(1)激励对象应当符合《上海证券交易所科创板股票上市规则》第 10.4 条相关规定。

(2)激励计划的必备内容与基本要求,激励工具的定义与权利限制,行权安排,回购或终止行权,实施程序等内容,应参考《上市公司股权激励管理办法》的相关规定予以执行。

(3)期权的行权价格由股东自行商定确定,但原则上不应低于最近一年经审计的净资产或评估值。

(4)发行人全部在有效期内的期权激励计划所对应股票数量占上市前总股本的比例原则上不得超过 15%,且不得设置预留权益。

（5）在审期间，发行人不应新增期权激励计划，相关激励对象不得行权。

（6）在制订期权激励计划时应充分考虑实际控制人稳定，避免上市后期权行权导致实际控制人发生变化。

（7）激励对象在发行人上市后行权认购的股票，应承诺自行权日起 3 年内不减持，同时承诺上述期限届满后比照董事、监事及高级管理人员的相关减持规定执行。

11. 首发前制订且上市后实施的期权激励计划发行人信息的披露和中介机构核查应满足哪些要求

依据《首发业务若干问题解答》和《上海证券交易所科创板股票发行上市审核问答》的相关规定，发行人存在首发申报前制订、上市后实施的期权激励计划，发行人信息披露和中介机构核查的要求如下。

（1）发行人信息披露要求

发行人应在招股说明书中充分披露期权激励计划的有关信息：

第一，期权激励计划的基本内容、制订计划履行的决策程序、目前的执行情况；

第二，期权行权价格的确定原则，以及和最近一年经审计的净资产或评估值的差异与原因；

第三，期权激励计划对公司经营状况、财务状况、控制权变化等方面的影响；

第四，涉及股份支付费用的会计处理等。

（2）中介机构核查要求

保荐机构及申报会计师应对下述事项进行核查并发表核查意见：

第一，期权激励计划的制订和执行情况是否符合要求；

第二，发行人是否在招股说明书中充分披露期权激励计划的有关信息；

第三，股份支付相关权益工具公允价值的计量方法及结果是否合理；

第四，发行人报告期内股份支付相关会计处理是否符合企业会计准则相关规定。

12. 制订和实施股权激励计划的程序性要求是什么

上市公司制订和实施股权激励计划，相较于有限责任公司更加严格，一般来说要遵循以下程序性要求：

(1)制定草案：董事会下设的薪酬与考核委员会负责拟订股权激励计划草案。

(2)董事会就草案作出决议：董事会应当依法对股权激励计划草案作出决议(拟作为激励对象的董事或与其存在关联关系的董事应当回避表决)。

(3)独立董事和监事会发表意见：独立董事及监事会应当就股权激励计划草案是否有利于上市公司的持续发展，是否存在明显损害上市公司及全体股东利益的情形发表意见。独立董事或监事会认为有必要的，可以建议上市公司聘请独立财务顾问，对股权激励计划的可行性、是否有利于上市公司的持续发展、是否损害上市公司利益以及对股东利益的影响发表专业意见。

(4)公示程序：通过公司网站或者其他途径，在公司内部公示激励对象的姓名和职务，公示期不少于 10 天；在股东大会审议股权激励计划前 5 日披露监事会对激励名单审核及公示情况的说明。

(5)公告程序：公告董事会决议、股权激励计划草案、独立董事意见及监事会意见；上市公司实行股权激励计划依照规定需要取得有关部门批准的，应当在取得有关批复文件后的 2 个交易日内进行公告。

(6)律师出具法律意见书：上市公司应当聘请律师事务所对股权激励计划出具法律意见书。

(7)股东大会审议：股东大会应当对股权激励计划内容进行表决，并经出席会议的股东所持表决权的 2/3 以上通过；审议股权激励计划时，拟为激励对象的股东或者与激励对象存在关联关系的股东，应当回避表决。

(8)实施股权激励计划：

① 实施主体：上市公司董事会应当根据股东大会决议，负责实施限制性股票的授予、解除限售和回购以及股票期权的授权、行权和注销。

② 实施程序：上市公司授予权益与回购限制性股票、激励对象行使权益前，上市公司应当向证券交易所提出申请，经证券交易所确认后，由证券登记结算机构办理登记结算事宜。

③ 实施期限：上市公司应当在60日内授予权益并完成公告、登记；有获授权益条件的，应当在条件成就后60日内授出权益并完成公告、登记。上市公司未能在60日内完成上述工作的，应当及时披露未完成的原因，并宣告终止实施股权激励，自公告之日起3个月内不得再次审议股权激励计划。

13. 上市公司股权激励计划通常需要律师出具哪些类型的法律意见书

上市公司的股权激励计划相对复杂，所涉及的监管规定也较未上市的公司更多，合规性是在制订和实施股权激励计划过程中首要考虑的问题。实践中，需要依赖外部律师事务所就股权激励相关的专业问题进行判断，并出具明确的法律意见。依据《上市公司股权激励管理办法》的相关规定，律师法律意见主要涉及以下类型：

(1)股权激励计划的制订(第39条)；

(2)因标的股票除权、除息或者其他原因需要调整权益价格或者数量(第48条)；

(3)上市公司对已通过股东大会审议的股权激励方案进行变更的(第50条)；

(4)股东大会审议股权激励计划前上市公司拟对股权激励方案进行变更的(第55条)；

(5)上市公司在股东大会审议通过股权激励计划之后终止实施股权激励的(第51条)；

(6)股票激励权益的授权(第46条)；

(7)股票激励权益的行权(第47条)；

(8)回购限制性股票(第27条)。

五、制订和实施股权激励方案要考虑的问题——国有公司

1. 实施股权激励的国有公司应当具备什么条件

依据《关于国有控股混合所有制企业开展员工持股试点的意见》《国有科技型企业股权和分红激励暂行办法》《中关村国家自主创新示范区企业股权和分红激励实施办法》等文件的规定，实施股权激励的国有公司应当具备特定条件，

分类概要如下。

(1)关于公司整体要求

① 企业发展战略明确,专业特色明显,市场定位清晰。

② 主业处于充分竞争行业和领域的商业类企业。

③ 实施股权和分红激励的国有科技型企业应当产权明晰、管理规范、内部治理结构健全并有效运转。

④ 具有企业发展所需的关键技术、自主知识产权和持续创新能力。

(2)关于公司治理和内控的要求

① 股权结构合理,非公有资本股东所持股份应达到一定比例,公司董事会中有非公有资本股东推荐的董事。

② 公司治理结构健全,建立市场化的劳动人事分配制度和业绩考核评价体系,形成管理人员能上能下、员工能进能出、收入能增能减的市场化机制。

③ 企业建立了规范的内部财务管理制度和员工绩效考核评价制度。

(3)关于财务数据要求

① 对于转制院所企业、国家认定的高新技术企业、高等院校和科研院所投资的科技企业,近 3 年研发费用占当年企业营业收入均在 3% 以上,激励方案制订的上一年度企业研发人员占职工总数 10% 以上。成立不满 3 年的企业,以实际经营年限计算。

② 对于国家和省级认定的科技服务机构,近 3 年科技服务性收入不低于当年企业营业收入的 60% 。

③ 营业收入和利润 90% 以上源于所在企业集团外部市场。

④ 近 3 年研发费用占企业销售收入 2% 以上,且研发人员占职工总数 10% 以上。

(4)关于合规性要求及其他要求

① 国有企业的年度财务会计报告经过中介机构依法审计,且激励方案制订近 3 年没有因财务、税收等违法违规行为受到行政、刑事处罚。成立不满 3 年的企业,以实际经营年限计算。

② 企业成立不满 3 年的,不得采取股权奖励和岗位分红的激励方式。

③ 优先支持人才资本和技术要素贡献占比较高的转制科研院所、高新技术

企业、科技服务型企业开展员工持股试点。

④ 中央企业二级(含)以上企业以及各省、自治区、直辖市及计划单列市和新疆生产建设兵团所属一级企业原则上暂不开展员工持股试点。

⑤ 违反国有企业职工持股有关规定且未按要求完成整改的企业,不开展员工持股试点。

2. 激励对象范围有何特殊要求

国有企业的员工股权激励与普通民营公司有很大区别,在激励对象范围上也有特殊要求。依据《关于国有控股混合所有制企业开展员工持股试点的意见》《国有科技型企业股权和分红激励暂行办法》《中关村国家自主创新示范区企业股权和分红激励实施办法》《关于规范国有控股上市公司实施股权激励制度有关问题的通知》的相关规定,关于激励对象的要求如下。

(1)哪些人可以成为激励对象

第一,激励对象必须已经与公司签署了劳动合同,外部顾问人员以及合作伙伴不得成为激励对象。

第二,在关键岗位工作并对公司经营业绩和持续发展有直接或较大影响的重要科研技术人员、经营管理人员和业务骨干。其具体包括:关键职务科技成果的主要完成人,重大开发项目的负责人,对主导产品或者核心技术、工艺流程作出重大创新或者改进的主要技术人员;主持企业全面生产经营工作的高级管理人员,负责企业主要产品(服务)生产经营的中、高级经营管理人员;通过省、部级及以上人才计划引进的重要技术人才和经营管理人才。

(2)哪些人不得成为激励对象

第一,党中央、国务院和地方党委、政府及其部门、机构任命的国有企业领导人员不得持股。

第二,外部董事、监事(含职工代表监事)不参与员工持股。若直系亲属多人在同一企业时,只能一人持股。

第三,不得面向全体员工实施股权或者分红激励。

第四,未在上市公司任职、不属于上市公司的人员(包括控股股东公司的员工)不得参与上市公司股权激励计划。

第五，境内、境外上市公司监事不得成为股权激励的对象。

3. 股权激励的持股比例有何特殊规则

依据《关于国有控股混合所有制企业开展员工持股试点的意见》和《国有科技型企业股权和分红激励暂行办法》的相关规定，员工持股比例应结合企业规模、行业特点、企业发展阶段等因素确定，具体如下：

(1)员工持股总量原则上不高于公司总股本的30%，单一员工持股比例原则上不高于公司总股本的1%。企业可采取适当方式预留部分股权，用于新引进人才。国有控股上市公司员工持股比例按证券监管有关规定确定。

(2)实施员工持股后，应保证国有股东控股地位，且其持股比例不得低于公司总股本的34%。

(3)大型企业的股权激励总额不超过企业总股本的5%；中型企业的股权激励总额不超过企业总股本的10%；小、微型企业的股权激励总额不超过企业总股本的30%，且单个激励对象获得的激励股权不得超过企业总股本的3%。

(4)如果国有公司是上市公司，还应当遵守《上市公司股权激励管理办法》的相关规定。

4. 股权激励对象不在公司任职时获授的激励权益如何处理

依据《关于国有控股混合所有制企业开展员工持股试点的意见》，持股员工因辞职、调离、退休、死亡或被解雇等原因离开本公司的，应在12个月内将所持股份进行内部转让。转让给持股平台、符合条件的员工或非公有资本股东的，转让价格由双方协商确定；转让给国有股东的，转让价格不得高于上一年度经审计的每股净资产值。国有控股上市公司员工转让股份按证券监管有关规定办理。

依据《关于规范国有控股上市公司实施股权激励制度有关问题的通知》，股权激励对象正常调动、退休、死亡、丧失民事行为能力时，授予的股权当年已达到可行使时间限制和业绩考核条件的，可行使的部分可在离职之日起的半年内行使，尚未达到可行使时间限制和业绩考核条件的不再行使。股权激励对象辞职、被解雇时，尚未行使的股权不再行使。

5. 员工参与股权激励的出资要求和入股价格是什么

依据《关于国有控股混合所有制企业开展员工持股试点的意见》的相关规定，员工参与股权激励计划时，必须真实出资，并接受相应限制：

(1)员工入股应主要以货币出资，并按约定及时足额缴纳。按照国家有关法律法规，员工以科技成果出资入股的，应提供所有权属证明并依法评估作价，及时办理财产权转移手续。上市公司回购本公司股票实施员工持股，须执行《上市公司股权激励管理办法》及其他文件的有关规定。

(2)试点企业、国有股东不得向员工无偿赠予股份，不得向持股员工提供垫资、担保、借贷等财务资助。持股员工不得接受与试点企业有生产经营业务往来的其他企业的借款或融资帮助。

(3)在员工入股前，应按照有关规定对试点企业进行财务审计和资产评估。员工入股价格不得低于经核准或备案的每股净资产评估值。国有控股上市公司员工入股价格按证券监管有关规定确定。

6. 员工持股产生的股权激励收益在管理上有什么限制

依据《关于规范国有控股上市公司实施股权激励制度有关问题的通知》的相关规定，国有公司实施股权激励时，应当按照上市公司股价与其经营业绩相关联、激励对象股权激励收益增长与公司经营业绩增长相匹配的原则，实行股权激励收益兑现与业绩考核指标完成情况挂钩的办法，即在达到实施股权激励业绩考核目标要求的基础上，以期初计划核定的股权激励预期收益为基础，按照股权行使时间限制表，综合上市公司业绩和股票价格增长情况，对股权激励收益增幅进行合理调控。

具体方法如下：

(1)对股权激励收益在计划期初核定收益水平以内且达到考核标准的，可按计划予以行权。

(2)对行权有效期内股票价格偏高，致使股票期权(或股票增值权)的实际行权收益超出计划核定的预期收益水平的上市公司，根据业绩考核指标完成情况和股票价格增长情况合理控制股权激励实际收益水平，即在行权有效期内，激励对象股权激励收益占本期股票期权(或股票增值权)授予时薪酬总水平(含股权激励收益)的最高比重,境内上市公司及境外 H 股公司原则上不得超过 40%,境外红筹股公司原则上不得超过 50%。股权激励实际收益超出上述比重的,尚未行权的股票期权(或股票增值权)不再行使或将行权收益上交公司。

(3)上述条款应在《上市公司股权激励管理办法》或股权授予协议上予以载明。随着资本市场的逐步完善以及上市公司市场化程度和竞争性的不断提高,将逐步取消股权激励收益水平限制。

7. 员工股权持股路径及其管理的要求是什么

(1)关于持股路径

国有企业持股员工可以个人名义直接持股,也可通过公司制企业、合伙制企业、资产管理计划等持股平台持有股权,在持股路径上并无特殊之处。但是,通过资产管理计划方式持股的,不得使用杠杆融资。并且持股平台也不得从事除持股以外的任何经营活动。

(2)管理要求

第一,员工所持股权一般应通过持股人会议等形式选出代表或设立相应机构进行管理。该股权代表或机构应制定管理规则,代表持股员工行使股东权利,维护持股员工合法权益。

第二,实施员工持股,应设定不少于 36 个月的锁定期。在公司公开发行股份前已持股的员工,不得在公司首次公开发行时转让股份,并应承诺自上市之日起不少于 36 个月的锁定期。锁定期满后,公司董事、高管人员每年可转让股份不得高于所持股份总数的 25%。

第三,企业及国有股东不得向持股员工承诺年度分红回报或设置托底回购条款。持股员工与国有股东和其他股东享有同等权益,不得优先于国有股东和其他股东取得分红收益。

第四,企业破产重整和清算时,持股员工、国有股东和其他股东应以出资额为限,按照出资比例共同承担责任。

8. 制订和实施股权激励计划的程序性要求是什么

国有公司开展股权激励,与普通未上市公司的内部程序大致相同,但是在最终确认环节增加了国有资产管理部门的备案。如果其同时也是上市公司,还要履行《上市公司股权激励管理办法》的相关要求。基本流程如下：

(1)员工持股方案制订。深入分析实施员工持股的必要性和可行性，以适当方式向员工充分提示持股风险，严格按照有关规定制订员工持股方案，并对实施员工持股的风险进行评估，制订应对预案。员工持股方案应对持股员工条件、持股比例、入股价格、出资方式、持股方式、股权分红、股权管理、股权流转及员工岗位变动调整股权等操作细节作出具体规定。

(2)职工代表大会发表意见。试点企业应通过职工代表大会等形式充分听取本企业职工对员工持股方案的意见，并依据其意见调整股权激励方案。

(3)由董事会提交股东(大)会就股权激励方案进行审议。

(4)报履行出资人职责的机构备案，同时抄报省级人民政府国有资产监督管理机构；中央试点企业的员工持股方案经股东(大)会审议通过后，报履行出资人职责的机构备案。

(5)董事会组织实施股权激励方案。

六、制订和实施股权激励方案要考虑的问题——赴境外上市公司

1. 为什么赴境外上市的公司多数都实施股权激励

境外上市的中国公司绝大多数都设计了股权激励方案，尤其是近年来赴美上市、赴港上市的中概股新经济公司更是如此。这些公司运用股权激励的主要原因在于：一方面，它们大多数属于"互联网+"或"+互联网"的行业，具有轻资产、高成长等特性，人才是这些公司的核心资产，借助公司的高成长性，在资本市场上市成功后能够为持股人带来巨额的财富效应，通过这种方式锁定人才是最有效的手段。另一方面，出于对外股权融资的需求，境外股权激励的相关要求相比于境内更加灵活，不受诸如"200人红线"、审批/备案等要求的限制，公司在授权、发股、行权等方面具有较强的自主灵活性，通过大量发放股权激励，不仅可以降低短期的用工成本，也能够优化公司股权结构，在公司治理方面表现出更强的规范性和吸引力。事实上，许多有海外架构的公司在进行美元融资时，投资人也往往会对股权激励提出要求，在投资人看来，没有设置股权激励池的公司，在管理稳定性、公司治理科学性、公司成长潜力等方面可能是不健全的。

2. 境外股权激励的常用激励工具是什么

与境内上市公司的股权激励类似，赴境外上市的公司常用的股权激励工具主要是股票期权（option）和具有限制性的股票单位（RSU）。

股票期权的适用范围比较广泛，从公司内部普通员工到核心高管和创始人，甚至外部的公司顾问，都可以发放期权，实施期权激励。股票期权基本上是在上市后行权，考虑行权成本问题和个人所得税问题，股票期权的行权激励效果取决于公司上市后股票在二级市场的表现，有一定的不确定性。

在实际操作中，为了进一步加大股权激励的力度，或者满足某些特定群体（如境外高管）的需求，RSU 也经常被使用，但它的适用场景相对有一定的条件限制，通常只针对公司的核心高管和业务骨干进行发放。RSU 一般以零对价授予激励对象，激励力度较大。

在内部管理上，RSU 可以参照股票期权的管理模式，有的案例中也设置成熟期、锁定期等限制，还有一些公司授予 RSU 时采取有偿授予的方式，参照公司净资产、公允价值的一定比例等进行定价，严格来说这种场景下的 RSU 更多起到管理工具的功效，与主流 RSU 操作方式有别，但这不代表此种 RSU 就不合规，纯粹从管理角度而言也是可以的。

3. 激励对象在数量上有无限制

搭建了境外上市架构的中国公司，上市主体多为离岸法域的公司，适用当地法律管辖。以 Cayman 为例，有关股权激励对象及其数量限制等，相对于境内公司法及相关法规要求更加灵活，在激励对象数量方面没有上限的限制，一般依据公司内部治理和管理的需要自行确定。在激励对象数量不多的情况下，公司可以自行管理，如果涉及人员数量众多，可能会带来较大的工作量。境外发行股份和上市在股权激励的管理方面，相比于境内略显复杂，因涉及员工持股合规性、激励收益调回境内（纳税和结汇）、人员持股变动登记管理等众多事务性工作，可以借助一些专业的股权激励管理工具（如一些证券公司旗下的股权激励“一站式”管理服务产品），有效提高管理的效率和效果。

4. 境外股权激励的持股路径通常怎样确定

境外实施的股权激励，在遵守合规性的前提下，操作路径相对比较灵活。

总体而言，可以通过两种持股方式实施境外发放的股权激励，即激励对象直接持股和激励对象间接持股。

（1）直接持股主要应用于激励范围较小、激励对象相对稳定的场景，多针对创始团队和核心骨干，他们将在境外上市主体的股权结构中直接反映和记载。这种持股方式有利有弊。其优势在于凡是记载于 Captable 的人员，未来公司上市时进行股票转让的自由度比较大，不受持股平台的一些限制；弊端在于股东会决议文件需要他们配合签字，若就表决事项不能达成一致，可能会对表决结果有影响，从而增加公司治理的成本。

（2）间接持股是境外股权激励持股的主要方式，一般通过设立 BVI 公司代表激励对象持股，或者设立信托，将激励对象的权益在信托架构中体现。通过 BVI 或信托架构持股有许多优势，包括在行权节奏、对激励对象的管理等方面，公司实际控制人有较强的话语权。

5.“同股不同权”在港股和美股市场中的差异

“同股不同权”描述的是同一个公司发行的股权之上负载了不同的股权具体权能，持股人的权利内容存在差别，体现了公司股权设计的个性化和股权形态的多元化。在英美法传统中，“同股不同权”是十分常见的股权实践形态。

（1）美股市场

在美国法律中，根据权利形态的不同，通常将股权分为普通股和优先股。普通股是股票的标准形态，享有两类基本权利，即表决权和经济性权利。后者又包括两部分，即在公司清算的时候按份取得剩余财产的权利，以及在公司正常运行情况下对盈利的分配请求权。普通股往往被认为具有完整的股东权利。在盈余分配或清算分配时，优先股具有优先于普通股进行分配的权利，优先股往往是无表决权股。但时至今日，普通股和优先股的划分已经淡化，界限不再那么清晰，出现了许多介于两者之间的股票类型。美国《标准商事公司法》进行了大胆尝试，直接取消了普通股和优先股之间的传统分类，取消了对各个类别股票之权利的人为限制，股份的各个权利要素可以重新组合，从而在最大程度上保证了股票设计的自由。特拉华州《公司法》虽然对优先股进行了描述性定义，但仍然确认优先股可以结合表决权事项、回购赎回事项、转换权事项等进行自由的股权设计。总体来看,美国公司法对股权类别的设计持相当开放的态度,公司可以根据自身需要设计出在表决权、回购赎回、利益分配、股票面值等几乎所有方面都有不同特征的股份类别。类似地,英国公司法在公司股权的权利类别设计方面也同样具有相当大的灵活性。

作为上市公司来说,《同股不同权》制度设计的最大优势是,为持股数量较少的创始股东提供了从法律上控制公司的机会。近年来,赴美上市的中国公司多有“同股不同权”的安排,不同权的差别主要体现在表决权方面,不同类别股权的表决权比例大多集中在10~20倍,现摘取其中知名的几个公司列举如表4-7所示。

表4-7 部分公司表决权比例

序号	公司	IPO时间	表决权比例
1	360 Finance, Inc.(360金融)	2018年12月14日	1:20
2	Tencent Music Entertainment Group(腾讯音乐)	2018年12月11日	1:15
3	Pintec Technology Holdings Limited(品钛科技)	2018年10月25日	1:15
4	Niu Technologies(小牛电动)	2018年10月19日	1:4
5	Qutoutiao Inc.(趣头条)	2018年9月14日	1:10
6	Pinduoduo Inc.(拼多多)	2018年7月26日	1:10
7	iQIYI, Inc.(爱奇艺)	2018年3月29日	1:10
8	Sogou(搜狗)	2017年11月9日	1:10
9	Qudian(趣店)	2017年10月18日	1:10
10	JD. com(京东)	2014年5月22日	1:20

(2)港股市场

港交所对“同股不同权”的接受经历了一个从无到有的痛苦过程,与美股市场相比,港股市场的“同股不同权”仍然有许多条件限制,一般公司难以达到。

2013年7月23日,阿里巴巴在香港提交招股说明书,然而,由于未能满足香港上市规则所设定的条件,阿里巴巴千亿美元的IPO被迫放弃香港,改道美国纳斯达克,并于2014年9月19日成功登陆纳斯达克。错失千亿美元规模

IPO 后,港交所和香港监管当局承受了巨大压力,开始考虑修改上市规则。

2018 年 4 月 24 日,港交所正式公布《新兴及创新产业公司上市制度》细则,允许双重股权结构公司上市,允许未盈利的生物科技公司上市,并于 2018 年 4 月 30 日生效。

按照港交所《综合主板上市规则》第 8A.06 款的规定,若要实施"同股不同权"的投票架构,应当满足以下条件:

① 上市时市值至少为 400 亿港元,或上市时市值至少为 100 亿港元及经审计的最近一个会计年度收益至少为 10 亿港元;

② 同股同权股东必须持有上市发行人股东大会议案不少于 10% 的合资格投票权;

③ 上市发行人的不同投票权股份类别赋予受益人的投票权,不得超过发行人股东大会上普通股可就任何议案表决的投票权力的 10 倍;

④ 不同投票权只可以给予上市公司在上市时或者上市后的董事;

⑤ 新申请人首次上市时,其不同投票权架构受益人实益权有其已发行股本相关经济利益的占比,合计必须不少于 10%。

可以看出,港交所对于使用"同股不同权"的条件仍然比较严格,不如美股市场灵活,相关公司申请在香港上市时,如果计划使用不同投票权架构的安排,应对照上市规则的要求进行审慎评估。

6 怎样申请外管 37 号文登记及对股权激励有何影响

37 号文登记是境外上市项目一般都会涉及的环节,对于公司上市来说主要是在外汇监管合规性方面有影响,计划赴境外上市的公司应高度重视。

(1)何为 37 号文登记

2014 年 7 月 14 日,国家外汇管理局发布《关于境内居民通过特殊目的公司境外投融资及返程投资外汇管理有关问题的通知》(汇发〔2014〕37 号,以下简称 37 号文),进一步规范境内居民通过特殊目的公司(Special Purpose Vehicle, SPV)从事投融资活动所涉及的跨境资本交易(尤其是民营企业海外红筹上市项目),调动境内居民境外投融资并返程投资的积极性,打破以往外汇障碍造成的限制。在目前境内个人对外投融资存在外汇管制的情况下,允许境内个人到境外设立以融资为目的的特殊目的公司，用于境外融资后返程投资境内。

（2）境外股权激励为何要申请37号文登记

实施境外股权激励时，如果激励对象采取的持股方式是直接持股，则意味着要在境内权益公司和境外上市主体都持有股权，个人在境外持股属于对外权益性投资，此种情形将会落入37号文的登记要求范围之内。根据37号文，境内居民通过特殊目的公司在境外融资及返程投资的，必须办理外汇登记。如果未办理37号文登记，届时自然人通过境外特殊目的公司持股分配的股息及转股获得的转股价款，将无法调回境内，远期上市也构成中国法律项下的瑕疵。

（3）如何申请37号文登记

办理37号文登记时需要注意以下事项。

① 登记主体

境内自然人股东必须先持有境内公司的权益，再完成37号文登记，不接受自然人个人在没有境内权益支持的情形下申请37号文登记。实际操作中，为了达到此效果，经常将准备进行37号文登记的自然人以增资或转股方式持有境内公司的股份。

② 登记时间

37号文登记必须在外商独资企业（Wholly Foreign Owned Enterprise，WFOE）设立完成前，最晚至WFOE的营业执照颁发时要完成。因为37号文针对的是返程投资，如果WFOE已经注册成立，说明返程投资已经完成，此时为补登记，属于合规瑕疵。但是，如果严格按照37号文的规定，登记应该在开曼公司登记完成之前完成，因为开曼公司向英属维尔京群岛（The British Virgin Islands，BVI）发股，视为BVI的境外投资行为，此时为补登记，实践中需要与备案银行提前沟通，各地执行尺度不完全一致。

③ 登记层面

根据国家外汇管理局《关于进一步简化和改进直接投资外汇管理政策的通知》（汇发〔2015〕13号）的规定，取消境外再投资外汇备案，境内投资主体设立或控制的境外企业在境外再投资设立或控制新的境外企业无须办理外汇备案手续。因此，登记仅限于境外第一层特殊目的公司，之下的第二层、第三层公司无须再办理37号文登记。

④ 登记类型

登记类型包括初始登记、变更登记、注销登记。VIE 架构(可变利益实体,Variable Interest Entities,VIE)可以直接办理登记,纯红筹只能通过补登记的方式办理。第一层特殊目的公司的股东、名称、经营期限变化时,需要进行变更登记。

(4)未进行 37 号文登记的处罚

境内居民或其直接、间接控制的境内企业通过虚假或构造交易汇出资金用于特殊目的公司,国家外汇管理局根据《外汇管理条例》第 39 条进行处罚。

境内居民未按规定办理相关外汇登记、未如实披露返程投资企业实际控制人信息、存在虚假承诺等行为,国家外汇管理局根据《外汇管理条例》第 48 条第 5 项进行处罚。

在境内居民未按规定办理相关外汇登记、未如实披露返程投资企业实际控制人信息或虚假承诺的情况下,若发生资金流出,国家外汇管理局根据《外汇管理条例》第 39 条进行处罚。

若发生资金流入或结汇,国家外汇管理局根据《外汇管理条例》第 41 条进行处罚。

境内居民与特殊目的公司相关跨境收支未按规定办理国际收支统计申报的,国家外汇管理局根据《外汇管理条例》第 48 条第 1 项进行处罚。

7. 怎样申请外管 7 号文登记及对股权激励有何影响

(1)何为 7 号文登记

2012 年 2 月 15 日,国家外汇管理局发布《关于境内个人参与境外上市公司股权激励计划外汇管理有关问题的通知》(汇发〔2012〕7 号,以下简称 7 号文),对境内个人参与境外上市公司员工股权激励计划年度购付汇额度实行核定管理与专户管理。员工出售持股项下、认股期权等项下股票及分红所得外汇资金汇回境内外汇专用账户后,由银行将资金从境内代理机构境内专用外汇账户分别划入对应的个人外汇储蓄账户。

国家外汇管理局 37 号文主要针对的是中概股企业上市前进行红筹架构时的外汇登记,而 7 号文则更直接地针对境外已上市企业的股权激励。

（2）境外股权激励为何要实施7号文登记

7号文的核心内容为："参与同一项境外上市公司股权激励计划的个人，应通过所属境内公司集中委托一家境内代理机构统一办理外汇登记、账户开立及资金划转与汇兑等有关事项，并应由一家境外机构统一负责办理个人行权、购买与出售对应股票或权益以及相应资金划转等事项。"也就是说，境外上市公司在对中国境内个人员工进行股权激励时，必须要循7号文的规定进行外汇登记，否则最终被激励员工将股份卖出后，以外汇形式获得的股份转让收入合法转回内地的路径就会被阻断。

（3）如何申请7号文登记

中概股企业一般会在上市之后或者新的股权激励计划推出后的3个月内，由WFOE公司委托的境内代理机构到国家外汇管理局所在地分局或外汇管理部门统一办理个人参与股权激励计划的外汇登记。如果股权激励方案发生了重大变更，境内代理机构在变更发生后的3个月内，必须到所在地外汇局办理变更登记。7号文还规定了必须按照季度时间进行及时备案，境内代理机构应于每季度初3个工作日内向所在地外汇局报送《境内个人参与境外上市公司股权激励计划情况备案表》。

第五章

股份支付的会计处理问题

一、股份支付概述

股份支付并不是一个新鲜事物，早在 1972 年，美国会计原则委员会（Accounting Principles Board，APB）就发布了《向雇员发行股份的会计处理》的指导意见，规范了雇员持股的会计处理方式。在加拿大，《私营企业会计准则》（Accounting Standards for Private Enterprises，ASPE）第 3870 节“股份支付”也已生效多年，其中包含了股份支付的会计确认要求、会计计量要求以及披露要求。

在我国，证监会在 2005 年 12 月 31 日发布国内首个《上市公司股权激励管理办法（试行）》之后，财政部会计司于 2006 年配套发布了《企业会计准则第 11 号——股份支付》，自此我国企业实施职工股权激励的会计处理和相关信息披露要求便有了制度规范。财政部会计司编写组的《企业会计准则讲解（2010）》对此作出了进一步的解读。

1. 什么是股份支付

股份支付，是“以股份为基础的支付”的简称，英文名称为 Share-based payment。根据《企业会计准则第 11 号——股份支付》第一章第 2 条和《企业会计准则讲解（2010）》第十二章第一节：

股份支付，是指企业为获取职工和其他方提供服务而授予权益工具或者承担以权益工具为基础确定的负债的交易。股份支付准则所指的权益工具是指企业自身权益工具，包括企业本身、企业的母公司或同集团其他会计主体的权益工具。

2. 股份支付有哪些特征

股份支付具有以下特征。

一是股份支付是企业与职工或其他方之间发生的交易。以股份为基础的支付可能发生在企业与股东之间、合并交易中的合并方与被合并方之间或者企业与其职工之间，其中，只有发生在企业与其职工或向企业提供服务的其他方之间的交易，才可能符合股份支付准则对股份支付的定义。

二是股份支付是以获取职工或其他方服务为目的的交易。企业在股份支付交易中意在获取其职工或其他方提供的服务（费用）或取得这些服务的权利（资产）。企业获取这些服务或权利的目的是用于其正常生产经营，不是转手获利等。

三是股份支付交易的对价或其定价与企业自身权益工具未来的价值密切相关。股份支付交易与企业与其职工间其他类型交易的最大不同，是交易对价或其定价与企业自身权益工具未来的价值密切相关。在股份支付中，企业要么向职工支付其自身权益工具，要么向职工支付一笔现金，而其金额高低取决于结算时企业自身权益工具的公允价值。

3. 股份支付的适用范围

上市公司实施股权激励所涉及的股份支付相对规范。但对于数量更为巨大的非上市公司来说，由于实务中非上市公司股权激励的实施路径相对复杂，部分企业以IPO成功作为可行权条件，或以低价转股给公司的外部供应商，或采用有限合伙作为持股平台，或在上市前通过增资或转让股份等形式实现员工持股等，这些操作导致股份支付的成因复杂，且非上市公司因为缺乏公开交易的市场，公允价值难以计量，与上市公司实施股权激励相比存在较大不同。

针对实务中股份支付判断的难点，中国证监会在2020年6月修订的《首发业务若干问题解答》中细化了股份支付的适用情形，表5-1为股份支付的适用情形。

表 5－1　股份支付的适用情形

项目	内　　容
适用情形	• 对于报告期内发行人向职工（含持股平台）、客户、供应商等新增股份，以及主要股东及其关联方向职工（含持股平台）、客户、供应商等转让股份，均应考虑是否适用《企业会计准则第 11 号——股份支付》； • 对于报告期前的股份支付事项，如对期初未分配利润造成重大影响，也应考虑是否适用《企业会计准则第 11 号——股份支付》
非适用情形	• 解决股份代持等规范措施导致股份变动； • 家族内部财产分割、继承、赠与等非交易行为导致股权变动； • 资产重组、业务并购、持股方式转换、向老股东同比例配售新股等导致股权变动等

《首发业务若干问题解答》也侧面验证了企业实施股权激励的激励对象不仅是企业职工，还可以包括客户以及外部供应商；且激励股份的来源可以是增发也可以是老股转让。

表 5－2 为两个典型案例，可以帮助我们理解如何判断一项交易是否为股份支付。

表 5－2　判断交易是否属于股份支付的典型案例解析

场景	是否属于股份支付	解析
“大股东兜底式”股权激励计划 甲公司按照公允价值从二级市场回购甲公司股票并授予自愿参与该计划的员工，授予价格为授予日股票的公允价值，激励对象在甲公司服务满 3 年后可以一次性解锁所授予的股份。该股权激励计划同时约定，甲公司控股股东对员工因解锁日前股票价格变动产生的损失进行兜底，即甲公司股票价格上涨的收益归员工所有，甲公司股票价格下跌的损失由甲公司控股股东承担且以现金支付损失	属于	甲公司控股股东承担了甲公司员工因股票价格下跌而产生的损失，属于企业集团与职工之间发生的交易；该交易安排要求员工为获得收益（享有股票增值收益且不承担贬值损失）连续 3 年为公司提供服务，因此该交易以获取员工服务为目的；该交易的对价与公司股票未来价值密切相关。 综上所述，该交易符合股份支付的定义，适用股份支付准则
实控人受让股份 上市公司甲公司设立员工持股平台（有限合伙企业）用于实施股权激励计划，甲公司实际控制人为持股平台的普通合	不属于	GP 受让 LP 股份后，不享有受让股份所对应的投票权和股利分配等受益权，且其必须在约定的时间（3 年限售期内）、以受让价格（6 元/股）

续表

场景	是否属于股份支付	解析
伙人(GP),该实际控制人同时为甲公司核心高管,除实际控制人以外的其他激励对象为有限合伙人(LP)。20×1年4月,持股平台合伙人以5元/股的价格认购甲公司向该平台增发的股份,股份设有3年限售期。协议约定,自授予日起,持股平台合伙人为公司服务满3年后可一次性解锁股份;LP于限售期内离职的,应当以6元/股的价格将其持有股份转让给GP,GP受让LP股份后,不享有受让股份对应的投票权和股利分配等受益权,GP须在股权激励计划3年限售期内将受让股份以6元/股的价格再次分配给员工持股平台的其他LP		将受让股份再次分配给员工持股平台的合伙人,上述事实表明GP未从受让股份中获得收益,仅以代持身份暂时持有受让股份,该交易不符合股份支付的定义,不构成新的股份支付。实务中,判断GP受让股份属于代持行为通常需要考虑下列证据:(1)受让前应当明确约定受让股份将再次授予其他激励对象;(2)对再次授予其他激励对象有明确合理的时间安排;(3)在再次授予其他激励对象之前的持有期间,受让股份所形成合伙份额相关的利益安排(如股利等)与代持未形成明显的冲突

4. 股份支付交易的分类

如前所述,在股份支付中,企业要么向职工支付其自身权益工具,要么向职工支付一笔现金,而其金额高低取决于结算时企业自身权益工具的公允价值。因此,可用结算方式来对股份支付进行分类,分为以权益结算的股份支付和以现金结算的股份支付。表5-3为该两种分类的对比。

表5-3　以结算方式进行分类的股份支付

项目	以权益结算的股份支付	以现金结算的股份支付
概念	指企业为获取服务以股份或其他权益工具作为对价进行结算的交易	指企业为获取服务承担以股份或其他权益工具为基础计算确定的交付现金或其他资产义务的交易
对应的激励工具	期权、限制性股票、限制性股票单位	虚拟股、股票增值权

表5-4的三个案例,可以帮助我们理解股份支付交易的分类。

表 5－4　有关股份支付交易分类的案例解析

场景	是否属于股份支付	解析
甲公司以低于市场公允价值 50% 的价格授予员工 1000 股公司股票，前提是该员工在未来 3 年内继续在公司任职	属于	这是一种以权益结算的股份支付。员工需要为甲公司提供服务才能以低于市场公允价值的价格获得公司的股票
如果员工在未来 3 年内继续在公司任职，甲公司将会给予员工股价涨幅所对应的现金奖励	属于	这是一种以现金结算的股份支付。对应到激励工具——股票增值权。甲公司需要支付员工股价增值对应的现金以换取员工的服务
如果员工在未来 3 年内继续在公司任职，甲公司将会给予员工 50,000 元现金奖励	不属于	虽然公司支付给员工的现金奖励的前提是员工需要为公司提供服务，但是此现金奖励的定价与公司股价并无关联，所以不属于股份支付

5. 股份支付涉及的环节

要理解股份支付制度，必须先了解股份支付所对应的激励工具的生命周期。以薪酬性股票期权为例，典型的股份支付通常涉及四个主要环节：授予、可行权、行权和出售。四个环节如图 5－1 所示，其具体内容如表 5－5 所示。

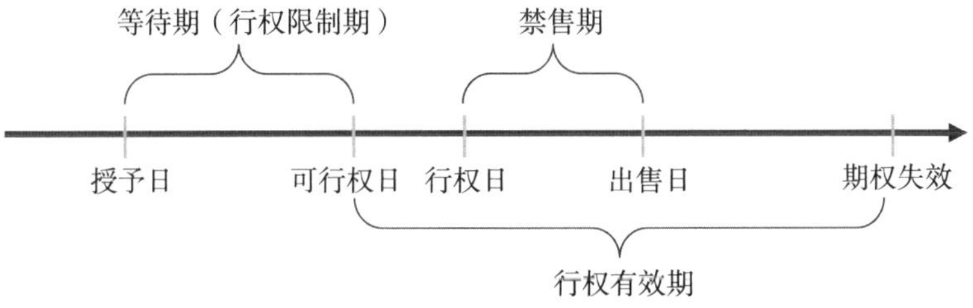

图 5－1　股份支付涉及的环节

表 5－5　股份支付涉及的环节

项目	内　　容
授予日	授予日是指股份支付协议获得批准的日期
可行权日	可行权日是指可行权条件得到满足，职工和其他方具有从企业取得权益工具或现金权利的日期。 有的股份支付协议是一次性可行权，有的则是分批可行权。 一次性可行权和分批可行权类似购买合同一次性付款和分期付款，只有已经可行权的股票期权，才是职工真正拥有的“财产”，才能去择机行权

续表

项目	内　　容
等待期	从授予日至可行权日的时段，是可行权条件得到满足的期间，因此被称为“等待期”，又称“行权限制期”
行权日	行权日是指职工和其他方行使权利，获取现金或权益工具的日期。例如，持有股票期权的职工行使了以特定价格购买一定数量本公司股票的权利，该日期即为行权日
行权	行权是指按期权的约定价格实际购买股票，一般是在可行权日之后到期权到期日之前的可选择时段内行权
出售日	出售日是指股票的持有人将行使期权所取得的期权股票出售的日期

二、授予日

确定授予日很重要，因为这是衡量企业所授予的权益工具公允价值的日期。

1. 什么是授予日

根据《企业会计准则讲解（2010）》第十二章第一节：

授予日是指股份支付协议获得批准的日期。其中“获得批准”是指企业与职工或其他方就股份支付的协议条款和条件已达成一致，该协议获得股东大会或类似机构的批准。这里的“达成一致”是指双方在对该计划或协议内容充分形成一致理解的基础上，均接受其条款和条件。如果按照相关法规的规定，在提交股东大会或类似机构之前存在必要程序或要求，则应履行该程序或满足该要求。

2. “获得批准”与“达成一致”

如果股份支付协议需要经过审批程序，如上市公司的股权激励计划需要获得股东大会的批准，则股权激励计划的获批日通常为授予日。不过值得注意的是，获批的股权激励计划需要明确具体的对象及股份数量，若审议通过的方案尚未确认激励对象的名单及股份数量，则无法满足授予日定义中“达成一致”这个条件。我们理解，达成一致的前提是公司给予激励对象股份支付协议的要约，激励对象在充分理解协议构成的前提下接受了要约。

下面这个案例可以帮助我们理解“获得批准”与“达成一致”的含义。

相关案例

上市公司甲公司通过二级市场回购股份的方式实施股权激励计划。20×1 年 10 月 15 日,甲公司股东大会审议通过股权激励方案,并确定了授予价格,但未确定拟授予股份的激励对象及股份数量,股东大会授权董事会确定具体激励对象及股份数量。20×1 年 12 月 1 日,甲公司董事会确定了具体激励对象及股份数量,并将经批准的股权激励方案与员工进行了沟通并达成一致。

分析:本案例中,甲公司股权激励方案虽于20×1 年 10 月 15 日获得股东大会批准,但该日并未确定拟授予股份的激励对象及授予股份数量,不满足授予日定义中"获得批准"的要求,即"企业与职工就股份支付的协议条款或条件已达成一致"。20×1 年 12 月 1 日,甲公司董事会确定了股权激励对象及授予股份数量,该日企业与职工就股份支付的协议条款或条件已达成一致。因此,该股份支付交易的授予日应为 20×1 年 12 月 1 日。

三、授予条件

企业向职工授予激励股权可以是无条件的。例如,甲公司基于职工乙在过去任职中的突出历史贡献向其授予一笔基于公司股权的激励,无论职工乙在获授激励股权之后是否离职都可以保留此激励股权。

但是在多数情况下,股份支付通常受到一个或者多个特定条件的限制。这些限制条件的设计既可以是为了符合监管要求,如《上市公司股权激励管理办法》中就明确规定了 A 股上市公司实施股权激励必须设置绩效考核指标,且激励对象获授权益与首次行使权益的间隔不少于 12 个月,即股权激励的等待期至少 12 个月,也可以是为了加强绑定,更好地激励员工为公司提供优质的服务,并使员工的个人利益与股东的利益一致。

1. 条件的分类

条件分为可行权条件和非可行权条件。可行权条件是指能够确定企业是否得到职工或其他方提供的服务,且该服务使职工或其他方具有获取股份支付协议规定的权益工具或现金等权利的条件;反之,为非可行权条件。

图 5 - 2 为条件分类的树状结构。

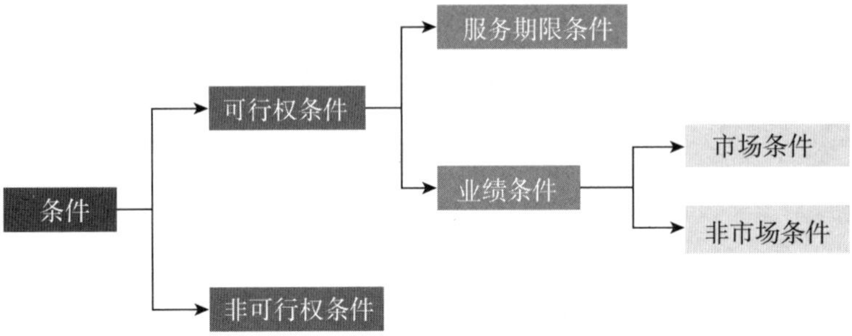

图 5 - 2　条件分类的树状结构

2. 非可行权条件

非可行权条件与企业能否获得职工的服务并不相关,那什么属于非可行权条件呢? 例如,若股权激励授予协议中明确约定了"员工在授予日后 5 年内不得受雇于竞争对手",这种竞业禁止限制条件就属于非可行权条件;再如,股权激励授予协议中明确约定了"员工在授予日后 3 年内禁止转让",这种授予后的转让限制也属于非可行权条件。

可行权条件与非可行权条件最为典型的区别在于可行权条件决定了股份支付成本在等待期内的摊销,而非可行权条件通常不影响股份支付成本的摊销。

3. 可行权条件

如前所述,可行权条件是指能够确定企业是否得到职工或其他方提供的服务,且该服务使职工或其他方具有获取股份支付协议规定的权益工具或现金等权利的条件。

可行权条件包括服务期限条件和业绩条件。服务期限条件是指职工或其他方完成规定服务期限才可行权的条件。

(1)服务期限条件

① 什么是服务期限条件

服务期限条件是指职工或其他方完成规定服务期限才可行权的条件。表 5 - 6 中的两个案例可以帮助我们理解服务期限条件。

表 5－6　有关服务期限条件的案例解析

场景	解析
20×0 年 1 月 1 日，甲公司向员工授予 1000 股股票期权，该股票期权可以在未来 3 年内任意时间行使，且没有任何条件	在本案例中，此股份支付不包含任何可行权条件。员工可以在获授股票期权后的 3 年内任意时间行权，即使员工在 20×0 年 1 月 2 日离职
20×0 年 1 月 1 日，甲公司向员工授予 1000 股股票期权，前提是员工需要在未来 3 年内继续任职，为公司提供服务，自第 4 年的 1 月 1 日起的 12 个月内可以行权该股票期权	在本案例中，3 年的服务期是可行权条件中的服务期限条件。员工需要提供服务才能获得行权股票期权的权利

② 服务期限条件对企业有什么影响

在 2019 年以前，股份支付通常一次性计入发生当期，冲减当年利润。对于拟 A 股上市的企业来说，报告期内一次股份支付可能直接导致公司从盈利变成亏损，从而影响公司 IPO 进程。在 2019 年后，随着注册制改革的推进，监管规则呈现更为宽松和灵活的趋势。证监会规定，在设定了服务期等限制条件的前提下，股份支付可以在服务期内摊销。根据 2019 年的保代培训，股份支付费用分期确认要求有两点：一是股东大会通过的股权激励方案要包括服务期的内容；二是与激励对象签署服务期协议或相关约定，股份限售、锁定安排不能作为分期依据。

③ 服务期限条件认定的案例

以 2021 年 2 月 9 日科创板首发的四方光电（688665）为例。

四方光电在 2017 年 11 月和 2018 年 1 月分别公布实施两期员工持股计划，并在《员工持股计划管理制度》中明确了承诺服务期，即所有参加员工持股计划的员工，必须主动承诺在取得授予股份之日起至上市后 3 年内不会主动离职，上述期间是其为公司提供服务的最低年限。

公司预计 2020 年申报科创板，根据承诺服务期和上市时间安排预计第一期员工持股计划的服务期间为 6 年，第二期员工持股计划的服务期间为 5 年。

最终四方光电 2017 年员工持股计划的股份支付成本在 6 年内摊销，2018 年员工持股计划的股份支付成本在 5 年内摊销。

(2)业绩条件

① 什么是业绩条件

根据《企业会计准则讲解(2010)》第十二章第二节:

业绩条件是指职工或其他方完成规定期限且企业已经达到特定业绩目标才可行权的条件,具体包括市场条件和非市场条件。

1)市场条件是指行权价格、可行权条件以及行权可能性与权益工具的市场价格相关的业绩条件,如股份支付协议中关于股价至少上升至何种水平职工可相应取得多少股份的规定。企业在确定权益工具在授予日的公允价值时,应考虑股份支付协议规定的可行权条件中市场条件和非可行权条件的影响。但市场条件是否得到满足,不影响企业对预计可行权情况的估计。

2)非市场条件是指除市场条件之外的其他业绩条件,如股份支付协议中关于达到最低盈利目标或销售目标才可行权的规定。企业在确定权益工具在授予日的公允价值时,不考虑非市场条件的影响。但非市场条件是否得到满足,影响企业对预计可行权情况的估计。对于可行权条件为业绩条件的股份支付,只要职工满足了其他所有非市场条件(如利润增长率、服务期限等),企业就应当确认已取得的服务。股份支付存在非可行权条件的,只要职工或其他方满足了所有可行权条件中的非市场条件(如服务期限等),企业应当确认已得到服务相对应的成本费用。职工或其他方能够选择满足非可行权条件但在等待期内未满足的,企业应当将其作为授予权益工具的取消处理。

② 市场条件和非市场条件案例解析

表5-7是两个案例,可以帮助我们理解市场条件和非市场条件。

表5-7 有关市场条件和非市场条件的案例解析

场景	解析
20×0年1月1日,甲公司向员工授予1000股股票期权,前提是员工需要在未来3年内继续任职,为公司提供服务,且甲公司的股价在归属日至少达到80元/股。自第4年的1月1日起的12个月内可以行权该股票期权	在本案例中,甲公司的股价在归属日至少达到80元/股是业绩条件中的市场条件,因为员工是否可以行权与公司的股价相关

续表

场景	解析
20×0 年 1 月 1 日，甲公司向员工授予 1000 股股票期权，前提是员工需要在未来 3 年内继续任职，为公司提供服务，且甲公司的年净利润在归属日至少达到 1000 万元。自第 4 年的 1 月 1 日起的 12 个月内可以行权该股票期权	在本案例中，甲公司的年净利润在归属日至少达到 1000 万元是业绩条件中的非市场条件，因为员工是否可以行权与公司的股价无关

下面我们来做一个测试，评测一下是否理解了业绩条件的分类，如表 5－8 所示。

表 5－8　业绩条件测试

业绩条件	答案
股价在规定的时间内至少有一天达到 80 元/股	市场条件
公司的营业收入需要在规定的时间内达到 2000 万元	非市场条件
股价在规定的时间内至少连续 5 个工作日达到 80 元/股	市场条件
公司需要在规定的时间内完成 X 产品的研发	非市场条件
公司首次公开募股成功	非市场条件

③ 以首次公开募股成功作为可行权条件的案例分析

2021 年 5 月，财政部会计司发布了 5 项股份支付准则应用案例，其中一项就是关于企业以首次公开募股成功作为可行权条件的股份支付处理。

所谓以首次公开募股成功作为可行权条件，是指公司在成功上市前，若员工主动离职，员工将不得通过持股平台间接持有的公司股份，实控人将以自有资金按照员工的认购价回购员工持有的持股平台份额，回购股份是否再次授予其他员工由实控人自行决定。

在此案例中，员工须服务至公司成功完成首次公开募股，否则其持有的股份将以原认购价回售给实控人。这一限制是可行权条件中的服务期限条件，因为员工需完成规定的服务期限方可从股权激励计划中获益。而公司成功完成首次公开募股属于可行权条件中业绩条件的非市场条件。

因此，公司需要合理估计未来成功完成首次公开募股的可能性及完成时点，将授予日至该时点的期间作为等待期，并在等待期内的每个资产负债表日对预计可行权数量作出估计，确认相应的股权激励费用。

四、股份支付的确认和计量原则

股权支付成本在授予日与可行权日期间的等待期内确认，并参照授予的权益工具的公允价值计量。如果非上市公司的权益工具没有公允市场价格，则需要运用估值技术确认所授予权益工具在授予日的公允价值。

1. 以权益结算的股份支付的确认和计量

根据《企业会计准则讲解(2010)》第十二章第二节：

1. 换取职工服务的权益结算的股份支付

对于换取职工服务的股份支付，企业应当以股份支付所授予的权益工具的公允价值计量。企业应在等待期内的每个资产负债表日，以对可行权权益工具数量的最佳估计为基础，按照权益工具在授予日的公允价值，将当期取得的服务计入相关资产成本或当期费用，同时计入资本公积中的其他资本公积。

对于授予后立即可行权的换取职工提供服务的权益结算的股份支付(例如授予限制性股票的股份支付)，应在授予日按照权益工具的公允价值，将取得的服务计入相关资产成本或当期费用，同时计入资本公积中的股本溢价。

2. 换取其他方服务的权益结算的股份支付

换取其他方服务，是指企业以自身换取职工以外其他有关方面为企业提供的服务。在某些情况下，这些服务可能难以辨认。但仍会有迹象表明企业是否取得了该服务，应当按照股份支付准则处理。

对于换取其他方服务的股份支付，企业应当以股份支付所换取的服务的公允价值计量。一般而言，职工以外的其他方提供的服务能够可靠计量的，应当优先采用其他方提供服务在取得日的公允价值；如果其他方服务的公允价值不能可靠计量，但权益工具的公允价值能够可靠计量，应当按照权益工具在服务取得日的公允价值计量。企业应当根据所确定的公允价值计入相关资产成本或费用。

2. 以权益结算的股份支付的摊销

在实务中，很多公司会选择一次性授予权益工具，但激励对象须分期行使权益。这种形式的股份支付，在会计的处理上，实际上是将分期行使的权益视为独立的股份支付交易来处理。

让我们通过以下的案例来更好地理解权益结算的股份支付费用的摊销。

甲公司于20×0年1月1日向员工授予1000股限制性股票，授予价格为10元/股，公司股价为20元/股。限制性股票各批次的归属安排如表5－9所示。

表5－9　限制性股票各批次归属安排

归属安排	归属时间	归属比例/%
第一个归属期	自首次授予之日起12个月后的首个交易日至授予之日起24个月内的最后一个交易日止	30
第二个归属期	自首次授予之日起24个月后的首个交易日至授予之日起36个月内的最后一个交易日止	30
第三个归属期	自首次授予之日起36个月后的首个交易日至授予之日起48个月内的最后一个交易日止	40

甲公司股份支付费用的摊销如图5－3所示。

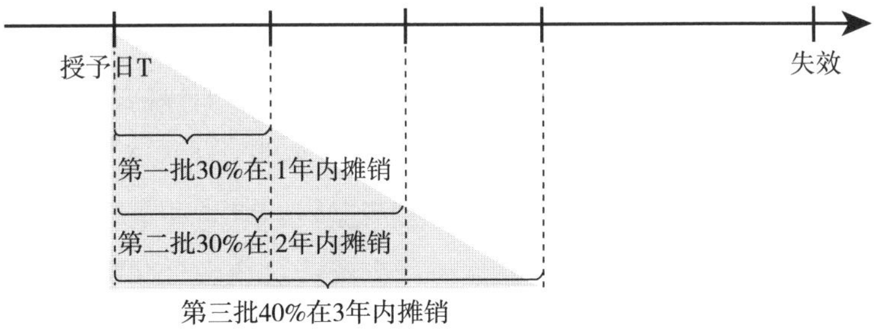

图5－3　甲公司股份支付费用摊销

根据《企业会计准则第11号——股份支付》和《企业会计准则第22号——金融工具确认和计量》的相关规定，公司以股票的市场价格为基础，对限制性股票的公允价值进行计量。

在测算日，每股限制性股票的股份支付公允价值 = 公司股票的市场价格 - 授予价格。

甲公司股份支付费用摊销如表 5 – 10 所示。

表 5 – 10　甲公司股份支持费用摊销

年度	费用摊销	计算公式
第一年	第一批费用 + 第二批费用的 1/2 + 第三批费用的 1/3	1000 × (20 – 10) × 30% + 1000 × (20 – 10) × 30% ÷ 2 + 1000 × (20 – 10) × 40% ÷ 3
第二年	第二批费用的 1/2 + 第三批费用的 1/3	1000 × (20 – 10) × 30% ÷ 2 + 1000 × (20 – 10) × 40% ÷ 3
第三年	第三批费用的 1/3	1000 × (20 – 10) × 40% ÷ 3

从上面的案例可以看到，股份支付费用的分摊采用的是前置摊销法，企业的股权激励的财务成本呈阶梯形下降，如果企业单次授予，第一年的财务影响最大。

值得注意的是，在实际测算中，企业还需要针对其他条件如离职员工以及业绩考核情况等进行相关调整。实务中，股份支付的计算较为复杂，对公司经营成果的影响最终结果应以会计师事务所出具的年度审计报告为准。

3. 以现金结算的股份支付的确认和计量

以现金结算的股份支付，是指企业为提取服务而承担的以股份或其他权益工具为基础的支付现金或其他资产的义务的交易。

企业应当在等待期内的每个资产负债表日，以对可行权情况的最佳估计为基础，按照企业承担负债的公允价值，将当期取得的服务计入相关资产成本或当期费用，同时计入负债，并在结算前的每个资产负债表日和结算日对负债的公允价值重新计量，将其变动计入损益。

对于授予后立即可行权的现金结算的股份支付（如授予虚拟股票或业绩股票的股份支付），企业应当在授予日按照企业承担负债的公允价值计入相关资产成本或费用，同时计入负债，并在结算前的每个资产负债表日和结算日对负债的公允价值重新计量，将其变动计入损益。

4. 权益结算和现金结算的股份支付的对比

权益结算与现金结算的股份支付有许多相似点，如股份支付都作为费用处理；股份支付的计算都是基于权益工具的公允价值；对于授予后立即可行权的，费用都在授予日立即确认；对于授予后有等待期的，都在等待期内确认。

但也有一个明显的差异，权益结算的股份支付记为“资本公积”，而现金结算的股份支付确认为负债。

五、公允价值

前面我们提到了股份支付费用的分摊与股权激励的激励周期相关，如果有等待期，则股份支付费用在等待期内分摊。而股份支付费用的大小则与权益工具的公允价值以及授予价格相关，以授予后立即可行权的股份支付为例：

授予日的股份支付费用 = 授予日权益工具的公允价值 - 入股价格

那么，权益工具的公允价值如何计算呢？根据现行的会计准则，不同的权益工具拥有不同的核算方法：

股份（票）：其公允价值应按企业股份的市场价格计量，同时考虑授予股份所依据的条款和条件（不包括市场条件之外的可行权条件）进行调整。如果企业股份未公开交易，则应按估计的市场价格计量，并考虑授予股份所依据的条款和条件进行调整。

股票期权：由于其通常受到一些不同于交易期权的条款和条件的限制，因而在许多情况下难以获得其市场价格。如果不存在条款和条件相似的交易期权，就应通过期权定价模型估计所授予的期权的公允价值。

1. 股份（通常为限制性股票）的公允价值

上市公司授予的股份（通常为限制性股票）公允价值的计算依照公司股份在二级市场的价格计量即可。

非上市公司授予的股份公允价值的计算相对复杂，根据《首发业务若干问题解答（2020）》问题 26，证监会明确了非上市公司在确定公允价值时，须综合考虑以下因素：

① 入股时间阶段、业绩基础与变动预期、市场环境变化；

② 行业特点、同行业并购重组市盈率水平；

③ 股份支付实施或发生当年市盈率、市净率等指标因素的影响；

④ 熟悉情况并按公平原则自愿交易的各方最近达成的入股价格或相似股权价格确定公允价值，如近期合理的 PE 入股价，但要避免采用难以证明公允性的外部投资者入股价；

⑤ 采用恰当的估值技术确定公允价值，但要避免采取有争议的、结果显失公平的估值技术或公允价值确定方法，如明显增长预期下按照成本法评估的每股净资产价值或账面净资产。

根据市场实践，A 股首发的非上市公司主要采用两种方式确定股份支付公允价值：一是在授予日前后 6 个月的外部投资方入股价格，对应上述的第四条，即近期合理的 PE 入股价，这也是实践中最常见的股份公允价值的确认方式；二是第三方机构做出的权益评估价。

以 2021 年科创板 IPO 的康众医疗为例，证监会在第一轮问询中提问："请发行人说明：各次股权激励时授予股份的公允价值情况，并说明公允价值确定依据，是否具有第三方增资价格、评估价值等市场公开价格予以参考，如无市场公开价格参考请说明发行人净资产的变化情况。"

康众医疗回复并披露了公司历次股权激励时授予股份的公允价值的确认依据，如表 5 – 11 所示。

表 5 – 11　公司历次股权激励时授予股份的公允价值的确认依据

授予年份	授予价格（元/股）	授予对象	公允价值（元/股）	公允价值确认依据	确认依据具体说明
2007 ~ 2010	0、0.1	JIANQIANG LIU、高某等 22 人	1.2894	第三方增资价格	2010 年 9 月外部投资者 MF 增资入股的价格
2012	1.29	郭某等 5 人	3.5843	第三方增资价格	2013 年 4 月外部投资者中卫创投增资入股的价格
2015	2.509	张某等 10 人	4.6964	评估价值	江苏中天资产评估事务所有限公司出具的以 2015 年 3 月 31 日为基准日的评估报告［苏中资评报字（2017）第 C5072 号］

续表

<table>
<tr><th>授予年份</th><th>授予价格（元/股）</th><th>授予对象</th><th>公允价值（元/股）</th><th>公允价值确认依据</th><th>确认依据具体说明</th></tr>
<tr><td rowspan="3">2017</td><td>10</td><td>张某等 26 人</td><td rowspan="2">11.8683</td><td rowspan="3">第三方增资价格</td><td rowspan="3">2017 年 10 月外部投资者君联承宇增资入股价格</td></tr>
<tr><td>7.6975</td><td>高某</td></tr>
<tr><td>0</td><td>JIANQIANG LIU、高某</td><td>11.8683</td></tr>
<tr><td>2018</td><td>0</td><td>JIANQIANG LIU、高某</td><td>11.8917</td><td rowspan="3">评估价值</td><td rowspan="3">江苏中天资产评估事务所有限公司出具的以 2018 年 12 月 31 日为基准日的评估报告［苏中资评报字（2019）第 3058 号］</td></tr>
<tr><td rowspan="2">2019</td><td>10.75</td><td>高某</td><td rowspan="2">11.8917</td></tr>
<tr><td>9.86</td><td>高某</td></tr>
<tr><td rowspan="2">2020</td><td>3.85</td><td>高某</td><td rowspan="2">11.7077</td><td rowspan="2">第三方股权转让价格</td><td rowspan="2">2019 年 12 月外部投资者通盛实业等向外部投资者胡某、林某源等转让公司股份的价格</td></tr>
<tr><td>10.75</td><td>高某</td></tr>
</table>

资料来源：立信会计师事务所（特殊普通合伙）关于江苏康众数字医疗科技股份有限公司首次公开发行股票并在科创板上市申请文件的第一轮审核问询函的回复（信会师函字〔2020〕第 ZA448 号）。

如表 5－11 所示，康众医疗历次股权激励时授予股份的公允价值的确认依据均以第三方增资价格、评估价值等市场公开价格作为参考。

2. 股票期权的公允价值

股票期权的公允价值可以用“布莱克—斯科尔斯—默顿”、二叉树、三叉树等期权定价模型来测算。

在选择适用的期权定价模型时，企业应考虑熟悉情况和自愿的市场参与者将会考虑的因素。所有适用于估计授予职工期权的定价模型至少应考虑以下因素：(1) 期权的行权价格；(2)期权期限；(3)基础股份的现行价格；(4)股价的预计波动率；(5)股份的预计股利；(6)期权期限内的无风险利率。

实务中，很多上市公司会采用期权定价模型 BSM（Black－Scholes－Merton Model）。

不过需要注意的是，BSM 没有考虑在期权到期日之前行权的可能性，所以无法充分反映预计提前行权对股票期权在授予日公允价值的影响。类似地，BSM 也没有考虑在期权期限内企业股价预计波动率和该模型其他输入变量发生变动的可能性。不过，在实务中，对于期限相对较短的期权以及在授予日后很短时间内就行权的期权，一般不用考虑上述这些限制因素。

《企业会计准则讲解（2010）》第十二章第二节还进一步具体说明了估计职工的期权价格所应考虑的因素（节选）：

1. 期权定价模型的输入变量的估计

在估计基础股份的预计波动率和股利时，目标是尽可能接近当前市场或协议交换价格所反映的价格预期。类似地，在估计职工股票期权提前行权时，目标是尽可能接近外部人基于授予日所掌握信息做出的预期，这些信息包括职工行权行为的详细信息。在通常情况下，对于未来波动率、股利和行权行为的预期存在一个合理的区间。这时，应将区间内的每项可能数额乘以其发生概率，加权计算上述输入变量的期望值。

一般情况下，对未来的预期建立在历史经验基础上，但如果能够合理预期未来与历史经验的不同，则应对该预期进行修正。未经上述调整的历史经验对微量的预测价值很有限，而且有时可能难以获取历史信息。因此，企业在估计期权定价模型的输入变量时，应充分考虑历史经验合理预测未来的程度和能力，而不能简单地根据历史信息估计波动率行权行为和股利。

2. 预计提早行权

出于各种原因，职工经常在期权失效日之前提早行使股票期权。考虑提早行权对期权公允价值的影响的具体方法，取决于所采用的期权定价模型的类型。但无论采用何种方法，预计提早行权时都要考虑以下因素：(1)等待期的长度；(2)以往发行在外的类似期权的平均存续时间；(3)基础股份的价格（有时根据历史经验，职工在股价超过行权价格达到特定水平时倾向于行使期权）；(4)职工在企业中所处的层次（有时根据历史经验，高层职工倾向于较晚行权）；(5)基础股份的预计波动率（一般而言，职工倾向于更早地行使高波动率的股份的期权）。

3. 预计波动率

预计波动率是对预期股份价格在一个期间内可能发生的波动金额的度量。期权定价模型中所用的波动率的度量，是一段时间内股份的连续复利回报率的年度标准差。波动率通常以年度表示，而不管计算时使用的是何种时间跨度基础上的价格，如每日、每周或每月的价格。

一个期间股份的回报率（可能是正值也可能是负值）衡量了股东从股份的股利、和价格涨跌中受益的多少。股份的预计年度波动率是指一个范围（置信区间），连续复利年回报率预期所处在这个范围内的概率大约为2/3（置信区间）。

估计预计波动率要考虑以下因素：

(1)如果企业有股票期权或其他包含期权特征的交易工具（如可转换工资债券）的买卖，则应考虑这些交易工具所内含的企业股价波动率。

(2)在与期权的预计期限（考虑期权剩余期限和预计提早行权的影响）大体相当的最近一个时期内企业股价的历史波动率。

(3)企业股份公开交易的时间。与上市时间更久的类似企业相比，新上市企业的历史波动率可能更大。

(4)波动率向其均值（长期平均水平）回归的趋势，以及表明预计未来波动率可能不同于以往波动率的其他因素。有时，企业股价在某一特定期间因为特定原因剧烈波动，例如因收购要约或重大重组失败，则在计算历史平均年度波动率时，可剔除这个特殊期间。

(5)获取价格要有恰当且规则的间隔。价格的获取在各期应保持一贯性。例如，企业可用每周收盘价或每周最高价，但不应在某些周用收盘价、某些周用最高价。再如，获取价格时应使用与行权价格相同的货币来表示。

除了上述考虑因素，如果企业因新近上市而没有历史波动率的充分信息，应按可获得交易活动数据的最长期间计算历史波动率，也可考虑类似企业在类似阶段可比期间的历史波动率。如果企业是非上市企业，在估计预计波动率时没有历史信息可循，可考虑以下替代因素：

(1)在某些情况下，定期向其职工（或其他方）发行期权或股份的非上市企业，可能已为其股份设立了一个内部“市场”。估计预计波动率时可以考虑这些“股价”的波动率。

(2)如果上面的方法不适用。而企业以类似上市企业股价为基础估计自身股份的价值，企业可考虑类似上市企业股价的历史或内含波动率。

(3)如果企业未以类似上市企业股价为基础估计自身股份的价值，而是采用了其他估价方法对自身股份进行估价，则企业可推导出一个与该估价方法基础一致的预计波动率估计数。例如，企业以净资产或净利润为基础对其股份进行估价，那么可以考虑以净资产或净利润的预计波动率为基础对其股份价格的波动率进行估计。

4. 预计股利

计量所授予的股份或期权的公允价值是否应当考虑预计股利，取决于被授予方是否有权取得股利或股利的等价物。

如果职工被授予期权，并有权在授予日和行权日之间取得基础股份的股利或股利的等价物（可现金支付，也可抵减行权价格），所授予的期权应当像不支付基础股份的股利那样进行估价，即预计股利的输入变量应为零。类似地，如果职工有权取得在等待期内支付的股利，在估计授予职工的股份在授予日的公允价值时，也不应考虑因预计股利而进行调整。

相反，如果职工对等待期内或行权前的股利或股利的等价物没有要求权，对股份或期权在授予日公允价值的估计就应考虑预计股利因素，在估计所授予期权的公允价值时，期权定价模型的输入变量中应包含预计股利，即从估价中扣除预计会在等待期内支付的股利现值。期权定价模型通常使用预计股利率，但也可能对模型进行修正后使用预计股利金额。如果企业使用股利金额，应根据历史经验考虑股利的增长模式。

一般来说，预计股利应以公开可获取的信息为基础。不支付的股利且没有支付股利计划的企业应假设预计股利收益率为零。如果无股利支付历史的新企业被预期在其职工股票期权期限内开始支付股利，可使用历史股利收益率（零）与大致可比的同类企业的股利收益率均值的平均数。

5. 无风险利率

无风险利率一般是指，期权行权价格以该货币表示的、剩余期限等于被估价期权的预计期限（基于期权的剩余合同期限，并考虑预计提早行权的影响）的零息国债当前可获得的内含收益率。如果没有此类国债，或环境表明零息国债的内含收益率不能代表无风险利率，应使用适当的替代利率。同样，在估计一份有效期与被估价期权的预计期限相等的其他期权的公允价值时,如果市场参与者们一般使用某种适当的替代利率而不是零息国债的内含收益率来确定无风险利率,则企业也应使用这个适当的替代利率。

6. 资本结构的影响

通常情况下,交易期权是由第三方而不是企业签发的。当这些股票期权行权时,签发人将股份支付给期权持有者。这些股份是从现在的股东手中取得的。因此,交易期权的行权不会有稀释效应。

如果股票期权是企业签发的,在行权时需要增加已发行在外的股份数量(要么正式增发,要么使用先前回购的库存股)。假定股份将按行权日的市场价格发行,这种现实或潜在的稀释效应可能会降低股价,因此期权持有者行权时,无法获得像行使其他类似但不稀释股价的交易期权一样多的利益。这一问题能否对企业授予股票期权的价值产生显著影响,取决于各种因素,包括行权时增加的股份数量(相对于已发行在外的股份数量)。如果市场已预期企业将会授予期权,则可能已将潜在的稀释效应体现在了授予日的股价中。企业应考虑所授予的股票期权未来行权的潜在稀释效应,是否可能对股票期权在授予日的公允价值构成影响。企业可能修改期权定价模型,以将潜在稀释效应纳入考虑范围。

对于具有再授予特征的股票期权,确定其公允价值是不应考虑其再授予特征,当发生再授予期权的后续授予时,应作为一项新授予的股份期权进行处理。再授予特征是指,只要期权持有人用企业的股份而不是现金来支付行权价格以行使原先授予的期权,就自动授予额外股份期权。

六、股份支付的会计处理

1. 限制性股票的会计处理

(1)授予日

除了立即可行权的情形外,企业在授予日不做会计处理,但可根据公司向激励对象授予股份的情况确认“银行存款”(如收到认购款)、“其他应付款——限制性股票回购义务”等。

(2)锁定期内的每个资产负债表日

根据会计准则的规定,在锁定期内的每个资产负债表日,以对可解锁的限制性股票数量的最佳估算为基础,按照授予日权益工具的公允价值,将取得职工提供的服务计入成本费用,同时确认所有者权益或负债。

(3)解锁日

在解锁日,如果达到解锁条件,可以解锁,结转解锁日前每个资产负债表日确认的资本公积(其他资本公积);如果全部或部分股票未被解锁而失效或作废,则由公司按照授予价格进行回购,按照会计准则及相关规定处理。

2. 股票期权的会计处理

除了通常的股票期权,我们还看到第二类限制性股票。其实质是公司赋予员工在满足可行权条件后以约定价格(授予价格)购买公司股票的权利,员工在行权日股票价格高于授予价格时可获取上行收益,却无须承担股价下行的风险,与第一类限制性股票存在差异,性质上类似于股票期权,属于以权益结算的股份支付交易,所以第二类限制性股票公允价值的计算以及会计处理都与股票期权类似。

(1)授予日

在授予日不对股票期权进行会计处理,但需要在授予日采用期权定价模型确定股票期权在授予日的公允价值。

(2)等待期内的每个资产负债表日

以对可行权股票期权数量的最佳估算为基础,按照股票期权在授予日的公允价值,将当期取得的服务计入相关资产成本或当期费用,同时计入"资本公积——其他资本公积"。

(3)可行权日之后

不再对已确认的成本费用和所有者权益总额进行调整。

(4)行权日

根据行权情况,确认股本和股本溢价,同时将等待期内确认的"资本公积——其他资本公积"转入"资本公积——资本溢价"。

七、披露要求

根据《企业会计准则11号——股份支付》第四章：

第十四条　企业应当在附注中披露与股份支付有关的下列信息：

（一）当期授予、行权和失效的各项权益工具总额。

（二）期末发行在外的股份期权或其他权益工具行权价格的范围和合同剩余期限。

（三）当期行权的股份期权或其他权益工具以其行权日价格计算的加权平均价格。

（四）权益工具公允价值的确定方法。

企业对性质相似的股份支付信息可以合并披露。

第十五条　企业应当在附注中披露股份支付交易对当期财务状况和经营成果的影响，至少包括下列信息：

（一）当期因以权益结算的股份支付而确认的费用总额。

（二）当期因以现金结算的股份支付而确认的费用总额。

（三）当期以股份支付换取的职工服务总额及其他方服务总额。

第六章

股权激励的税务处理——中国税

一、上市公司股权激励税务处理

在谈到股权激励时，一个重要的问题就是相关的个人所得税如何处理，因为参与股权激励的个人最后实际实现的税后收益将是其关注的重点。原因很简单，如果同样收到税前价值10,000元的股权激励收入，在税率分别是20%和45%的情形下，税后收益分别为8000元和5500元，前者的净收益比后者多出45%。由此可见，个税的处理对最终的实际收益将起到至关重要的作用。因此，在合法合规的情况下，最大限度地运用好股权激励的个税优惠政策是备受关注的问题，有些时候也会在激励计划设计过程中成为推动方向的一个重要因素。

在早期市场刚出现员工股权激励时，我们的相关个税法规尚处于真空状态。为了鼓励上市公司对其员工使用股权激励计划，并规范股权激励计划实施中的个税处理，财政部、国家税务总局和一些地方税务局先后出台了一系列政策文件。这些个税法规的内容也一直随着市场实践中股权激励形式和内容的持续变化而不断调整和完善。

如果把出台的众多股权激励相关的规范文件分类的话，主要涉及两大类：一类是涉及上市公司及其控股企业的股权激励计划的文件；另一类是针对未上市公司激励计划的文件。早期的文件主要针对上市公司，以至于对未上市公司股权激励的个税处理很长时间里都处于相对模糊的状态，直到财政部、国家税务总局《关于完善股权激励和技术入股有关所得税政策的通知》（财税〔2016〕101号）的出台才得以明确。接下来将分别介绍针对上市公司和未上市公司实施股权激励的个税文件。

1. 股权激励个税相关的基本要素

(1)股权激励的个税法规与运用

针对上市公司股权激励计划的规范文件有不少,其中以下文件使用较多,影响较大:

- 财政部、国家税务总局《关于个人股票期权所得征收个人所得税问题的通知》(财税〔2005〕35 号,部分条款废止)
- 国家税务总局《关于个人股票期权所得缴纳个人所得税有关问题的补充通知》(国税函〔2006〕902 号,部分条款废止)
- 国家税务总局《关于股权激励有关个人所得税问题的通知》(国税函〔2009〕461 号,部分条款废止)
- 财政部、国家税务总局《关于股票增值权所得和限制性股票所得征收个人所得税有关问题的通知》(财税〔2009〕5 号)
- 财政部、国家税务总局《关于个人所得税法修改后有关优惠政策衔接问题的通知》(财税〔2018〕164 号)
- 国家税务总局《关于进一步深化税务领域"放管服"改革培育和激发市场主体活力若干措施的通知》(税总征科发〔2021〕69 号)
- 财政部、税务总局《关于延续实施上市公司股权激励有关个人所得税政策的公告》(财政部　税务总局公告 2023 年第 25 号)

与股权激励个税处理相关的这些文件,有些是对之前文件的补充和细化,有些是更新和替代。只有充分了解和理解前前后后一系列政策文件发展的历史和进程,综合起来解读,并结合企业所实施计划的实际情况,坚持税法"实质重于形式"的原则,才能得到比较合理的结论。在实践中,各地的税务局在处理实务时,对文件的解读和执行尚存一些差异,很多时候还需要根据实际情况咨询企业或持股平台所在地的主管税务局。

(2)股权激励所得的性质与纳税时点

① 股权激励所得性质与适用税率

根据财税〔2005〕35 号文第 1 条的规定,"实施股票期权计划企业授予该企业员工的股票期权所得，应按《中华人民共和国个人所得税法》及其实施条例有关规定征收个人所得税”。

根据国税函〔2009〕461 号文第 1 条的规定，“根据个人所得税法及其实施条例和财税〔2009〕5 号文件等规定，个人因任职、受雇从上市公司取得的股票增值权所得和限制性股票所得，由上市公司或其境内机构按照‘工资、薪金所得’项目和股票期权所得个人所得税计税方法，依法扣缴其个人所得税”。

曾经被很多企业或第三方询问员工股权激励所得的性质到底是什么。法规是很明确的，企业实施的员工股权激励计划所得是工资薪金所得的性质。根据《个人所得税法实施条例》第 6 条和第 8 条的规定，“工资、薪金所得，是指个人因任职或者受雇取得的工资、薪金、奖金、年终加薪、劳动分红、津贴、补贴以及与任职或者受雇有关的其他所得”，“个人所得的形式，包括现金、实物、有价证券和其他形式的经济利益”。员工参加雇主的股权激励计划，因其雇佣关系和为雇主提供优质服务的原因而获得的现金和有价证券，均属于工资薪金所得的性质。在 2018 年修订的《个人所得税法》实施后，其适用于年度 3% 到 45% 的累进税率。

员工实质性获取股权后再转让时的个税处理，会在后面的章节介绍。

② 股权激励的纳税时点

要了解股权激励的税务处理，会涉及不同的时间节点。如前文所述，常见上市公司实施的股权激励有股票期权、股权增值权、限制性股票和股权奖励，针对每一种类型，所涉及的时间节点名称和概念都有所不同，纳税时点的确定也有差异，但基本原则是相通的。此处先做简单的介绍（见表 6－1），后文会针对主流的激励工具作专门介绍。

表 6－1　相关时间节点定义

时点	定义
授予日	授予日是指股份支付协议获得批准的日期。 在此，“获得批准”是指企业与职工或其他方就股份支付的协议条款和条件已达成一致，该协议获得股东大会或类似机构的批准
归属日	归属日是指股票期权满足归属条件进入可行权期的日期
解禁日	解禁日是限制性股票满足条件解除限制的日期

续表

时点	定义
可行权日	可行权日是指可行权条件得到满足,职工和其他方具有从企业取得权益工具或现金的权利的日期
行权日	行权日是指职工和其他方行使其权利,实际从企业取得权益工具或现金的日期
股权转让日	转让日指拥有所有权的股权转让给第三方的日期

不管在哪种激励工具的形式下,股权激励纳税时点的确定都应该看实质,员工实质性地获得所授股权的所有权的时候即纳税义务发生时间。由此,常见的几种激励工具的纳税时点为股权期权的行权日、股权增值权的收益实现日、限制性股票的解禁日、股权奖励的收益实现日,如表 6－2 所示。

表 6－2 常见股权激励工具的纳税时点

股权激励的工具	纳税义务发生时间
股票期权	行权日
股权增值权	收益实现日,即上市公司向被授权人兑现股票增值权所得的日期
限制性股票	解禁日,每一批次限制性股票解禁的日期
股权奖励	收益实现日

(3)股权激励应纳税所得额的确定

《个人所得税法实施条例》第 8 条规定:“个人所得的形式,包括现金、实物、有价证券和其他形式的经济利益;所得为实物的,应当按照取得的凭证上所注明的价格计算应纳税所得额,无凭证的实物或者凭证上所注明的价格明显偏低的,参照市场价格核定应纳税所得额;所得为有价证券的,根据票面价格和市场价格核定应纳税所得额;所得为其他形式的经济利益的,参照市场价格核定应纳税所得额。”由此可见,股权激励所得为有价证券的,根据票面价格和市场价格核定应纳税所得额。

财税〔2005〕35 号文第 2 条规定:

员工行权时,其从企业取得股票的实际购买价(施权价)低于购买日公平市场价（指该股票当日的收盘价，下同）的差额，是因员工在企业的表现和业绩情况而取得的与任职、受雇有关的所得，应按“工资、薪金所得”适用的规定计算缴纳个人所得税。

对因特殊情况，员工在行权日之前将股票期权转让的，以股票期权的转让净收入，作为工资薪金所得征收个人所得税。

上述条款提到了两种情形下的股权激励收入：

第一种是常见的通过股权激励计划以低于公平市场价的购买价取得的股票，这种情形下，收入额即实际支出成本与行权日的市场公允价格的差额，财税〔2005〕35 号文也给出了相应的计算公式：

员工行权日所在期间的工资薪金所得，应按下列公式计算工资薪金应纳税所得额：

股票期权形式的工资薪金应纳税所得额 =（行权股票的每股市场价 − 员工取得该股票期权支付的每股施权价）× 股票数量

第二种情形相对比较少见，即股票期权是可转让的。很多公司在设计股权激励计划时，为了保持对核心员工持续绑定的效果，一般不允许激励计划的参与员工转让其所获取的期权。但如果确有可转让条款的，转让的实际获利应作为工资薪金所得缴纳个人所得税。

另外，如果员工取得的股票期权是可以公开交易的，即员工已经事实上取得了有价值的财产，应该在员工获取期权时，按工资薪金计征个人所得税，应纳税额为授权日的股票期权的公平市场交易价格。

国税函〔2009〕461 号文第 2 条对股票增值权应纳税所得额的确定做了规定：

股票增值权被授权人获取的收益，是由上市公司根据授权日与行权日股票差价乘以被授权股数，直接向被授权人支付的现金。上市公司应于向股票增值权被授权人兑现时依法扣缴其个人所得税。被授权人股票增值权应纳税所得额计算公式为：

股票增值权某次行权应纳税所得额 =（行权日股票价格 − 授权日股票价格）× 行权股票份数。

国税函〔2009〕461 号文第 3 条则对限制性股票的应纳税所得额进行了

明确：

按照个人所得税法及其实施条例等有关规定，原则上应在限制性股票所有权归属于激励对象时确认其限制性股票所得的应纳税所得额。即：上市公司实施限制性股票计划时，应以激励对象限制性股票在中国证券登记结算公司（境外为证券登记托管机构）进行股票登记日期的股票市价（指当日收盘价，下同）和本批次解禁股票当日市价（指当日收盘价，下同）的平均价格乘以本批次解禁股票份数，减去激励对象本批次解禁股份数所对应的为获取限制性股票实际支付资金数额，其差额为应纳税所得额。激励对象限制性股票应纳税所得额计算公式为：

应纳税所得额＝（股票登记日股票市价＋本批次解禁股票当日市价）÷2×本批次解禁股票份数－激励对象实际支付的资金总额×（本批次解禁股票份数÷激励对象获取的限制性股票总份数）

（4）股权激励应纳税款的计算

关于应纳税额的计算，在2019年1月1日实施新《个人所得税法》之前和之后，有两种不同的算法。虽然之前的文件已经废止，但这里还是做一个简单的回顾，便于读者了解计算方法的历史沿革，以理解社会各方对计算方法的不同解读的缘由。

① 新《个人所得税法》实施前的计算方法（已废止）

新《个人所得税法》实施之前（以下简称老税法），工资薪金类的收入的应纳税额是按照月度来计算、申报和缴纳的，而股权激励所得作为工资薪金的一种类型，也是按月来计算与缴纳税款的。

财税〔2005〕35号文第4条第1项规定：

认购股票所得（行权所得）的税款计算。员工因参加股票期权计划而从中国境内取得的所得，按本通知规定应按工资薪金所得计算纳税的，对该股票期权形式的工资薪金所得可区别于所在月份的其他工资薪金所得，单独按下列公式计算当月应纳税款：

应纳税额＝（股票期权形式的工资薪金应纳税所得额/规定月份数×适用税率－速算扣除数）×规定月份数

上款公式中的规定月份数，是指员工取得来源于中国境内的股票期权形式工资薪金所得的境内工作期间月份数，长于12个月的，按12个月计算；上款公式中的适用税率和速算扣除数，以股票期权形式的工资薪金应纳税所得额除以规定月份数后的商数，对照国家税务总局《关于印发〈征收个人所得税若干问题的规定〉的通知》（国税发〔1994〕89号）所附税率表确定。

上述法条给出了两项优惠的处理：

其一，股票期权形式的工资薪金可以区别于所在月份的其他工资薪金所得，单独计算当月的应纳税额，也就是说不用和其他工资薪金所得合并纳税，从而可以获得一个更为优惠的计算结果。

其二，可以先用收入额除以最高不超过12的规定月份数，再匹配适用的税率，由此在多数情形下可以享受一个相对更低的税率。

国税函〔2009〕461号文也明确指出下述三种情形下不能使用规定的优惠计税方法：

具有下列情形之一的股权激励所得，不适用本通知规定的优惠计税方法，直接计入个人当期所得征收个人所得税：

1. 除本条第（一）项规定之外的集团公司、非上市公司员工取得的股权激励所得；

2. 公司上市之前设立股权激励计划，待公司上市后取得的股权激励所得；

3. 上市公司未按照本通知第六条规定向其主管税务机关报备有关资料的。

关于在一年内多次取得股权激励所得，国税函〔2006〕902号文第7条和第8条分别规定：

七、员工以在一个公历月份中取得的股票期权形式工资薪金所得为一次。员工在一个纳税年度中多次取得股票期权形式工资薪金所得的，其在该纳税年度内首次取得股票期权形式的工资薪金所得应按财税〔2005〕35号文件第四条第（一）项规定的公式计算应纳税款；本年度内以后每次取得股票期权形式的工资薪金所得，应按以下公式计算应纳税款：

应纳税款=（本纳税年度内取得的股票期权形式工资薪金所得累计应

纳税所得额÷规定月份数×适用税率－速算扣除数）×规定月份数－本纳税年度内股票期权形式的工资薪金所得累计已纳税款

上款公式中的本纳税年度内取得的股票期权形式工资薪金所得累计应纳税所得额，包括本次及本次以前各次取得的股票期权形式工资薪金所得应纳税所得额；上款公式中的规定月份数，是指员工取得来源于中国境内的股票期权形式工资薪金所得的境内工作期间月份数，长于12个月的，按12个月计算；上款公式中的适用税率和速算扣除数，以本纳税年度内取得的股票期权形式工资薪金所得累计应纳税所得额除以规定月份数后的商数，对照国家税务总局《关于印发〈征收个人所得税若干问题的规定〉的通知》（国税发〔1994〕89号）所附税率表确定；上款公式中的本纳税年度内股票期权形式的工资薪金所得累计已纳税款，不含本次股票期权形式的工资薪金所得应纳税款。

八、员工多次取得或者一次取得多项来源于中国境内的股票期权形式工资薪金所得，而且各次或各项股票期权形式工资薪金所得的境内工作期间月份数不相同的，以境内工作期间月份数的加权平均数为财税〔2005〕35号文件第四条第（一）项规定公式和本通知第七条规定公式中的规定月份数，但最长不超过12个月，计算公式如下：

规定月份数＝∑各次或各项股票期权形式工资薪金应纳税所得额与该次或该项所得境内工作期间月份数的乘积/∑各次或各项股票期权形式工资薪金应纳税所得额

因此，在一个纳税年度内多次取得股权激励所得的，应该按纳税年度合并计算总的应纳税所得额，去对应年度的适用税率来计算税款，而不是在分别的公历月份里单独计算当月的应纳税款。另外，上述条款也对如何确定规定月份数做了详细的规定，因为此条款已失效，在此就不再赘述。

上述是老税法的计算方法，很多内容已经废止，仅供读者参考。

② 新《个人所得税法》实施后的计算方法（现行）

阶段一：2019年1月1日至2021年12月31日的计算方法

2019年1月1日实施的新《个人所得税法》有一些比较重大的变化。关于工资薪金类型的收入，主要是在以下两个方面影响较大。

其一，引入了综合所得的概念，涵盖了四种类型的收入：工资薪金、劳务报酬所得、稿酬所得、特许权使用费所得四个项目所得，适用3%～45%的超额累进税率。

其二，对于居民纳税人来说，以每个纳税年度（从1月1日到12月31日的自然年度）为单位进行计算，不再以月度为单位确定税款金额。也就是说，一个居民纳税人如果在一个纳税年度内，工资薪金的总额不变，不管收入额在各个月度之间的分配如何变化，在其他条件不变的情况下，最终的税负是相同的。这就消除了老税法下全年工资薪金总额一样，但因各个月度之间收入分配的额度不一样而造成最终税负不一致的情形，具有更强的公平性和合理性。

在新税法下，股权激励收入作为工资薪金的一种类型，其税款的计算方法也从月度调整为年度。关于税款的计算是否仍然能保持优惠政策，在新税法公布前，大家有很多猜测，社会上也有很多声音反馈到国家税务总局。2018年12月27日，财政部、国家税务总局发布了财税〔2018〕164号文，针对大家关心的《个人所得税法》修改后有关优惠政策衔接问题做了解答，其中包括股权激励收入。

> （一）居民个人取得股票期权、股票增值权、限制性股票、股权奖励等股权激励（以下简称股权激励），符合财政部、国家税务总局《关于个人股票期权所得征收个人所得税问题的通知》（财税〔2005〕35号）、财政部、国家税务总局《关于股票增值权所得和限制性股票所得征收个人所得税有关问题的通知》（财税〔2009〕5号）、财政部、国家税务总局《关于将国家自主创新示范区有关税收试点政策推广到全国范围实施的通知》（财税〔2015〕116号）第四条、财政部、国家税务总局《关于完善股权激励和技术入股有关所得税政策的通知》（财税〔2016〕101号）第四条第（一）项规定的相关条件的，在2021年12月31日前，不并入当年综合所得，全额单独适用综合所得税率表，计算纳税。计算公式为：
>
> 应纳税额＝股权激励收入×适用税率－速算扣除数
>
> （二）居民个人一个纳税年度内取得两次以上（含两次）股权激励的，应合并按本通知第二条第（一）项规定计算纳税。
>
> （三）2022年1月1日之后的股权激励政策另行明确。

从上述可见,新税法下,如果满足条件,员工股权激励的收入仍然能保持和日常月度工资薪金分开申报的优惠税务处理,由此可享受独立的年度累进税率。举例如下:

如果员工年度综合所得为24万元,股权激励收入为32万元。在不考虑任何扣除的情况下,合并申报和分开申报的适用税率如下:

方法1:股权激励合并综合所得,总收入为56万元,适用的税率为30%;

方法2:股权激励收入和综合所得分开申报,年度工资24万元的适用税率为20%,股权激励收入32万元的适用税率为25%。

阶段二:2022年1月1日至2022年12月31日的计算方法

上述财税〔2018〕164号文明确了关于股权激励的优惠政策的有效期为2021年12月31日,那么,2021年12月31日以后呢?这个问题困扰了大家很长一段时间,各企业和社会团体也纷纷就此向国家税务总局及各地主管税务局问询并建言献策,最终2021年12月31日出台的财政部、税务总局公告2021年第42号第1条又一次暂时延长了优惠的税务处理:

财政部、税务总局《关于个人所得税法修改后有关优惠政策衔接问题的通知》(财税〔2018〕164号)规定的全年一次性奖金单独计税优惠政策,执行期限延长至2023年12月31日;上市公司股权激励单独计税优惠政策,执行期限延长至2022年12月31日。

阶段三:2023年1月1日至2023年12月31日的计算方法

2023年1月16日印发的财政部、税务总局《关于延续实施有关个人所得税优惠政策的公告》(财政部 税务总局公告2023年第2号)第1条再次将优惠的税务处理政策延长了一年:

为支持我国企业创新发展和资本市场对外开放,现就有关个人所得税优惠政策公告如下:

一、财政部、税务总局《关于延续实施全年一次性奖金等个人所得税优惠政策的公告》(财政部 税务总局公告2021年第42号)中规定的上市公司股权激励单独计税优惠政策,自2023年1月1日起至2023年12月31日止继续执行。

阶段四:2023年8月18日至2027年12月31日的计算方法

2023年8月18日印发的财政部、税务总局《关于延续实施上市公司股权激励有关个人所得税政策的公告》(财政部 税务总局公告2023年第25号)再一次明确了股权激励个人所得税优惠的税务处理并将政策有效期延长到了2027年12月31日:

> 为继续支持企业创新发展,现将上市公司股权激励有关个人所得税政策公告如下:
>
> 一、居民个人取得股票期权、股票增值权、限制性股票、股权奖励等股权激励(以下简称股权激励),符合《财政部　国家税务总局关于个人股票期权所得征收个人所得税问题的通知》(财税〔2005〕35号)、《财政部　国家税务总局关于股票增值权所得和限制性股票所得征收个人所得税有关问题的通知》(财税〔2009〕5号)、《财政部　国家税务总局关于将国家自主创新示范区有关税收试点政策推广到全国范围实施的通知》(财税〔2015〕116号)第四条、《财政部　国家税务总局关于完善股权激励和技术入股有关所得税政策的通知》(财税〔2016〕101号)第四条第(一)项规定的相关条件的,不并入当年综合所得,全额单独适用综合所得税率表,计算纳税。计算公式为:
>
> 应纳税额=股权激励收入×适用税率-速算扣除数
>
> 二、居民个人一个纳税年度内取得两次以上(含两次)股权激励的,应合并按本公告第一条规定计算纳税。
>
> 三、本公告执行至2027年12月31日。

此次公告将有效期直接延到了2027年末,体现了政策对于股权激励个税处理的延续性和稳定性。

上文介绍了股权激励相关的一些基本信息,虽然在各激励工具下,收入的实质都是工资薪金,但鉴于各激励工具的差异,其操作方式、纳税时间及税款的计算都存在差异。接下来分别就常见的几种激励工具的税务处理进行介绍。

2. 股票期权的税务处理

(1)股票期权的定义

企业员工股票期权,是指上市公司或非上市公司按照规定的程序授予本公司及其控股企业员工的一项权利,该权利允许被授权员工在未来时间内以某一特定价格购买本公司一定数量的股票。

(2)股票期权的生命周期及纳税义务

员工股票期权的生命周期里有几个重要的时间点和时期,对应不同的纳税义务(见表6-3、图6-1)。

表6-3 股票期权的税务处理

时点	纳税义务
授予日	不纳税
归属日/可行权日	不纳税
行权日	须纳税——按工资、薪金所得,累进税率3%~45%(递延纳税除外)
股权分红	须纳税——按利息、股息、红利所得,20%税率
出售日	须纳税——按财产转让所得,20%税率(适用员工直接持股的情况;另:境内上市公司免征个人所得税*)

*如果员工取得的股票是上市前获取,在上市后再出售的情况下,不适用境内上市公司免征个人所得税的法规。

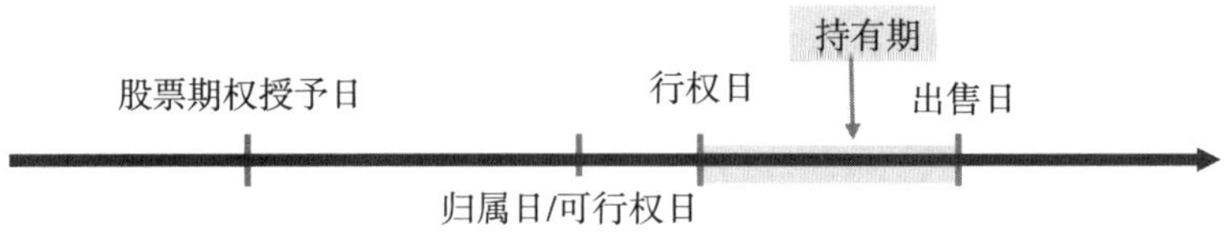

图6-1 股票期权的生命周期

(3)行权日的税务处理

① 财税〔2005〕35号文

财税〔2005〕35号文第2条规定:

> 员工行权时,其从企业取得股票的实际购买价(施权价)低于购买日公平市场价(指该股票当日的收盘价,下同)的差额,是因员工在企业的表现

和业绩情况而取得的与任职、受雇有关的所得，应按“工资、薪金所得”适用的规定计算缴纳个人所得税。

员工行权日所在期间的工资薪金所得，应按下列公式计算工资薪金应纳税所得额：

股票期权形式的工资薪金应纳税所得额 =（行权股票的每股市场价 - 员工取得该股票期权支付的每股施权价）× 股票数量

前文介绍了在 2019 年 1 月 1 日前的老税法处理（已废止）：行权所得，应按工资薪金所得纳税的，对该股票期权形式的工资薪金所得可区别于所在月份的其他工资薪金所得，单独按下列公式计算当月应纳税款：

应纳税额 =（股权激励所得应纳税所得额 ÷ 规定月份数 × 适用税率 - 速算扣除数）× 规定月份数

其中：规定月份数——员工取得源于中国境内的股权激励所得的境内工作期间月份数，长于 12 个月的，按 12 个月计算；适用税率和速算扣除数——以股票期权形式的工资薪金应纳税所得额除以规定月份数后的商数确定。

② 财税〔2018〕164 号文

根据财税〔2018〕164 号文，居民个人取得股票期权、股票增值权、限制性股票、股权奖励等股权激励，符合相关条件的，在 2021 年 12 月 31 日前，不并入当年综合所得，全额单独适用综合所得税率表，计算纳税。计算公式为：

应纳税额 = 股权激励收入 × 适用税率 - 速算扣除数

注：上述规定属于过渡性安排，有效期限自 2019 年 1 月 1 日至 2021 年 12 月 31 日，与取得全年一次性奖金优惠期限一致；居民个人一个纳税年度内取得两次以上（含两次）股权激励的，应合并在一起计算纳税，但是在 2021 年 12 月 31 日前不用并入综合所得。

财税公告 2021 年第 42 号将上述优惠处理期延长到了 2022 年12 月 31 日，财税公告 2023 年第 2 号再将其延长到了 2023 年 12 月31 日，而财税公告 2023 年第 25 号再次将此政策延长到 2027 年 12 月 31 日。

③ 小结(见表6－4)

表6－4　上市公司股权激励所得纳税政策小结

项目	财税〔2005〕35号文	财税〔2018〕164号文	财政部　税务总局公告2019年第35号	财政部　税务总局公告2021年第42号;财税公告2023年第2号和第25号
政策描述	股票期权形式的工资薪金所得可区别于所在月份的其他工资薪金所得,单独计税	居民个人,取得股权激励,并符合相关条件的,在2021年12月31日前,不并入当年综合所得,全额单独适用综合所得税率表,计算纳税	非居民个人一个月内取得股权激励所得,单独按照本公告第二条规定计算当月收入额,不与当月其他工资薪金合并,按6个月分摊计税(一个公历年度内的股权激励所得应合并计算),不减除费用,适用月度税率表计算应纳税额	上市公司股权激励单独计税优惠政策,其执行期限在经过几次延期后,财税公告2023年第25号延长至2027年12月31日
计算公式	应纳税额＝(股权激励所得应纳税所得额÷规定月份数×适用税率－速算扣除数)×规定月份数	应纳税额＝股权激励收入×适用税率－速算扣除数	当月股权激励所得应纳税额＝[(本公历年度内股权激励所得合计额÷6)×适用税率－速算扣除数]×6－本公历年度内股权激励所得已纳税额	应纳税额＝股权激励收入×适用税率－速算扣除数

④案例分析

某上市企业对员工实施股票期权计划,2020年1月授予该公司一名高管40,000股股票期权,行权价格为1元/股,1年后归属,2021年1月归属日价格为5元/股,2021年5月该高管行权,行权日股票收盘价格为7元/股,该员工就此项所得应缴纳多少元个人所得税?

根据公式:应纳税所得额＝(行权股票的每股市场价－员工取得该股票期权支付的每股施权价)×股票数量,该员工的应纳税所得额＝(7－1)×40,000＝240,000元。

根据财税〔2018〕164号,自2019年1月1日起,居民个人取得股票期权等股权激励,在2021年12月31日前,不并入当年综合所得,全额单独适用综合所得税率表,计算纳税。假定该员工2021年只有此一笔股权激励的收入,则根据计算公式：应纳税额 = 股权激励收入 × 适用税率 - 速算扣除数，该员工的应纳税额 = 240,000 × 20% - 16,920 = 31,080 元。

3. 限制性股票的税务处理

(1)限制性股票的定义

限制性股票是上市公司按照股权激励计划约定的条件，授予公司员工一定数量本公司的股票，激励对象只有在工作年限或业绩目标符合股权激励计划规定的条件后，才可出售限制性股票并从中获益。

(2)限制性股票的生命周期及纳税义务

限制性股票的生命周期及纳税义务分别如表 6-5、图 6-2 所示。

表 6-5　限制性股票的税务处理

时点	纳税义务
授予日	不纳税
解锁日	须纳税——按工资、薪金所得，累进税率 3%~45%（递延纳税除外）
股权分红	须纳税——按利息、股息、红利所得，20% 税率
出售日	须纳税——按财产转让所得，20% 税率（适用员工直接持股的情况；另：境内上市公司免征个人所得税*）

* 如果员工取得的股票是上市前获取，在上市后再出售的情况下，不适用于境内上市公司免征个人所得税的法规。

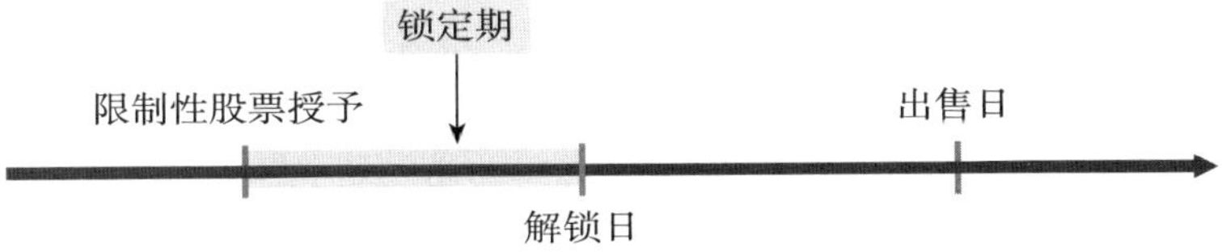

图 6-2　限制性股票的生命周期

与股票期权行权后在中国证券登记结算公司进行登记不同，限制性股票在授予之后就需要登记，但激励对象此时并未完全拥有股票的所有权。激励对象有且只有在符合相应业绩条件之后，才可以在解锁日之后将股票出售获益。因此，只有在股票解禁时，激励对象才需就本批次解禁股票形成的所得纳税。

(3)解禁日的税务处理

① 纳税时点

原则上限制性股票的纳税时点为其解禁日。

② 应纳税所得额的确定

国税函〔2009〕461 号文第 3 条则对限制性股票的应纳税所得额进行了明确:

按照个人所得税法及其实施条例等有关规定,原则上应在限制性股票所有权归属于激励对象时确认其限制性股票所得的应纳税所得额。即:上市公司实施限制性股票计划时,应以激励对象限制性股票在中国证券登记结算公司(境外为证券登记托管机构)进行股票登记日期的股票市价(指当日收盘价)和本批次解禁股票当日市价(指当日收盘价)的平均价格乘以本批次解禁股票份数,减去激励对象本批次解禁股份数所对应的为获取限制性股票实际支付资金数额,其差额为应纳税所得额。激励对象限制性股票应纳税所得额计算公式为:

应纳税所得额 =(股票登记日股票市价 + 本批次解禁股票当日市价)÷ 2 × 本批次解禁股票份数 - 激励对象实际支付的资金总额 ×(本批次解禁股票份数 ÷ 激励对象获取的限制性股票总份数)

由上可见,限制性股票应纳税所得额的计算方式与股票期权有差异,它不是只看解禁日的股票价格,而是将其与登记日的价格加以平均,因此纳税所得额可能与个人在解禁时账面的收益并不一致。在股价上升的情况下,纳税所得额可能低于账面收益;而在股价下降的情况下,纳税所得额可能高于账面收益。如前所述,限制性股票解禁日所得是按工资薪金来纳税的。所确定的纳税所得额会作为今后出售股票时的税基。如果是 A 股上市公司的股票,未来出售股票时,免征转让所得的个税;如果是境外上市公司的股票,则按照财产转让所得纳税,直接持有的情况税率为 20% 。

限制性股票应纳税额的计算与股票期权相同。

(4)案例分析

2020 年 1 月,某上市公司员工李某以 5 元/股的价格获授该公司限制性股票 100,000 股,该股票在中国证券登记结算公司登记日收盘价为 10 元/股,2021

年1月解禁股票25,000股,解禁当日收盘价为12元/股。李某本次解禁股票应纳税所得额是多少元?

应纳税所得额=(股票登记日市价+本批次解禁市价)÷2×解禁股票数量-实际支付资金总额×本批次解禁股数比例

即:(10+12)/2×25,000-5×100,000×(25,000/100,000)=150,000元;或(10+12)/2×25,000-5×25,000=150,000元。

根据财税〔2018〕164号文,从2019年1月1日起,居民个人取得股票期权等股权激励,在2021年12月31日前,不并入当年综合所得,全额单独适用综合所得税率表,计算纳税。计算公式为:应纳税额=股权激励收入×适用税率-速算扣除数。该员工的应纳税额=150,000×20%-16,920=13,080元。

4. 股票增值权的税务处理

(1)股票增值权的定义

股票增值权是上市公司授予公司员工在未来一定时期和约定条件下,获得规定数量的股票价格上升所带来收益的权利。在股票增值权计划下,员工不实际拥有股票,也不拥有股东表决权、配股权、分红权。股票增值权不能转让或用于担保、偿还债务。

员工在约定条件下行权并且不用付现金,上市公司按照行权日与授权日二级市场股票差价乘以授权股票数量,发放给被授权人现金。

(2)股票增值权的生命周期及纳税义务

股票增值权的生命周期及纳税义务分别如表6-6、图6-3所示。

表6-6　股票增值权的税务处理

时点	纳税义务
授权日	不纳税
行权日	须纳税——按工资、薪金所得,适用3%~45%的累进税率

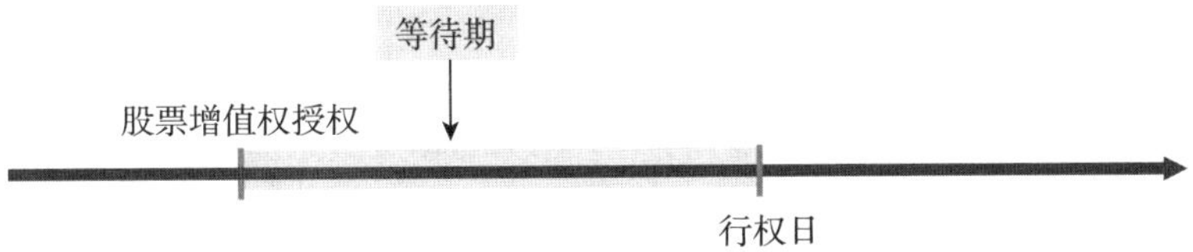

图6-3　股票增值权的生命周期

(3)股票增值权收益取得时的税务处理

根据国税函〔2009〕461号文的相关规定,股票增值权个人所得税纳税义务发生时间为上市公司向被授权人兑现股票增值权所得的日期。

股票增值权被授权人获取的收益,是由上市公司根据授权日与行权日股票差价乘以被授权股数,直接向被授权人支付的现金。上市公司应于向股票增值权被授权人兑现时依法扣缴其个人所得税。被授权人股票增值权应纳税所得额计算公式为:

股票增值权某次行权应纳税所得额=(行权日股票价格-授权日股票价格)×行权股票份数。

股票增值权应纳税额的计算与股票期权相同。

(4)股票增值权不适用延长纳税期限的优惠政策

根据财政部和国家税务总局于2016年9月20日联合发布的《关于完善股权激励和技术入股有关所得税政策的通知》(财税〔2016〕101号),仅对经向主管税务机关备案的上市公司股票期权、限制性股票和股权奖励适当延长纳税期限,不包括股票增值权,因此激励对象应在取得收益时点依法纳税。

5. 股权奖励的税务处理

(1)股权奖励的定义

根据财政部、国家税务总局《关于将国家自主创新示范区有关税收试点政策推广到全国范围实施的通知》(财税〔2015〕116号),股权奖励是指企业无偿授予激励对象一定份额的股权或一定数量的股份。

(2)股权奖励的生命周期及纳税义务

股权激励的生命周期及纳税义务分别如表6-7、图6-4所示。

表6-7 股权奖励的税务处理

时点	纳税义务
授予日	须纳税——按工资、薪金所得,适用3%~45%的累进税率
股权分红	须纳税——按利息、股息、红利所得,适用20%的税率
出售日	须纳税——按财产转让所得,适用20%的税率(适用员工直接持股的情况;另:境内上市公司免征个人所得税*)

* 如果员工取得的股票是上市前获得,在上市后再出售的情况下,不适用于境内上市公司免征个人所得税的法规。

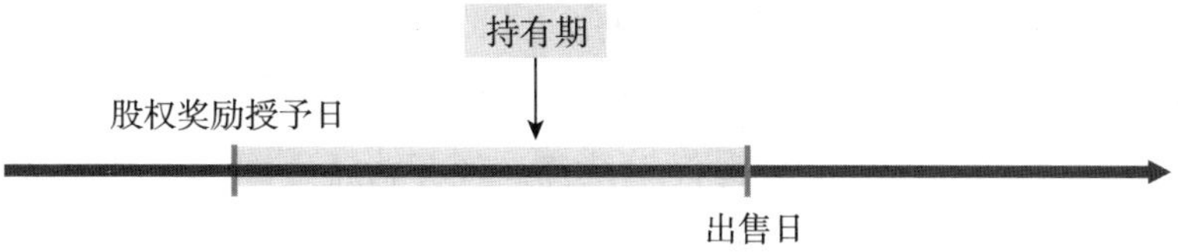

图 6－4 股权奖励的生命周期

(3)股权奖励授予日的税务处理

股权奖励的纳税义务发生时间在员工取得奖励的股票时。国家税务总局公告 2015 年第 80 号文《关于股权奖励和转增股本个人所得税征管问题的公告》规定：

> 股权奖励的计税价格参照获得股权时的公平市场价格确定，具体按以下方法确定：
>
> 1. 上市公司股票的公平市场价格，按照取得股票当日的收盘价确定。取得股票当日为非交易时间的，按照上一个交易日收盘价确定。
>
> 2. 非上市公司股权的公平市场价格，依次按照净资产法、类比法和其他合理方法确定。

由上可知，股权奖励的计税价格主要有两种方法：

第一种：由于上市公司的股票一般流动性较好，因此按照公平市场价格来确定计税价格较为合理。而上市公司股票的公平市场价格，应按照取得股票当日的收盘价确定，当日为非交易时间的，按照上一个交易日的收盘价确定。

第二种：对于非上市公司的股权，一般来讲，流动性都较差，通常难以找到较为合理的参照价格。所以，对于此类公司，通常情况下可以参照相关企业的净资产来确定个人取得的股权份额的公平市场价格，还可以类比近期企业融资或企业股东转让股权时的合理转让价格来确定。

实践中，如果出现净资产法和类比法都不能确定股权价格的情况，企业可通过其他合理方法确定股权价格，并就此与主管税务机关沟通协商以取得一致意见。

应纳税所得额的计算公式为：

应纳税所得额＝奖励股票的每股市场价×股票数量

股权奖励应纳税额的计算与股票期权相同。

6. 非居民股权激励收入的税务处理

2019 年 3 月 14 日公布的财政部、税务总局《关于非居民个人和无住所居民个人有关个人所得税政策的公告》(财政部　税务总局公告 2019 年第 35 号)是针对非居民个人和无住所居民个人的政策指引文件。其中,对非居民个人的股权激励所得来源地和金额如何确定和如何计算应纳税额有具体要求。

(1)关于股权激励所得来源地

财政部、税务总局公告 2019 年第 35 号文第 1 条“(二)关于数月奖金以及股权激励所得来源地的规定”:

无住所个人取得的数月奖金或者股权激励所得按照本条第(一)项规定确定所得来源地的,无住所个人在境内履职或者执行职务时收到的数月奖金或者股权激励所得,归属于境外工作期间的部分,为来源于境外的工资薪金所得;无住所个人停止在境内履约或者执行职务离境后收到的数月奖金或者股权激励所得,对属于境内工作期间的部分,为来源于境内的工资薪金所得。具体计算方法为:数月奖金或者股权激励乘以数月奖金或者股权激励所属工作期间境内工作天数与所属工作期间公历天数之比。

无住所个人一个月内取得的境内外数月奖金或者股权激励包含归属于不同期间的多笔所得的,应当先分别按照本公告规定计算不同归属期间来源于境内的所得,然后再加总计算当月来源于境内的数月奖金或者股权激励收入额。

本公告所称数月奖金是指一次取得归属于数月的奖金、年终加薪、分红等工资薪金所得,不包括每月固定发放的奖金及一次性发放的数月工资。本公告所称股权激励包括股票期权、股权期权、限制性股票、股票增值权、股权奖励以及其他因认购股票等有价证券而从雇主取得的折扣或者补贴。

(2)关于股权激励税款的计算

财政部、税务总局公告 2019 年第 35 号文第 3 条“(二)关于非居民个人税款计算的规定”:

非居民个人一个月内取得股权激励所得,单独按照本公告第二条规定计算当月收入额,不与当月其他工资薪金合并,按 6 个月分摊计税(一个公历年度内的股权激励所得应合并计算），不减除费用，适用月度税率表计算应纳税额，计算公式如下（公式六）：

当月股权激励所得应纳税额 =［（本公历年度内股权激励所得合计额 ÷ 6）× 适用税率 − 速算扣除数］×6 − 本公历年度内股权激励所得已纳税额

由此可见，对于非居民个人而言，个税的计算是按月度来确定的，虽然不能享受与居民纳税人一样的年度算法，但仍然可以独立于工资薪金，并按 6 个月分摊的方法计税，还是为非居民个人的股权激励收入提供了一定的优惠政策。

7. 股权激励延期纳税

（1）上市公司股票期权、限制性股票和股权奖励——财税〔2016〕101 号文

根据财税〔2016〕101 号文的相关规定，对上市公司股票期权、限制性股票和股权奖励适当延长纳税期限。

上市公司授予个人的股票期权、限制性股票和股权奖励，经向主管税务机关备案，个人可自股票期权行权、限制性股票解禁或取得股权奖励之日起，在不超过 12 个月的期限内缴纳个人所得税。财政部、国家税务总局《关于上市公司高管人员股票期权所得缴纳个人所得税有关问题的通知》（财税〔2009〕40 号）自本通知施行之日起废止。

在被废止的财税〔2009〕40 号文中，考虑到上市公司董事、监事、高管人员等转让本公司股票在期限和数量比例上存在一定限制，导致其股票期权行权时无足额资金及时纳税的问题，对上市公司高管人员取得股票期权在行权时，纳税确有困难的，经主管税务机关审核，允许其自股票期权行权之日起，在不超过 6 个月的期限内分期缴纳个人所得税。同时，其他股权激励方式也可参照股票期权的处理方式执行。而财税〔2016〕101 号文在期限要求上更为宽泛，从原来的 6 个月延长到了 12 个月。

（2）股权奖励——财税〔2015〕116 号文

关于股权奖励，财税〔2015〕116 号文第 4 条给出了关于股权奖励个人所得税分期缴纳的政策和需要符合的条件：

四、关于股权奖励个人所得税政策

1. 自 2016 年 1 月 1 日起，全国范围内的高新技术企业转化科技成果，

给予本企业相关技术人员的股权奖励，个人一次缴纳税款有困难的，可根据实际情况自行制定分期缴税计划，在不超过5个公历年度内（含）分期缴纳，并将有关资料报主管税务机关备案。

2. 个人获得股权奖励时，按照“工资薪金所得”项目，参照《财政部 国家税务总局关于个人股票期权所得征收个人所得税问题的通知》（财税〔2005〕35号）有关规定计算确定应纳税额。股权奖励的计税价格参照获得股权时的公平市场价格确定。

3. 技术人员转让奖励的股权（含奖励股权孳生的送、转股）并取得现金收入的，该现金收入应优先用于缴纳尚未缴清的税款。

4. 技术人员在转让奖励的股权之前企业依法宣告破产，技术人员进行相关权益处置后没有取得收益或资产，或取得的收益和资产不足以缴纳其取得股权尚未缴纳的应纳税款的部分，税务机关可不予追征。

5. 本通知所称相关技术人员，是指经公司董事会和股东大会决议批准获得股权奖励的以下两类人员：

（1）对企业科技成果研发和产业化作出突出贡献的技术人员，包括企业内关键职务科技成果的主要完成人、重大开发项目的负责人、对主导产品或者核心技术、工艺流程作出重大创新或者改进的主要技术人员。

（2）对企业发展作出突出贡献的经营管理人员，包括主持企业全面生产经营工作的高级管理人员，负责企业主要产品（服务）生产经营合计占主营业务收入（或者主营业务利润）50%以上的中、高级经营管理人员。

企业面向全体员工实施的股权奖励，不得按本通知规定的税收政策执行。

6. 本通知所称股权奖励，是指企业无偿授予相关技术人员一定份额的股权或一定数量的股份。

7. 本通知所称高新技术企业，是指实行查账征收、经省级高新技术企业认定管理机构认定的高新技术企业。

由此可见，对于满足条件的股权奖励，是可以在不超过5个公历年度内分期缴纳的，这大大减小了部分纳税人的现金流压力。同时，作出了对后续如果股权涉及的企业出现破产等情况，技术人员处置股权后无法取得收益或资产，或取得的收益和资产不足以缴纳其取得股权尚未缴纳的应纳税款的部分不予追征的处理，彰显了税法的合理性和人性化考虑。

(3)股票期权、限制性股票、股权奖励——财税〔2022〕16号文

根据2022年5月6日印发的财政部、国家税务总局《关于中关村国家自主创新示范区核心区(海淀园)股权激励分期纳税政策的通知》(财税〔2022〕16号)：

> 为支持中关村国家自主创新示范区开展高水平科技自立自强先行先试改革，现就有关个人所得税政策通知如下：
>
> 一、自2022年1月1日起，对在中关村国家自主创新示范区核心区(海淀园)注册的上市高新技术企业授予个人的股票期权、限制性股票、股权奖励，可自股票期权行权、限制性股票解禁或取得股权奖励之日起，3年内分期缴纳个人所得税。
>
> 二、本通知所称上市高新技术企业是指经科技、财政、税务部门认定为高新技术企业且其股票在上海证券交易所、深圳证券交易所、北京证券交易所上市交易的企业。

可以看到，财税〔2022〕16号文的优惠政策仅仅针对在中关村国家自主创新示范区核心区(海淀园)注册的上市高新技术企业，不满足条件的企业暂时是不适用的，但文件也提到是“为支持中关村国家自主创新示范区开展高水平科技自立自强先行先试改革”，未来的政策有可能在此先行先试改革的基础上进行优化，并推广到更大的适用范围。

对于本节介绍的前两种递延纳税的优惠方式，都需要提前向主管税务机关进行备案。如果没有及时按要求完成备案手续，可能会导致无法享受递延纳税优惠政策的结果。财税〔2022〕16号文没有提及备案的要求，在实践操作中，建议提前跟主管税局确认相关流程要求。关于备案的要求，会在后续章节里介绍。

8. 上市公司股权激励税收征管

(1)财税〔2005〕35号

财税〔2005〕35号文第5条明确了股票期权收入的扣缴义务人和纳税义务，同时也提出了资料报送的要求。

五、关于征收管理

（一）扣缴义务人。实施股票期权计划的境内企业为个人所得税的扣缴义务人，应按税法规定履行代扣代缴个人所得税的义务。

（二）自行申报纳税。员工从两处或两处以上取得股票期权形式的工资薪金所得和没有扣缴义务人的，该个人应在个人所得税法规定的纳税申报期限内自行申报缴纳税款。

（三）报送有关资料。实施股票期权计划的境内企业，应在股票期权计划实施之前，将企业的股票期权计划或实施方案、股票期权协议书、授权通知书等资料报送主管税务机关；应在员工行权之前，将股票期权行权通知书和行权调整通知书等资料报送主管税务机关。

扣缴义务人和自行申报纳税的个人在申报纳税或代扣代缴税款时，应在税法规定的纳税申报期限内，将个人接受或转让的股票期权以及认购的股票情况（包括种类、数量、施权价格、行权价格、市场价格、转让价格等）报送主管税务机关。

（四）处罚。实施股票期权计划的企业和因股票期权计划而取得应税所得的自行申报员工，未按规定报送上述有关报表和资料，未履行申报纳税义务或者扣缴税款义务的，按《中华人民共和国税收征收管理法》及其实施细则的有关规定进行处理。

(2) 国税函〔2009〕461 号

国税函〔2009〕461 号文第 6 条对报送资料作了明确规定：

六、关于报送资料的规定

（一）实施股票期权、股票增值权计划的境内上市公司，应按照财税〔2005〕35 号文件第五条第（三）项规定报送有关资料。

（二）实施限制性股票计划的境内上市公司，应在中国证券登记结算公司（境外为证券登记托管机构）进行股票登记、并经上市公司公示后 15 日内，将本公司限制性股票计划或实施方案、协议书、授权通知书、股票登记日期及当日收盘价、禁售期限和股权激励人员名单等资料报送主管税务机关备案。

境外上市公司的境内机构，应向其主管税务机关报送境外上市公司实施股权激励计划的中(外)文资料备案。

(三)扣缴义务人和自行申报纳税的个人在代扣代缴税款或申报纳税时,应在税法规定的纳税申报期限内,将个人接受或转让的股权以及认购的股票情况(包括种类、数量、施权价格、行权价格、市场价格、转让价格等)、股权激励人员名单、应纳税所得额、应纳税额等资料报送主管税务机关。

(3)国家税务总局公告2016年第62号

根据国家税务总局《关于股权激励和技术入股所得税征管问题的公告》(国家税务总局公告2016年第62号),企业备案具体按以下规定执行:

上市公司实施股权激励,个人选择在不超过12个月期限内缴税的,上市公司应自股票期权行权、限制性股票解禁、股权奖励获得之次月15日内,向主管税务机关报送《上市公司股权激励个人所得税延期纳税备案表》(见表6-8)。上市公司初次办理股权激励备案时,还应一并向主管税务机关报送股权激励计划、董事会或股东大会决议。

9. 转让上市公司股票和股息红利的个税处理

(1)股权转让

对于行权、解禁后的股票以及奖励的股票,员工后续转让的,转让时获得的高于行权日、解禁日、取得奖励日股票公平市场价的差额,属于个人在证券二级市场上转让股票等有价证券而获得的所得,属于财产转让所得。

财政部、国家税务总局《关于个人转让股票所得继续暂免征收个人所得税的通知》(财税字〔1998〕61号)规定:

为了配合企业改制,促进股票市场的稳健发展,经报国务院批准,从1997年1月1日起,对个人转让上市公司股票取得的所得继续暂免征收个人所得税。

值得注意的是,如果员工在公司上市前行权、解禁或获取奖励的股票,上市后转让时不适用在二级市场转让上市公司股票免征个人所得税的规定。

(2)股息红利

财政部、国家税务总局、证监会《关于上市公司股息红利差别化个人所得税

表 6－8　上市公司股权激励个人所得税递延纳税备案

备案编号（主管税务机关填写）：　　　　　　　　　　　　　　　　　　单位：股，人民币元（列至角分）

<table>
<tr><td colspan="19">公司基本情况</td></tr>
<tr><td colspan="3">公司名称</td><td colspan="2"></td><td colspan="2">纳税人识别号</td><td colspan="3"></td><td>股票代码</td><td colspan="2"></td><td>联系人</td><td></td><td colspan="2">联系电话</td><td colspan="2"></td></tr>
<tr><td colspan="19">股权激励基本情况</td></tr>
<tr><td colspan="3">股权激励形式</td><td colspan="16">□股票期权　□限制性股票　□股权奖励</td></tr>
<tr><td colspan="19">股权激励明细情况</td></tr>
<tr><td rowspan="2">序号</td><td rowspan="2">姓名</td><td rowspan="2">身份证照类型</td><td rowspan="2">身份证照号码</td><td rowspan="2">任职受雇月数</td><td colspan="5">股票期权</td><td colspan="7">限制性股票</td><td colspan="2">股权奖励</td></tr>
<tr><td>行权日</td><td>行权日市价</td><td>行权价</td><td>行权股数</td><td>股票登记日</td><td>股票登记日市价</td><td>解禁日</td><td>解禁日市价</td><td>实际出资总额</td><td>本批次解禁数</td><td>总股票数</td><td>授予日</td><td>授予日市价</td><td>奖励股票数</td></tr>
<tr><td></td><td></td><td></td><td></td><td></td><td></td><td></td><td></td><td></td><td></td><td></td><td></td><td></td><td></td><td></td><td></td><td></td><td></td><td></td></tr>
<tr><td></td><td></td><td></td><td></td><td></td><td></td><td></td><td></td><td></td><td></td><td></td><td></td><td></td><td></td><td></td><td></td><td></td><td></td><td></td></tr>
<tr><td></td><td></td><td></td><td></td><td></td><td></td><td></td><td></td><td></td><td></td><td></td><td></td><td></td><td></td><td></td><td></td><td></td><td></td><td></td></tr>
<tr><td></td><td></td><td></td><td></td><td></td><td></td><td></td><td></td><td></td><td></td><td></td><td></td><td></td><td></td><td></td><td></td><td></td><td></td><td></td></tr>
<tr><td></td><td></td><td></td><td></td><td></td><td></td><td></td><td></td><td></td><td></td><td></td><td></td><td></td><td></td><td></td><td></td><td></td><td></td><td></td></tr>
<tr><td></td><td></td><td></td><td></td><td></td><td></td><td></td><td></td><td></td><td></td><td></td><td></td><td></td><td></td><td></td><td></td><td></td><td></td><td></td></tr>
<tr><td></td><td></td><td></td><td></td><td></td><td></td><td></td><td></td><td></td><td></td><td></td><td></td><td></td><td></td><td></td><td></td><td></td><td></td><td></td></tr>
<tr><td></td><td></td><td></td><td></td><td></td><td></td><td></td><td></td><td></td><td></td><td></td><td></td><td></td><td></td><td></td><td></td><td></td><td></td><td></td></tr>
<tr><td></td><td></td><td></td><td></td><td></td><td></td><td></td><td></td><td></td><td></td><td></td><td></td><td></td><td></td><td></td><td></td><td></td><td></td><td></td></tr>
<tr><td></td><td></td><td></td><td></td><td></td><td></td><td></td><td></td><td></td><td></td><td></td><td></td><td></td><td></td><td></td><td></td><td></td><td></td><td></td></tr>
<tr><td colspan="19">谨声明：此表是根据《中华人民共和国个人所得税法》及有关法律法规规定填写的，是真实的、完整的、可靠的。
法定代表人签章：　　　　年　　月　　日</td></tr>
<tr><td colspan="7">公司签章：
经办人：
填报日期：　　年　　月　　日</td><td colspan="6">代理申报机构（人）签章：
经办人：
经办人执业证件号码：
代理申报日期：　　年　　月　　日</td><td colspan="6">主管税务机关印章：
受理人：
受理日期　　年　　月　　日</td></tr>
</table>

国家税务总局监制

政策有关问题的通知》(财税〔2015〕101 号,部分失效)第 1 条和第 2 条规定:

一、个人从公开发行和转让市场取得的上市公司股票,持股期限超过 1 年的,股息红利所得暂免征收个人所得税。

个人从公开发行和转让市场取得的上市公司股票,持股期限在 1 个月以内(含 1 个月)的,其股息红利所得全额计入应纳税所得额;持股期限在 1 个月以上至 1 年(含 1 年)的,暂减按 50% 计入应纳税所得额;上述所得统一适用 20% 的税率计征个人所得税。

二、上市公司派发股息红利时,对个人持股 1 年以内(含 1 年)的,上市公司暂不扣缴个人所得税;待个人转让股票时,证券登记结算公司根据其持股期限计算应纳税额,由证券公司等股份托管机构从个人资金账户中扣收并划付证券登记结算公司,证券登记结算公司应于次月 5 个工作日内划付上市公司,上市公司在收到税款当月的法定申报期内向主管税务机关申报缴纳。

因此,个人从公开发行和转让市场取得的上市公司股票,持股期限超过 1 年的,股息红利所得暂免征收个人所得税。

10. 上市公司股权激励企业所得税税务处理

如前所述,20 世纪 90 年代股权激励进入我国,21 世纪初以来越来越多的企业开始实施股权激励计划,相应的政策法规也随着市场的需求在不断出台和完善。从最早出台的个税文件国税发〔1998〕9 号文(已废止),到财税〔2005〕35 号文等个税文件对参与计划的员工个税做了规范;2006 年中国证监会发布的《上市公司股权激励管理方法》规范了上市公司实施股权激励计划的要求;2006 年财政部颁发了新企业会计准则《企业会计准则第 11 号——股份支付》,也规范了上市公司股权激励的会计处理方法。因此,在这个背景下,关于股权激励企业税务处理的法规也就应运而生了。

《关于我国居民企业实行股权激励计划有关企业所得税处理问题的公告》(国家税务总局公告 2012 年第 18 号)对实施股权激励计划的企业在如何处理企业所得税上给出了指引:

二、上市公司依照《管理办法》要求建立职工股权激励计划,并按我国企业会计准则的有关规定，在股权激励计划授予激励对象时，按照该股票的公允价格及数量，计算确定作为上市公司相关年度的成本或费用，作为换取激励对象提供服务的对价。上述企业建立的职工股权激励计划，其企业所得税的处理，按以下规定执行：

（一）对股权激励计划实行后立即可以行权的，上市公司可以根据实际行权时该股票的公允价格与激励对象实际行权支付价格的差额和数量，计算确定作为当年上市公司工资薪金支出，依照税法规定进行税前扣除。

（二）对股权激励计划实行后，需待一定服务年限或者达到规定业绩条件（以下简称等待期）方可行权的。上市公司等待期内会计上计算确认的相关成本费用，不得在对应年度计算缴纳企业所得税时扣除。在股权激励计划可行权后，上市公司方可根据该股票实际行权时的公允价格与当年激励对象实际行权支付价格的差额及数量，计算确定作为当年上市公司工资薪金支出，依照税法规定进行税前扣除。

（三）本条所指股票实际行权时的公允价格，以实际行权日该股票的收盘价格确定。

三、在我国境外上市的居民企业和非上市公司，凡比照《管理办法》的规定建立职工股权激励计划，且在企业会计处理上，也按我国会计准则的有关规定处理的，其股权激励计划有关企业所得税处理问题，可以按照上述规定执行。

总结起来，主要有以下几个方面值得关注：

第一，公告确认股权激励相关费用是上市公司工资薪金的支出，从而可以依照税法规定进行税前扣除。

第二，企业在员工行权时才能进行税前扣除。由于员工的个税纳税时点也是行权时，所以在个人确认收入时，企业确认费用，个税和公司税的处理是契合的。

第三，该公告原本覆盖的范围是我国境内上市的居民企业，但其第 3 条也对我国境外上市的居民企业和非上市公司给出了指导意见。也就是说，如果境外上市的居民企业和非上市公司在建立股权激励计划时，遵循了中国证监会发布的《上市公司股权激励管理方法》的要求，在会计处理上也按中国会计准则的规定处理，那么，该企业股权激励计划的企业所得税处理，也可以按照该公告的规定执行。

实践中，在企业实际处理股权激励计划相关的企业所得税时，因为各企业的情况各异，在操作中会产生各种问题，需要咨询其主管税局或寻求专业人员的协助。

11. 税会差异

在股权激励计划的设计中，有的股权激励涉及等待期，即激励对象满足可行权条件应等待的时间。在等待期，税法和会计准则存在不同的规定。

在会计处理方面，等待期内的每个资产负债表日，企业都应将取得职工或其他方提供的服务计入成本费用；而在税务处理方面，根据上文提到的国家税务总局公告 2012 年第 18 号文的规定，上市公司等待期内会计上计算确认的相关成本费用，不得在对应年度计算缴纳企业所得税时扣除。只有在行权后，上市公司才可以根据股票实际行权时的公允价格与当年激励对象实际行权支付价格的差额及数量，计算工资薪金支出并依法在企业所得税税前扣除。也就是说，关于股权激励的等待期，会计和税务上会产生差异，上市公司需要进行职工薪酬的纳税调整。

二、非上市公司股权激励税务处理

对于一些科创属性较强的非上市公司，在发展阶段面临着资金短缺以及人才竞争的严峻挑战，股权激励作为一种吸引人才和挽留人才的手段，能有效地推动非上市公司的发展；而非上市公司股权变现能力弱，经营发展不确定性大，现行的税收政策给非上市公司执行股权激励计划带来一定的难度，因此进一步的税收优惠要求随之增大。为支持“大众创业、万众创新”的实施，促进经济结构转型升级，财政部、国家税务总局于 2016 年 9 月 20 日印发了《关于完善股权激励和技术入股有关所得税政策的通知》（财税〔2016〕101 号），以完善股权激励计划税收政策及管理，减轻税负。

依据财税〔2016〕101 号文，非上市公司授予员工股票（权）期权、限制性股票和股权奖励，若符合规定条件，经向主管税务机关备案，可实行递延纳税的税收优惠政策。也就是说,员工在取得股权激励时可暂不纳税,递延至转让该股权时纳税;股权转让时,按照股权转让收入减除股权取得成本及合理税费后的差额,适用“财产转让所得”,按20%的税率计算缴纳个人所得税。

非上市公司股权激励税务处理路径如图6-5所示。

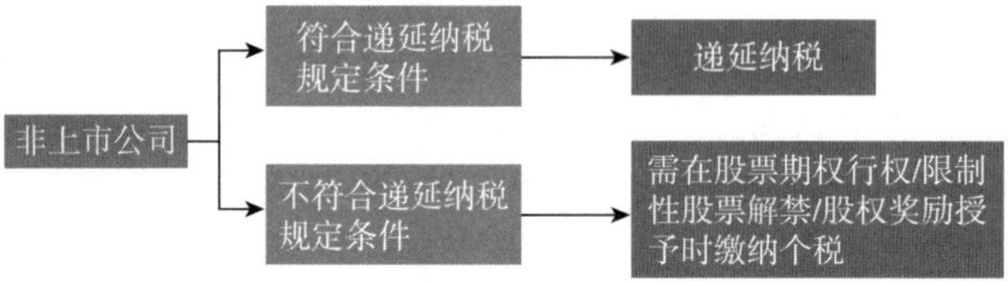

图6-5　非上市公司股权激励税务处理路径

递延纳税后的税务处理如表6-9所示。

表6-9　递延纳税后的税务处理

时点	纳税义务
授予日	不纳税
股票(权)期权行权日 限制性股票解锁日	不纳税
股权分红	须纳税——按利息、股息、红利所得,20%税率
出售日	须纳税——按财产转让所得,20%税率

举例说明,2017年1月某非上市公司实施员工股权激励,授予其员工李某10,000股本公司股票期权,授予价为10元/股,规定1年后归属可行权。2018年1月期权归属,2019年2月李某按照公司规定行权,行权时公司股票市场价为15元/股,2022年6月,李某将10,000股本公司股票全部转让,转让时公司股票的市场价格为18元/股。若该公司股权激励计划符合财税〔2016〕101号文相关规定,并向主管税务机关备案,则李某在2019年2月行权时则无须按“工资、薪金所得”纳税,只需在2022年6月按财产转让所得缴纳个人所得税,其应纳税所得额为(18-10)×10,000=80,000元,应纳税额=80,000×20%=16,000元。

注:此示例未考虑股权取得或卖出时的其他费用。

1. 递延纳税的适用股权激励形式

递延纳税的适用股权激励形式如表6－10所示。

表6－10　递延纳税的适用股权激励形式

项目	内　容
股票(权)期权	公司给予激励对象在一定期限内以事先约定的价格购买本公司股票(权)的权利。员工在行权时可根据公司的发展情况,决定是否行权购买股权
限制性股票	公司以一定的价格将本公司股权出售给员工,并同时规定,员工只有在其工作年限或业绩目标符合规定的条件后,才能对外出售该股权
股权奖励	公司直接以公司股权无偿对员工实施奖励

2. 递延纳税的7大条件

从前文可以看到,如果能使用财税〔2016〕101号文的优惠纳税方法,激励对象可以享受到比较理想的税务结果,同时也能享受到更大的确定性,因为纳税时点在实际转让、获取现金收益时才发生。那么,如何才能享受财税〔2016〕101号文的优惠方法呢?财税〔2016〕101号文第1条作出规定:

享受递延纳税政策的非上市公司股权激励(包括股票期权、股权期权、限制性股票和股权奖励,下同)须同时满足以下条件:

1. 属于境内居民企业的股权激励计划。

2. 股权激励计划经公司董事会、股东(大)会审议通过。未设股东(大)会的国有单位,经上级主管部门审核批准。股权激励计划应列明激励目的、对象、标的、有效期、各类价格的确定方法、激励对象获取权益的条件、程序等。

3. 激励标的应为境内居民企业的本公司股权。股权奖励的标的可以是技术成果投资入股到其他境内居民企业所取得的股权。激励标的股票(权)包括通过增发、大股东直接让渡以及法律法规允许的其他合理方式授予激励对象的股票(权)。

4. 激励对象应为公司董事会或股东(大)会决定的技术骨干和高级管理人员,激励对象人数累计不得超过本公司最近6个月在职职工平均人数的30%。

5. 股票(权)期权自授予日起应持有满3年,且自行权日起持有满1年;限制性股票自授予日起应持有满3年,且解禁后持有满1年;股权奖励自获得奖励之日起应持有满3年。上述时间条件须在股权激励计划中列明。

6. 股票(权)期权自授予日至行权日的时间不得超过10年。

7. 实施股权奖励的公司及其奖励股权标的公司所属行业均不属于《股权奖励税收优惠政策限制性行业目录》范围。公司所属行业按公司上一纳税年度主营业务收入占比最高的行业确定。**总结一下,必须满足以下7个条件:**

- 条件一:股权激励计划的实施主体

◇ 属于境内居民企业的股权激励计划。

- 条件二:股权激励计划的审核批准

◇ 需经公司董事会、股东(大)会审议通过;

◇ 未设股东(大)会的国有单位,经上级主管部门审核批准;

◇ 计划中应列明激励目的、对象、标的、有效期、各类价格的确定方法、激励对象获取权益的条件、程序等。

- 条件三:激励标的

◇ 必须是境内居民企业的本公司股权;股权奖励例外,股权奖励标的除本公司股权外,也可以是技术成果投资入股到其他境内居民企业所取得的股权。

◇ 股份来源:增发、大股东直接让渡以及法律法规允许的其他合理方式。

- 条件四:激励对象范围

◇ 激励对象应为董事会或股东(大)会决定的技术骨干和高级管理人员;

◇ 激励对象人数累计不得超过本公司最近6个月在职职工平均人数的30%。

- 条件五:股权持有时间(见表6-11)

表 6-11　递延纳税的持有期限条件

项目	内　　容
股票(权)期权	自授予日起应持有满 3 年,且自行权日起持有满 1 年
限制性股票	自授予日起应持有满 3 年,且解禁后持有满 1 年
股权奖励	自获得奖励之日起应持有满 3 年

- 条件六:股票(权)期权行权期限

◇ 股票(权)期权自授予日至行权日的时间不得超过 10 年。

- 条件七:以股权激励为标的的行业限制

◇ 实施股权奖励的公司及其奖励股权标的公司所属行业均不属于《股权奖励税收优惠政策限制性行业目录》(见表 6-12)范围。公司所属行业按公司上一纳税年度主营业务收入占比最高的行业确定。

表 6-12　股权奖励税收优惠政策限制性行业目录

门类代码	类别名称
A(农、林、牧、渔业)	(1)03 畜牧业(科学研究、籽种繁育性质项目除外) (2)04 渔业(科学研究、籽种繁育性质项目除外)
B(采矿业)	(3)采矿业(除第 11 类开采辅助活动)
C(制造业)	(4)16 烟草制品业 (5)17 纺织业(除第 178 类非家用纺织制成品制造) (6)19 皮革、毛皮、羽毛及其制品和制鞋业 (7)20 木材加工和木、竹、藤、棕、草制品业 (8)22 造纸和纸制品业(除第 223 类纸制品制造) (9)31 黑色金属冶炼和压延加工业(除第 314 类钢压延加工)
F(批发和零售业)	(10)批发和零售业
G(交通运输、仓储和邮政业)	(11)交通运输、仓储和邮政业
H(住宿和餐饮业)	(12)住宿和餐饮业
J(金融业)	(13)66 货币金融服务 (14)68 保险业
K(房地产业)	(15)房地产业
L(租赁和商务服务业)	(16)租赁和商务服务业

续表

门类代码	类别名称
O(居民服务、修理和其他服务业)	(17)79 居民服务业
Q(卫生和社会工作)	(18)84 社会工作
R(文化、体育和娱乐业)	(19)88 体育 (20)89 娱乐业
S(公共管理、社会保障和社会组织)	(21)公共管理、社会保障和社会组织(除第 9421 类专业性团体和 9422 类行业性团体)
T(国际组织)	(22)国际组织

在实际操作中,因境外融资的需求,许多非上市企业选择搭建红筹架构。若企业是红筹架构,则不符合递延纳税的条件一的适用范围,因而不适用财税〔2016〕101 号文递延纳税优惠政策。

除此之外,国内架构的非上市企业实施员工股权激励时,为了方便管理激励相关的股权,同时不影响公司的控制权,常采用有限合伙企业作为员工持股平台,即员工作为有限合伙人通过取得有限合伙的份额,间接持有主体公司的股权。依据财税〔2016〕101 号文的相关规定,激励标的应为境内居民企业的本公司股权,因而采用直接持股的方式实施股权激励的,在符合其他相关条件下可享受递延纳税优惠政策;对于通过间接持股方式实施股权激励的情况,在计算个人所得税时,不能适用财税〔2016〕101 号文递延纳税优惠政策。

2016 年 9 月 22 日,财政部税政司、国家税务总局所得税司有关负责人就完善股权激励和技术入股税收政策回答了记者提问,其中对财税〔2016〕101 号文条件三进行了解答:“为体现激励对象与公司的利益相关性,激发员工的创业热情,规定激励股权标的应为本公司的股权,授予关联公司股权的不纳入优惠范围。”据此,持股平台并不适用递延纳税优惠政策。从实践中看,各地的口径可能存在差异,确实有少数拟上市公司在上市信息中披露以持股平台的架构完成了财税〔2016〕101 号文备案的情况,建议公司本着谨慎的原则与主管税务机关充分沟通。

3. 非上市公司的股权价值确认

根据《关于股权激励和技术入股所得税征管问题的公告》（国家税务总局公告2016年第62号）的相关规定，上市公司股票的公平市场价格，按照取得股票当日的收盘价确定。取得股票当日为非交易日的，按照上一个交易日收盘价确定。非上市公司股票（权）的公平市场价格，依次按照净资产法、类比法和其他合理方法确定。净资产法按照取得股票（权）的上年末净资产确定。

4. 非上市公司实施股权激励的持股模式

非上市公司实施股权激励，常见的境内持股模式有两种。

第一种是员工在激励股归属或行权后，直接持有公司的股权，这种持股方式的优越性在于员工的感知度高，激励效果强，并且符合财税〔2016〕101号文递延纳税中激励股标的必须是境内居民且本公司股权的要求，在满足其他条件的前提下，激励股可以递延至出售日按照财产转让所得适用20%的税率。

第二种是通过持股平台间接持有公司的股权。间接持股的模式可以很好地避免激励股在授予、归属/行权、退出和回购等时点造成的股权频繁变更以及由于股东众多而导致的决策程序低效的问题，有利于股权的稳定。因此，在实务中，大多数实施股权激励的境内非上市企业都采用有限合伙企业作为员工持股平台。

非上市公司在股权激励的实施中，通常会由公司的实控人、大股东等角色担任有限合伙企业的普通合伙人，激励对象在获授的权益归属或行使后成为有限合伙人。

（1）有限合伙企业如何纳税

《合伙企业法》第6条规定：

> 合伙企业的生产经营所得和其他所得，按照国家有关税收规定，由合伙人分别缴纳所得税。

因此，根据《合伙企业法》，有限合伙企业不用缴税，而是由其合伙人按照国家有关的税收规定分别缴纳所得税。

（2）合伙人如何纳税

财政部、国家税务总局《关于合伙企业合伙人所得税问题的通知》（财税

〔2008〕159 号）第 2 条和第 3 条规定：

二、合伙企业以每一个合伙人为纳税义务人。合伙企业合伙人是自然人的，缴纳个人所得税；合伙人是法人和其他组织的，缴纳企业所得税。

三、合伙企业生产经营所得和其他所得采取“先分后税”的原则。具体应纳税所得额的计算按照《关于个人独资企业和合伙企业投资者征收个人所得税的规定》（财税〔2000〕91 号）及财政部、国家税务总局《关于调整个体工商户个人独资企业和合伙企业个人所得税税前扣除标准有关问题的通知》（财税〔2008〕65 号）的有关规定执行。

前款所称生产经营所得和其他所得，包括合伙企业分配给所有合伙人的所得和企业当年留存的所得（利润）。

（3）合伙企业的生产经营所得

① 合伙人是自然人的情形

根据《关于个人独资企业和合伙企业投资者征收个人所得税的规定》（财税〔2000〕91 号，部分失效）附件一第 4 条规定：

个人独资企业和合伙企业（以下简称企业）每一纳税年度的收入总额减除成本、费用以及损失后的余额，作为投资者个人的生产经营所得，比照个人所得税法的“个体工商户的生产经营所得”应税项目，适用 5% ~35% 的五级超额累进税率，计算征收个人所得税。

前款所称收入总额，是指企业从事生产经营以及与生产经营有关的活动所取得的各项收入，包括商品（产品）销售收入、营运收入、劳务服务收入、工程价款收入、财产出租或转让收入、利息收入、其他业务收入和营业外收入。

② 合伙人是法人和其他组织的情形

该情形适用《企业所得法》，根据《企业所得税法》第 4 条的规定，企业所得税的税率为 25%。

（4）合伙企业的利息、股息、红利所得

① 合伙人是自然人的情形

国家税务总局《关于〈关于个人独资企业和合伙企业投资者征收个人所得税的规定〉执行口径的通知》（国税函〔2001〕84 号）第 2 条规定：

二、关于个人独资企业和合伙企业对外投资分回利息、股息、红利的征税问题

个人独资企业和合伙企业对外投资分回的利息或者股息、红利，不并入企业的收入，而应单独作为投资者个人取得的利息、股息、红利所得，按“利息、股息、红利所得”应税项目计算缴纳个人所得税。以合伙企业名义对外投资分回利息或者股息、红利的，应按《通知》所附规定的第五条精神确定各个投资者的利息、股息、红利所得，分别按“利息、股息、红利所得”应税项目计算缴纳个人所得税。

② 合伙人是法人和其他组织的情形

该情形适用《企业所得法》，根据《企业所得税法》第 4 条的规定，企业所得税的税率为 25%。

5. 非上市公司股权激励税收征管

(1)财税〔2005〕35 号

前面我们在介绍上市公司股权激励征收管理时，介绍过财税〔2005〕35 号文中的相关规定，而相关的规定同样适用于非上市公司：

五、关于征收管理

(一)扣缴义务人。实施股票期权计划的境内企业为个人所得税的扣缴义务人，应按税法规定履行代扣代缴个人所得税的义务。

(二)自行申报纳税。员工从两处或两处以上取得股票期权形式的工资薪金所得和没有扣缴义务人的，该个人应在个人所得税法规定的纳税申报期限内自行申报缴纳税款。

(三)报送有关资料。实施股票期权计划的境内企业，应在股票期权计划实施之前，将企业的股票期权计划或实施方案、股票期权协议书、授权通知书等资料报送主管税务机关；应在员工行权之前，将股票期权行权通知书和行权调整通知书等资料报送主管税务机关。

扣缴义务人和自行申报纳税的个人在申报纳税或代扣代缴税款时，应在税法规定的纳税申报期限内，将个人接受或转让的股票期权以及认购的股票情况(包括种类、数量、施权价格、行权价格、市场价格、转让价格等)报

送主管税务机关。

（四）处罚。实施股票期权计划的企业和因股票期权计划而取得应税所得的自行申报员工，未按规定报送上述有关报表和资料，未履行申报纳税义务或者扣缴税款义务的，按《中华人民共和国税收征收管理法》及其实施细则的有关规定进行处理。

(2)财税〔2016〕101号

财税〔2016〕101号文第5条对其配套的管理措施也有陈述：

五、配套管理措施

（一）对股权激励或技术成果投资入股选择适用递延纳税政策的，企业应在规定期限内到主管税务机关办理备案手续。未办理备案手续的，不得享受本通知规定的递延纳税优惠政策。

（二）企业实施股权激励或个人以技术成果投资入股，以实施股权激励或取得技术成果的企业为个人所得税扣缴义务人。递延纳税期间，扣缴义务人应在每个纳税年度终了后向主管税务机关报告递延纳税有关情况。

（三）工商部门应将企业股权变更信息及时与税务部门共享，暂不具备联网实时共享信息条件的，工商部门应在股权变更登记3个工作日内将信息与税务部门共享。

(3)国家税务总局公告2016年第62号

国家税务总局公告2016年第62号文明确了非上市公司实行股权激励计划时企业备案的具体要求：

非上市公司实施符合条件的股权激励，个人选择递延纳税的，非上市公司应于股票（权）期权行权、限制性股票解禁、股权奖励获得之次月15日内，向主管税务机关报送《非上市公司股权激励个人所得税递延纳税备案表》（见表6－13）、股权激励计划、董事会或股东大会决议、激励对象任职或从事技术工作情况说明等。实施股权奖励的企业同时报送本企业及其奖励股权标的企业上一纳税年度主营业务收入构成情况说明。

个人因非上市公司实施股权激励或以技术成果投资入股取得的股票（权），实行递延纳税期间，扣缴义务人应于每个纳税年度终了后30日内，向主管税务机关报送《个人所得税递延纳税情况年度报告表》（见表6－14）。

表6－13　非上市公司股权激励个人所得税递延纳税备案

备案编号（主管税务机关填写）：　　　　　　　　　　　　　　单位：股，%，人民币元（列至角分）

<table>
<tr><td colspan="20">公司基本情况</td></tr>
<tr><td colspan="3">公司名称</td><td colspan="3"></td><td colspan="3">纳税人识别号</td><td colspan="3"></td><td colspan="2">联系人</td><td colspan="2"></td><td colspan="2">联系电话</td><td colspan="2"></td></tr>
<tr><td colspan="20">股权激励基本情况</td></tr>
<tr><td colspan="3">股权激励形式</td><td colspan="6">□股票（权）期权　□限制性股票　□股权奖励</td><td colspan="3">股权激励人数</td><td colspan="2"></td><td colspan="4">近6个月平均人数</td><td colspan="2"></td></tr>
<tr><td colspan="3" rowspan="2">该栏仅由实施股权奖励的公司填写</td><td colspan="3">本公司是否为限制性行业</td><td colspan="3">□是　□否</td><td colspan="5">标的公司名称</td><td colspan="6"></td></tr>
<tr><td colspan="3">标的公司是否为限制性行业</td><td colspan="3">□是　□否</td><td colspan="5">标的公司纳税人识别号</td><td colspan="6"></td></tr>
<tr><td colspan="20">股权激励明细情况</td></tr>
<tr><td rowspan="2">序号</td><td rowspan="2">姓名</td><td rowspan="2">身份证照类型</td><td rowspan="2">身份证照号码</td><td colspan="6">股票（权）期权</td><td colspan="6">限制性股票</td><td colspan="4">股权奖励</td></tr>
<tr><td>授予日</td><td>行权日</td><td>可出售日</td><td>取得成本</td><td>股数</td><td>持股比例</td><td>授予日</td><td>解禁日</td><td>可出售日</td><td>取得成本</td><td>股数</td><td>持股比例</td><td>授予日</td><td>可出售日</td><td>股数</td><td>持股比例</td></tr>
<tr><td></td><td></td><td></td><td></td><td></td><td></td><td></td><td></td><td></td><td></td><td></td><td></td><td></td><td></td><td></td><td></td><td></td><td></td><td></td><td></td></tr>
<tr><td></td><td></td><td></td><td></td><td></td><td></td><td></td><td></td><td></td><td></td><td></td><td></td><td></td><td></td><td></td><td></td><td></td><td></td><td></td><td></td></tr>
<tr><td></td><td></td><td></td><td></td><td></td><td></td><td></td><td></td><td></td><td></td><td></td><td></td><td></td><td></td><td></td><td></td><td></td><td></td><td></td><td></td></tr>
<tr><td></td><td></td><td></td><td></td><td></td><td></td><td></td><td></td><td></td><td></td><td></td><td></td><td></td><td></td><td></td><td></td><td></td><td></td><td></td><td></td></tr>
<tr><td></td><td></td><td></td><td></td><td></td><td></td><td></td><td></td><td></td><td></td><td></td><td></td><td></td><td></td><td></td><td></td><td></td><td></td><td></td><td></td></tr>
<tr><td></td><td></td><td></td><td></td><td></td><td></td><td></td><td></td><td></td><td></td><td></td><td></td><td></td><td></td><td></td><td></td><td></td><td></td><td></td><td></td></tr>
<tr><td></td><td></td><td></td><td></td><td></td><td></td><td></td><td></td><td></td><td></td><td></td><td></td><td></td><td></td><td></td><td></td><td></td><td></td><td></td><td></td></tr>
<tr><td colspan="20">谨声明：此表是根据《中华人民共和国个人所得税法》及有关法律法规规定填写的，是真实的、完整的、可靠的。
实施股权激励公司法定代表人签章：　　　　年　　月　　日</td></tr>
<tr><td colspan="6">公司签章：
经办人：
填报日期：　　年　　月　　日</td><td colspan="7">代理申报机构（人）签章：
经办人：
经办人执业证件号码：
代理申报日期：　　年　　月　　日</td><td colspan="7">主管税务机关印章：
受理人：
受理日期　　年　　月　　日</td></tr>
</table>

国家税务总局监制

表 6－14　个人所得税递延纳税情况年度报告

报告所属期：　　年　　　　　　　　　　　　　　　　　　　　　　　单位：股，%，人民币元（列至角分）

公司基本情况							
公司名称		纳税人识别号		联系人		联系电话	
递延纳税有关情况							
递延纳税股票（权）形式	□股票（权）期权　□限制性股票　□股权奖励　□技术成果投资入股						

递延纳税明细情况

序号	姓名	身份证照类型	身份证照号码	总体情况					股票（权）期权				限制性股票				股权奖励				技术成果投资入股			
				转让情况		剩余情况		扣缴个人所得税	转让情况		剩余情况		转让情况		剩余情况		转让情况		剩余情况		转让情况		剩余情况	
				股数	持股比例	股数	持股比例		股数	持股比例	股数	持股比例	股数	持股比例	股数	持股比例	股数	持股比例	股数	持股比例	股数	持股比例	股数	持股比例

谨声明：此表是根据《中华人民共和国个人所得税法》及有关法律法规规定填写的，是真实的、完整的、可靠的。

公司法定代表人签章：　　　　年　　月　　日

公司签章： 经办人： 填报日期：　　年　　月　　日	代理申报机构（人）签章： 经办人： 经办人执业证件号码： 代理申报日期：　　年　　月　　日	主管税务机关印章： 受理人： 受理日期　　年　　月　　日

国家税务总局监制

三、股权激励的报备及申报管理汇总

（1）小结

关于股权激励报备和申报的要求散落在各个时期不同的文件里，在前面的章节里我们按上市公司和非上市公司分别做了介绍，下面是一个小结，如表 6 - 15 所示。

表 6 - 15　股权激励的备案及管理

条目	具体要求	相关政策依据
实施股票期权、股票增值权的境内上市公司	·实施股票期权计划的境内企业，应在股票期权计划实施之前，将企业的股票期权计划或实施方案、股票期权协议书、授权通知书等资料报送主管税务机关；应在员工行权之前，将股票期权行权通知书和行权调整通知书等资料报送主管税务机关。 ·实施股票增值权计划的境内上市公司，报送资料的要求同上	《关于个人股票期权所得征收个人所得税问题的通知》（财税〔2005〕35 号） 《关于股权激励有关个人所得税问题的通知》（国税函〔2009〕461 号）
实施限制性股票计划的境内上市公司备案	·实施限制性股票计划的境内上市公司，应在中国证券登记结算公司（境外为证券登记托管机构）进行股票登记、并经上市公司公示后 15 日内，将本公司限制性股票计划或实施方案、协议书、授权通知书、股票登记日期及当日收盘价、禁售期限和股权激励人员名单等资料报送主管税务机关备案	《关于股权激励有关个人所得税问题的通知》（国税函〔2009〕461 号）
境外上市公司的境内机构备案	·境外上市公司的境内机构，应向其主管税务机关报送境外上市公司实施股权激励计划的中（外）文资料备案	《关于股权激励有关个人所得税问题的通知》（国税函〔2009〕461 号）
上市公司扣缴义务人和自行申报纳税的个人在代扣代缴税款或申报纳税时	·应在税法规定的纳税申报期限内，将个人接受或转让的股票期权以及认购的股票情况（包括种类、数量、施权价格、行权价格、市场价格、转让价格等）报送主管税务机关	《关于个人股票期权所得征收个人所得税问题的通知》（财税〔2005〕35 号）

续表

条目	具体要求	相关政策依据
上市公司股权激励12个月延期纳税备案	·应自股票期权行权、限制性股票解禁、股权奖励获得之次月15日内,向主管税务机关报送《上市公司股权激励个人所得税延期纳税备案表》。上市公司初次办理股权激励备案时,还应一并向主管税务机关报送股权激励计划、董事会或股东大会决议	《关于股权激励和技术入股所得税征管问题的公告》(国家税务总局公告2016年第62号)
非上市公司股权激励递延纳税	·非上市公司实施符合条件的股权激励,个人选择递延纳税的,非上市公司应于股票(权)期权行权、限制性股票解禁、股权奖励获得之次月15日内,向主管税务机关报送《非上市公司股权激励个人所得税递延纳税备案表》、股权激励计划、董事会或股东大会决议、激励对象任职或从事技术工作情况说明等。实施股权奖励的企业同时报送本企业及其奖励股权标的企业上一纳税年度主营业务收入构成情况说明。 ·个人因非上市公司实施股权激励或以技术成果投资入股取得的股票(权),实行递延纳税期间,扣缴义务人应于每个纳税年度终了后30日内,向主管税务机关报送《个人所得税递延纳税情况年度报告表》	《关于股权激励和技术入股所得税征管问题的公告》(国家税务总局公告2016年第62号)
股权激励与技术入股递延纳税	·对股权激励或技术成果投资入股选择适用递延纳税政策的,企业应在规定期限内到主管税务机关办理备案手续。未办理备案手续的,不得享受本通知规定的递延纳税优惠政策。 ·企业实施股权激励或个人以技术成果投资入股,以实施股权激励或取得技术成果的企业为个人所得税扣缴义务人。递延纳税期间,扣缴义务人应在每个纳税年度终了后向主管税务机关报告递延纳税有关情况	财政部、国家税务总局《关于完善股权激励和技术入股有关所得税政策的通知》(财税〔2016〕101号)

(2)税总征科发〔2021〕69号

2021年10月,国家税务总局发布《关于进一步深化税务领域"放管服"改革 培育和激发市场主体活力若干措施的通知》(税总征科发〔2021〕69号),明确加强对企业实施股权激励计划个人所得税的管理。自此,无论是上市公司还是非上市公司,是境内居民企业还是境外红筹架构的企业实施股权激励,均需要按规定向主管税务局备案。要求如下：

> （十）加强股权激励个人所得税管理。严格执行个人所得税有关政策，实施股权（股票，下同）激励的企业应当在决定实施股权激励的次月15日内，向主管税务机关报送《股权激励情况报告表》（见表6－16），并按照财政部、国家税务总局《关于个人股票期权所得征收个人所得税问题的通知》（财税〔2005〕35号）、财政部、国家税务总局《关于完善股权激励和技术入股有关所得税政策的通知》（财税〔2016〕101号）等现行规定向主管税务机关报送相关资料。股权激励计划已实施但尚未执行完毕的，于2021年底前向主管税务机关补充报送《股权激励情况报告表》和相关资料。境内企业以境外企业股权为标的对员工进行股权激励的，应当按照工资、薪金所得扣缴个人所得税，并执行上述规定。

可以看到，税总征科发〔2021〕69号文由税务总局的征管部门发布，其内容是重申之前文件中对股权激励计划的备案登记等要求，并进一步明确了申报的时间及格式，其目的是加强征收管理。

在税总征科发〔2021〕69号出台前，在各地税务机关的实践中，股权激励计划的备案登记文件格式要求各异，流程也存在很大差别，可能会出现一个跨地区的集团公司在进行税务备案时，对于同一个激励计划，却要准备不同格式的文件的情况。税总征科发〔2021〕69号旨在给企业提供更加明确的指导意见，以清晰的流程和标准的格式减轻企业和税务机关的申报/受理的行政性负担。

四、其他股权激励优惠政策

依据国家税务总局《关于促进科技成果转化有关个人所得税问题的通知》（国税发〔1999〕125号）的要求，为奖励高新技术产业发展，自1999年7月1日起：

> 一、科研机构、高等学校转化职务科技成果以股份或出资比例等股权形式给予科技人员个人奖励，经主管税务机关审核后，暂不征收个人所得税。
>
> ……
>
> 二、在获奖人按股份、出资比例获得分红时，对其所得按“利息、股息、

表 6－16　股权激励情况报告

备案编号（主管税务机关填写）：　　　　　　　　　　　　　　金额单位：人民币元（列至角分）

股权激励计划实施企业基本情况								
实施企业名称			纳税人识别号（统一社会信用代码）	□□□□□□□□□□□□□□□□□□				
所在国家/地区		地址		联系人		电话		
股权激励计划标的企业基本情况								
企业名称			纳税人识别号（统一社会信用代码）	□□□□□□□□□□□□□□□□□□				
所在国家/地区		地址		联系人		电话		
股权激励计划实施企业是标的企业的	□直接或间接控股公司　□直接或间接被控股公司　□直接或间接协议控制公司　□直接或间接被协议控制公司　□其他________							
股权激励形式								
股权激励形式（单选）	□股票（权）期权　□限制性股票　□股票增值权　□股权奖励　□其他形式______					决定实施股权激励计划日期		
被激励对象基本情况								
序号	姓名	身份证件类型	身份证件号码	职务	授予股数	授予（行权）价格	授予日	可行权日
谨声明：本表是根据国家税收法律法规及相关规定填报的，是真实的、可靠的、完整的。 填报单位（签章）：　　年　月　日								
经办人签字： 经办人身份证件类型： 经办人身份证件号码： 代理机构签章： 代理机构统一社会信用代码：			受理人： 受理税务机关（章）： 受理日期：　　年　月　日					

国家税务总局监制

红利所得”应税项目征收个人所得税。

三、获奖人转让股权、出资比例，对其所得按“财产转让所得”应税项目征收个人所得税，财产原值为零。

由上可知，科技成果转化股权奖励的税务处理如表6－17所示。

表6－17　科技成果转化股权奖励的税务处理

项目	内　　容
取得股份、出资比例时	暂不征收个人所得税
分红时	按“利息、股息、红利所得”应税项目征收个人所得税
转让时	按“财产转让所得”应税项目征收个人所得税，财产原值为零

值得注意的是，要享受暂免个人所得税的优惠政策，必须满足文件递交和个人身份的要求：

为了便于主管税务机关审核，奖励单位或获奖人应向主管税务机关提供有关部门根据国家科委和国家工商行政管理局联合制定的《关于以高新技术成果出资入股若干问题的规定》（国科发政字〔1997〕326号）和科学技术部和国家工商行政管理局联合制定的《〈关于以高新技术成果出资入股若干问题的规定〉实施办法》（国科发政字〔1998〕171号）出具的《出资入股高新技术成果认定书》、工商行政管理部门办理的企业登记手续及经工商行政管理机关登记注册的评估机构的技术成果价值评估报告和确认书。不提供上述资料的，不得享受暂不征收个人所得税优惠政策。

上述科研机构是指按中央机构编制委员会和国家科学技术委员会《关于科研事业单位机构设置审批事项的通知》（中编办发〔1997〕14号）的规定设置审批的自然科学研究事业单位机构。

上述高等学校是指全日制普通高等学校（包括大学、专门学院和高等专科学校）。

……

四、享受上述优惠政策的科技人员必须是科研机构和高等学校的在编正式职工。

科技成果转化暂不征收个人所得税备案表如表6－18所示。

表 6－18　科技成果转化暂不征收个人所得税备案

备案编号（主管税务机关填写）：　　　　　　　　　　　　　　　　　　　　　　　　　金额单位：人民币元（列至角分）

<table>
<tr><td colspan="11">奖励单位基本情况</td></tr>
<tr><td colspan="2">奖励单位名称</td><td colspan="2"></td><td>纳税人识别号</td><td></td><td>地址</td><td></td><td>联系人</td><td>电话</td><td></td></tr>
<tr><td colspan="11">获奖人员基本情况</td></tr>
<tr><td rowspan="2">序号</td><td rowspan="2">姓名</td><td rowspan="2">身份证照类型</td><td rowspan="2">身份证照号码</td><td rowspan="2">职务</td><td rowspan="2">获奖时间</td><td colspan="2">获得股权奖励形式及数量</td><td rowspan="2">涉及单位名称</td><td rowspan="2">获奖金额</td><td rowspan="2">签名</td></tr>
<tr><td>股份数量（股）</td><td>出资比例（%）</td></tr>
<tr><td></td><td></td><td></td><td></td><td></td><td></td><td></td><td></td><td></td><td></td><td></td></tr>
<tr><td></td><td></td><td></td><td></td><td></td><td></td><td></td><td></td><td></td><td></td><td></td></tr>
<tr><td></td><td></td><td></td><td></td><td></td><td></td><td></td><td></td><td></td><td></td><td></td></tr>
<tr><td></td><td></td><td></td><td></td><td></td><td></td><td></td><td></td><td></td><td></td><td></td></tr>
<tr><td></td><td></td><td></td><td></td><td></td><td></td><td></td><td></td><td></td><td></td><td></td></tr>
<tr><td></td><td></td><td></td><td></td><td></td><td></td><td></td><td></td><td></td><td></td><td></td></tr>
<tr><td></td><td></td><td></td><td></td><td></td><td></td><td></td><td></td><td></td><td></td><td></td></tr>
<tr><td colspan="11">科技成果基本情况</td></tr>
<tr><td colspan="4">科技成果名称</td><td colspan="7">基本情况说明</td></tr>
<tr><td colspan="4"></td><td colspan="7"></td></tr>
<tr><td colspan="4"></td><td colspan="7"></td></tr>
<tr><td colspan="4"></td><td colspan="7"></td></tr>
<tr><td colspan="11">谨声明：此表是根据《中华人民共和国个人所得税法》及有关法律法规规定填写的，是真实的、完整的、可靠的。</td></tr>
<tr><td colspan="6">科研机构或高等学校签章：
经办人（获奖人）：
办理日期：　　年　　月　　日</td><td colspan="5">主管税务机关受理章：
受理人：
受理日期：　　年　　月　　日</td></tr>
</table>

国家税务总局监制

第七章

股权激励的税务处理——境外税

在上一章，我们主要分享了中国企业实施股权激励计划时适用的中国国内的个税法规与实践。那么，在其他国家实施股权激励计划会有哪些相关的个税法规和处理方式呢？

一、美国常用股权激励工具与个税处理

美国是员工股权激励计划最先起源的国家，经过几十年的发展、完善和演化，衍生出来的激励类型较多，相关配套的税法也随之从最初的不完善发展到如今非常复杂和细致的规定。我们在这一章会主要介绍美国常见的股权激励工具和个税处理，并概要介绍澳大利亚、英国和新加坡的股权激励计划及其个税处理。各国的计划可能有不同的名称，既类似又有差异。有时在不同的名称下，内容实质却一致；有时内容相似，但个税处理相去甚远。不论有多少差异，一致的是：都能体现出各国个税政策对股权激励这种形式的支持与监管，也可以看到鼓励企业推行股权激励计划的政策方向。

只有充分了解了中外的法规和实践，我们才能借鉴别人先进的经验和绕过别人走过的弯路；同时，在处理中国企业雇佣外籍员工、中国企业走出去和跨境收购等情形下的股权激励问题时，才能从设计之初就为后期的合法合规和税务优化打下坚实的基础，避免一些原本可以避免的问题，如因设计得不合理而造成的相关计划参与人员的双重纳税等不利情形。

长期激励计划，顾名思义，是一种企业用来长效（通常超过 3 年）地吸引、激

励、绑定人才的工具。企业将长期激励计划作为一种战术补偿工具来使用,以获得员工的长效保留和促进企业各种组织目标的实现。

长期激励计划包含不同的类型,每一种都适用于不同类型的员工。美国市场上常用的类型有股票期权、股票增值权、限制性股票、业绩股票/单位、现金奖励、虚拟股、401(k)退休计划等。接下来将会介绍几种常见的权益型激励工具和它们的个税处理。

1. 员工的权益类薪酬

与中国的情况一样,美国员工的薪酬发放方式一定程度上也会反映其企业的文化。企业在设计其薪酬方案时,需要细致地考虑员工的各种需求,并对员工为企业发展的付出给予充分的肯定。在当期表面价值相同的情况下,薪酬的不同构成会导致不同的最终结果。而在这个过程中,权益性的薪酬是一个重要的要素。

美国员工的权益类薪酬福利也历经了不断地演变与发展,如今已经颇为复杂。要使用好此类工具,需要对股权类薪酬的方方面面有充分的了解。

(1)员工的股权类薪酬

从传统上来讲,员工的薪酬基本上是以现金形式发放的。在员工权益类薪酬发展的早期,公司的股权也仅仅会考虑发放给为数极少的高级管理人员,通常是在他们为企业工作多年之后,当其贡献足够大,从而有资格成为公司的股东时。之后,随着创业公司的普遍兴起,人们发现在这类公司发展的早期,现金流是一个普遍面临的问题,而创业早期又正是亟须招募和保留最优秀的人才的时期。怎么来解决这个两难处境,以保证公司快速和健康的发展呢?权益类薪酬正是在这种历史背景下得以成长为一种主流的薪酬工具。

(2)什么是员工权益类薪酬

员工权益类薪酬是公司提供给员工的一种非现金型薪酬福利。这种福利以多种形式或组合的方式授予员工本公司的股票,对公司最大的好处就是解决现金流的问题。使用权益类薪酬最多的是初创类公司,在这种形式下,初创公司既为它的团队吸引了顶尖的人才,又无须付出其处处捉襟见肘的现金。对于一个初创公司而言,比较典型的做法是拿出10%~25%的公司股权用于员工的股权激励计划。

2. 股票期权的类型

具有高增长潜力或者处于扭亏情况下的公司，常常会选择股票期权这种工具对员工进行激励。因为对于该类型的企业，公司的股本尚处于较低的价格，这就意味着未来有相当大的价值增值的机会，而期权能够提供最大的潜在价值。

根据美国《国内税收法典》的相关规定，股票期权主要分为两种类型：一是激励型股票期权（Incentive Stock Option，ISO）；二是非法定股票期权（Non - statutory Stock Option，NSO）。

表 7 - 1 是对 ISO 和 NSO 的美国联邦税处理的简单对比介绍。

表 7 - 1　ISO 和 NSO 美国联邦税处理对比介绍

对比项	激励型股票期权（ISO）	非法定股票期权（NSO）
激励对象	仅可授予员工	可以授予任何对象，如员工、董事、外部顾问、承包商等
行权价格	行权价格不得低于授予日公司股票的市场公允价值； 如激励对象已持有公司 10% 以上的股票，则其行权价不得低于授予日公司股票公允价值的 110%	无限制*
个人税务影响	授予时：不纳税 行权时：不纳税（但需作 AMT 调整） 出售时：须就股票出售的价格与行权价的差额缴纳资本利得税 联邦层面的长期资本利得适用最高为 20% 的累进税率，另需考虑 3.8% 的净资产投资税	授予日：不纳税 行权日：须就行权日当日股票期权的公允价值与行权价的差额按工资薪金（普通性收入）缴纳个人所得税 出售时：须就股票出售的价格与行权日股票的公允价值的差额缴纳资本利得税 联邦层面的一般收入适用最高为 37% 的累进税率
行权额度	激励对象在可行权的第一年年内，可行权的股票期权的总额度不得超过 10 万美元	无限制

续表

对比项	激励型股票期权(ISO)	非法定股票期权(NSO)
持有年限	激励对象必须自授予日起持有满 2 年,自行权日起持有满 1 年,即行权 1 年内不得进行出售;否则将被认定为非合格股票期权	无限制
转让权限	不可转让,且行权有效期最长为 10 年	可规定是否可以转让

* 此处并未考虑 409A 法条的要求。关于 409A 法条的介绍,请参见后面章节。

可以看出上述两种工具有两个关键的区别:一是授予对象;二是税收待遇。简言之,ISO 只能授予公司或子公司员工,而 NSO 可以授予员工、顾问、董事、承包商和其他关联人士。在税收待遇上,ISO 的持有者在期权行权时无须就工资薪金收入缴纳个税,而非法定股票期权的持有者在行权时需要就工资薪金收入缴纳个税。

3. 激励型股票期权

(1)激励型股票期权(ISO)的定义

激励型股票期权是来自美国税法上的一个概念,区别于大家常常听到的非合格股票期权,也被称为合格股票期权。英文里其还有另一个名称 Statutory Stock Option,即法定股票期权。ISO 是公司为其员工提供的一种薪酬类的福利,员工享有在未来某个时间用一个预先设定的,通常低于未来市值的价格购买本公司股票的权利。虽然一般的股票期权在行权时是按普通收入的性质计算美国个人所得税,但在 ISO 的安排下,员工如果在满足了条件后出售股票,则可以按长期资本利得的税率来缴纳个人所得税。因为长期资本利得的税率会低于普通收入的税率,因此员工能在个税上获得额外的福利。

激励型股票期权是公司长期薪酬福利的一种方式,用于在正常的短期薪酬基础上吸引、保留和鼓励员工更努力地为公司工作,延长优秀员工的在职率。ISO 通常的发放对象为初创企业的早期核心员工或成熟企业里极具价值的员工,如高层管理人员。

综上所述,ISO 是股票期权的一种,所以它也有期权所具备的相关要素,如授予、归属、行权和之后的出售。

(2)激励型股票期权的好处

激励型股票期权的优势体现在：

① 行权时不申报工资薪金收入。

② 行权时雇主没有扣缴义务。

③ 如果满足两个持有期要求,在股票出售时收入性质为长期资本利得。

④ 如果不满足持有期要求,行权时市场公允价值和行权价的差额将作为普通收入计税,如果在此之上还有收益(出售价格高于行权时市场公允价值),其差价将作为资本利得计税。但即使在此种情况下,雇主仍然没有扣缴义务。

(3)ISO 产生 AMT(Alternative Minimum Tax)的情况

当谈到激励型股票期权在行权时不纳税时,其指的是在正常的税制之内不纳税,但美国国税局(Internal Revenue Service, IRS)还规定了一种替代性最低税制(Alternative Minimum Tax,AMT)。在早期,美国《国内税收法典》提供了大量的税前扣除政策,而一些美国纳税人(尤其是富人)过度地利用税前扣除政策,对其收入进行避税操作,使其实际税负率远低于普通人的税负率,导致广大正常纳税人的不满。为了修正不当或过度使用税前扣除政策而引发的不公平等社会问题,美国国税局引入了最低税负制(Minimum Tax,MT),而 AMT 则是由 MT 逐渐发展而来的。替代性最低税制是在原正常的税制体系外,重新制定一套独立的税收计算公式,将正常税制下允许的一些税前扣除项目重新加回税基中,再计算应纳税额,替代性最低税制下的税率会低于正常税制下的税率。最后,将正常税制和替代性最低税制下算出的税做比较,选择孰高者作为最终税负。因此,即便纳税人在正常税制下通过各种扣除方法把纳税金额降到零,他仍然需要按替代性税制下计算的应纳税额交税,如表 7－2 所示。

表 7－2　正常税制和替代性最低税制下联邦个人所得税应纳税额的确定

单位:美元

项目	正常税制下应纳税额	替代性最低税制下应纳税额	替代性最低税(AMT)	最终应纳税额
纳税人 A	78,000	52,000	0	78,000
纳税人 B	78,000	84,000	6000	84,000

综上所述，激励型股票期权在行权时，会触发 AMT。在 AMT 下，员工在行权当年，虽然在正常的税制下无须申报任何相关的期权收入，但需要将行权日股票公允市场价值与行权价格的差额在 AMT 体系中计入为收入进行纳税。读者可能会有疑惑，如果行权当年已经在 AMT 体系中纳税，那么，在出售股票时，即使按长期资本利得纳税，不也是双重征税了吗？关于这一点，美国《国内税收法典》是有应对的，在股票实际出售的当年，即在正常税制中按资本利得收入申报纳税时，在 AMT 体系中会做一个收入的调减，冲抵之前计入的收入，以此避免双重征税。读者可能已经发现了，AMT 的引入极大地增加了计算激励型股票期权的复杂度。

（4）ISO 的认定要求

想要在税务上被认定为 ISO，需要满足美国《国内税收法典》第 422 条的相关要求，以下是对 ISO 认定条件的总结。

① 激励计划的审核批准

第一，必须经由股东会在计划采纳前后 12 个月内审议通过。

第二，计划内应列明可根据期权发行的股份总数及有资格获得期权的雇员（或雇员类别）。

② 期权授予价格

第一，期权授予价格不得低于授予时股票的公允市场价值。

第二，若激励对象是持股（或投票权）10% 以上的股东，则期权授予价格不得低于授予时股票的公允市场价值的 110%。

③ 授予期限

期权须在计划采纳之日（或计划经股东会审议通过之日，选择孰早）起 10 年内授予。

④ 行权期限

第一，期权在授予日起 10 年届满后将不可行使，若激励对象是持股（或投票权）10% 以上的股东，则期权在授予日起 5 年届满后不可行使。

第二，在期权授予日至期权行权日之前 3 个月的这段时间必须是公司雇员或母/子公司雇员（见图 7－1）。如果是残疾雇员，则期限延长至 1 年。也就是说，普通雇员在离职 3 个月内必须行权，而残疾雇员必须在离职 1 年内行权。

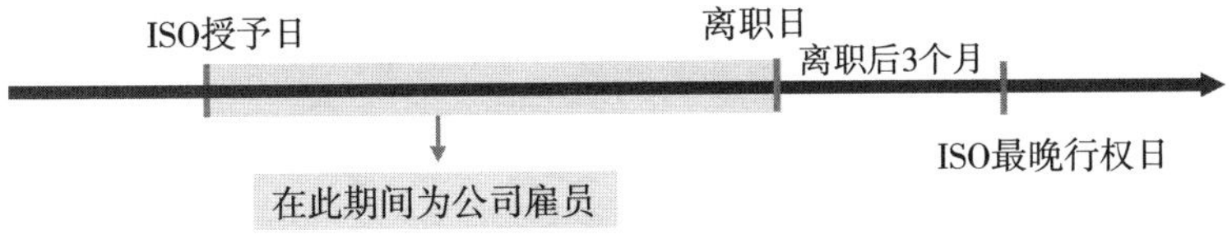

图 7－1　行权期限

⑤ 激励对象

第一，必须是公司雇员或母/子公司雇员。

第二，期权通常不能向持有雇主公司（及其母/子公司）所有类别股票的总投票权 10% 以上的个人（特殊情况除外）授予。此处的特殊情况必须满足两个条件：期权授予价格——期权授予价格不低于授予时股票的公允市场价值的 110%；行权期限——自授予之日起 5 年行权期限。

⑥ 持有期限

自授予日起应持有满 2 年，且自行权日起持有满 1 年。

⑦ 转让限制

期权不得转让，且在员工有生之年不得由员工本人以外任何人行使。若员工身故，则根据遗嘱或继承分配法进行转让。

⑧ 期权数量——100,000 美元限制

任何日历年（根据员工雇主的所有计划）首次可行使激励型股票期权（ISO）的股票总公允市场价值（在授予日确定）不得超过 100,000 美元。如果超出此限制，超过 100,000 美元的部分期权将被视为非合格股票期权（NSO）。

（5）ISO 的个税处理

ISO 的个税处理如表 7－3 所示。

表 7－3　ISO 的个税处理

时点	纳税义务
授予日	不纳税
归属日	不纳税
行权日	无个人所得税，可能触发 AMT
出售日	须纳税——就股票出售的价格与行权价格的差额缴纳长期资本利得税（long－term capital gain）

4. 非合格股票期权与非法定股票期权

(1)NSO 的定义

非合格股票期权(Non - Qualified Stock Option,NQSO 或 NSO),也被称为非法定股票期权(NSO),是股票期权的一种常见形式。无论是非合格或非法定,并非说它不合法,它只是相较于激励性股票期权而言,是股权激励的一种形式。

在 NSO 下,公司授予激励对象以既定价格("行权价")购买一定数量公司普通股的权利。大多数上市公司之所以选择授予 NSO,因为 NSO 不受美国《国内税收法典》第 422 条的要求限制。

(2)NSO 的生命周期及行权方式

NSO 的生命周期如图 7 -2 所示。

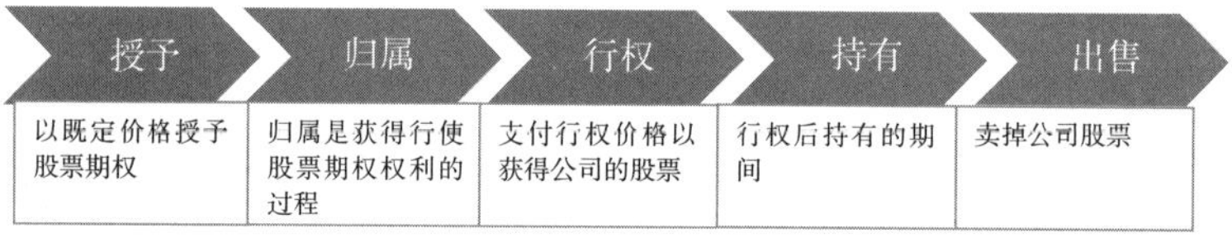

图 7 -2　NSO 的生命周期

非合格股票期权的行使一般有三种方法,分别是现金行权、无现金行权并全部出售和无现金行权并部分出售(见图 7 -3)。

① 现金行权

这是一种最基本的行权方式。员工用现金支付行权价格以完成行权,持有购入的股票。具体流程一般为:员工向公司或公司指定的证券经纪人(stock-broker)支付行权费用以及相应的税金和佣金,公司或证券经纪人收到付款后,以行权价格执行股票期权。证券经纪人替个人购买股票,并将股票存入个人的账户。这种形式需要员工有充足的现金流,适合涉及金额不大且员工对公司股票价格的前景极度看好的情况,员工也可以授权公司从其工资或奖金里扣除现金以支持行权价。行权后员工继续持有公司的股票,如果未来员工出售股票时公司股价上涨,员工收获资本利得(capital gain);如果未来公司股价下行,员工出售股票会产生资本利亏(capital loss),之前按较高价格已缴纳的税款不能退回。

这种形式最符合股权激励设计的初衷：一方面，员工支付一定的成本获取了公司的股票，从而使自身利益与公司利益息息相关；另一方面，员工明白公司股价的提升会给自己带来更大的利益，因此更有意愿努力工作，为公司和自身创造更大的价值。

② 无现金行权并全部出售

这种方式极为常见，员工个人无须以现金或支票来支付行权费用，而是选择在行权当日出售全部股票。具体流程一般为：员工通知证券经纪人行权并于当日全部售出，经纪人以融资或融券的形式安排行权并出售全部股票给第三方，收回现金，用出售股票的收入支付行权价格、税款、佣金和其他费用后，将剩余的现金存入员工的账户中。这种形式下员工不需要使用任何自有资金，其适合涉及金额较大，且不愿意继续持有股票，希望马上变现的情况。行权且出售后因为员工不再继续持有公司的股票，未来无论公司的股票是涨还是跌，员工既不享受增值的收益，也不承受损失的风险。

③ 无现金行权并部分出售

这种方式是上一种方式的衍生。具体流程与前述基本相似，员工个人同样无须以现金或支票来支付行权费用，而是选择在行权当日出售部分股票使其足以支付行权价格、税款、佣金和其他费用，而继续持有剩余的股票。这种形式下员工仍然不需要使用任何自有资金，其适合涉及金额较大，但对公司股票的前景适度看好，愿意一定程度上继续持有股票的情况。因为员工继续持有公司的部分股票，未来公司的股票涨跌会给员工带来收益或造成损失。

1.行权并持有 现金行权 在期权归属之后，选择用现金行权，并获取全额行使的股份数量。未来可能会从股票的增值中获得收益	2.行权并卖出* 行权当日全部卖出或无现金行权 行权后立即卖掉全部股票，使用出售股票的收益来支付所有的期权行权成本（包括行权款、税款、佣金和其他费用）后，获得净现金收益	3.卖掉部分股票以覆盖行权成本*(sell-to-cover) cashless hold 出售一部分股票以支付期权行权成本（包括行权款、税款、佣金和其他费用），并获得剩余的股票
支付：现金 获得：股票	支付：股票出售所得现金 获得：现金	支付：股票出售所得现金 获得：股票

图7－3　股票期权的三种常见行权方式

＊无现金行权和卖掉部分股票以覆盖行权成本仅适用于公司股票可公开交易的情景。

(3)NSO 的个税处理

NSO 的个税处理如表 7－4 所示。

表 7－4　NSO 的个税处理

时点	纳税义务
授予日	不纳税
归属期及归属日	不纳税
行权日	须纳税——持有者须按照行权日市场公允价值(FMV)与行权价格的差价作为普通收入缴纳个人所得税 联邦税率为 10%～37%
出售日	须纳税——就股票出售的价格与行权日股票的市场公允价值(FMV)的差额缴纳资本利得税* 联邦税率:长期资本利得适用最高 20% 的累进税率;短期资本利得适用最高 37% 的累进税率。另外,超过限额部分另行征收 3.8% 的净资产投资税

*从行权日到出售日的期间作为持有期限,若持有期限不超过 12 个月,则算作短期资本利得;若超过 12 个月,则算作长期资本利得。

(4)案例分析(见表 7－5)

表 7－5　案例评析

单位:美元

日期	描述	授予价格	市场公允价值	应纳税收入	应纳税额	计算
2020 年 6 月 30 日	授予期权	1	1	0	0	N/A
2021 年 7 月 1 日	期权行权	1	3	2	0.74	2×37%*
2022 年 7 月 2 日	售出	1	5	2	0.4	(5－3)×20%

*此案例按联邦个税最高税率呈现,并不考虑其他雇佣税。

5. 限制性股票单位

(1)限制性股票单位(RSU)的定义

RSU 是指雇主以公司股份的形式向雇员发放的一种薪酬补偿。RSU 在满足特定归属条件(如绩效表现、里程碑事件)或遵守一定的归属周期安排后方可归属,激励对象在 RSU 归属后可获得相应数量的公司股票或等额数量股票所对应的现金收益。

换句话说,RSU 是参与者在归属后从公司获得特定数量普通股或对应现金收益的权利。如果员工未能满足归属要求,则 RSU 被公司没收;如果员工满足规定的归属要求,公司则在归属日后发行普通股(股票结算)或等额数量普通股所对应的现金收益(现金结算)。

(2)双重触发的限制性股票单位

RSU 的持有者并不是相关股份的实质拥有人,因此在授予 RSU 时不会发生财产转让,并且在 RSU 归属和结算之前,RSU 的持有人不会产生纳税义务。因此,通过推迟归属日期,可以对 RSU 进行一些税收筹划。

上市公司发行的 RSU 在以股票结算的情形下,通常在归属后就可以在二级市场上出售,所获得的收益可以对 RSU 的应纳税额进行预扣缴。但是许多非上市企业,因为其股票不具备流动性,一旦 RSU 归属,就需要出钱对 RSU 的应纳税额进行预扣缴。这对于尚没有实际获取收益的参与者来说,没有卖出去股票,却要支付所有相关税款,会面临很大的现金流压力。倘若未来公司 IPO 失败,资金沉淀的风险也很大,因此 RSU 逐渐演变发展出了双重触发式 RSU。与传统的 RSU 不同,双重触发式 RSU 需要两个事件同时触发才会归属,才会触发纳税时点。双重触发式 RSU 也逐渐成为 Pre－IPO 公司的首选。

双重触发式 RSU 第一个触发因素通常是时间。与公开交易的 RSU 一样,双重触发式 RSU 拥有一个归属时间表,通常是 4～5 年。但在 4～5 年后,双重触发式 RSU 也并没有完全归属,须等到第二个触发因素条件满足后才可归属。第二个触发因素通常会选择一个流动性事件,如 IPO 或被收购。待两个触发因素都达成时,RSU 才真正地完全归属,参与者随之产生纳税义务。

(3)RSU 的生命周期及个税处理(股票结算)

RSU 的生命周期如图 7－4 所示。

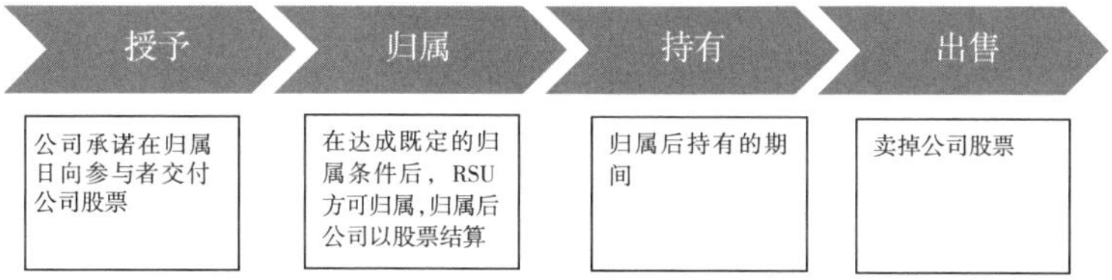

图 7－4　RSU 的生命周期

RSU 的个税处理如表 7－6 所示。

表 7－6　RSU 的个税处理

时点	纳税义务
授予日	不纳税
归属日	须纳税——持有者需按照归属日股票市场公允价值作为普通收入缴纳个人所得税 联邦税率为 10%～37%
出售日	须纳税——就股票出售的价格与行权日股票的市场公允价值的差额缴纳资本利得税* 联邦税率：长期资本利得适用最高 20% 的累进税率；短期资本利得适用最高 37% 的累进税率。另外，超过限额部分另行征收 3.8% 的净资产投资税

* 从行权日到出售日的期间作为持有期限，若持有期限不超过 12 个月，则算作短期资本利得；若超过 12 个月，则算作长期资本利得。

（4）案例分析

A 公司于 2020 年 5 月 1 日授予员工 B 先生 4000 股 RSU，分 4 年归属，每年归属 25%。2021 年 5 月 1 日，第一批 1000 股归属，归属日股价为 50 美元。2022 年 5 月 2 日，股票的公允市场价格涨到 80 美元，B 先生拟将 2021 年归属的部分股票卖出。假设联邦个人所得税税率为 37%，长期资本利得税率为 20%，暂不考虑净资产投资税、州税和其他税种，请问 B 先生应如何纳税？

归属日（2021 年）个人所得税 ＝50×1000×37% ＝18，500（美元）

出售日（2022 年）长期资本利得税 ＝（80 －50）×1000×20% ＝6000（美元）

（5）section 83（i） Election

section 83（i） Election 是美国《国内税收法典》下的规定，该条款允许非上市公司在广泛授予股票期权和限制性股票单位（RSU）时帮助其员工将行权/归属时的所得税递延最高至 5 年或当非上市公司股票上市流通时。

要申请 section 83（i），必须是合格公司依据书面的计划向合格员工授予的，与为该公司提供服务有关的限制性股票单位或合格的股票期权。申请要求很详细，以下列举了主要要求。

① 合格公司

所谓合格公司指非上市公司，其公司股票没有在成熟的公开交易的证券市场交易。

② 合格员工

合格员工不得包括:现任或曾任 CEO 或 CFO 个人(及其亲属);所持有的公司所有类别的股票的总投票权或总价值超过 1% 的员工及其亲属;根据美国证券交易委员会股东披露规则确定的公司 4 名薪酬最高的高管人员之一的任何个人。

申报 section 83(i)的员工必须同意所有延迟归属的股票由公司托管,且延迟归属的股票须在申报的日历年度结束前存入托管,且持续保持托管状态,直至股票被移除或公司收到员工的税金。

③ 合格计划

第一,必须是公司书面的计划。

第二,至少 80% 的合格员工被授予股票期权或 RSU。

④ 递延周期

在申报 section 83(i)之后,员工直到以下最早的日期才需要缴纳所得税:股票可转让(包括公司回购);该员工成为不合格员工;股票可在成熟证券市场上交易;股票首次归属或可转让起 5 年届满;员工撤销 section 83(i)申报。

⑤ 申报时锁定的应税额

股票的所得税金额基于股票最初归属或转让时的公允市场价值,不管后来股票是否贬值。

⑥ 适用工具

第一,适用股票期权、RSU。

第二,不适用 RS、股票增值权。

⑦ 雇主可以选择不允许雇员申报 section 83(i)

6. 限制性股票

(1)限制性股票的定义

RS 也是权益性薪酬的一种形式,是指雇主按照预先确定的条件授予激励对象公司股票,激励对象只有在工作年限或业绩目标符合股权激励计划规定条件时,才可出售限制性股票并从中获益。限制性指所有权受限制。其通常包括:① 转让或转售受限制;② 公司有权在员工离职时回购股票。

RS 在授予时即发行股票给员工,当 RS 归属时,回购权失效,归属期通常为 4 ~5 年。若员工与公司解除雇佣关系,则公司回购未归属部分限制性股票。该回购价格通常为:①股票的原始成本;②股票的原始成本或终止日股票的公允市场价值孰低者。

(2)RS 与 RSU 的对比分析

RS 与 RSU 的比较如表 7 -7 所示。

表 7 -7　RS 与 RSU 的比较

对比项	限制性股票(RS)	限制性股票单位(RSU)
定义	公司在授予日向参与者发行受限制的股票,该等股票在归属前限制处置	公司承诺在归属日向参与者交付公司股票
授予价格	0 元授予或按照股票面值,视企业情况而定	0 元授予
股票过户	授予时	归属时
归属期内股东权利	受限制的股东权利,限制处置 除非在协议内约定并获得参与者的认可,否则一般有投票权和分红权	在归属期内未实质获得股票,无股东权利

(3)RS 的生命周期及个税处理

RS 的生命周期如图 7 -5 所示。

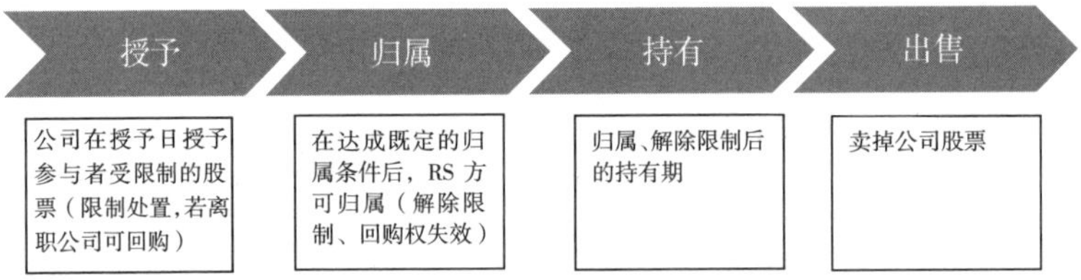

图 7 -5　RS 的生命周期

RS 的个税处理如表 7 -8 所示。

表7－8　RS的个税处理

时点	纳税义务
授予日	不纳税
归属日	须纳税——持有者须按照归属日股票市场公允价值与授予日的出资价格的差额作为普通收入缴纳个人所得税 联邦税率为10%～37%
出售日	须纳税——就股票出售的价格与归属日股票的市场公允价值的差额缴纳资本利得税 联邦税率:长期资本利得适用最高20%的累进税率;短期资本利得适用最高37%的累进税率。另外,超过限额部分另行征收3.8%的净资产投资税

(4)案例分析

A公司于2018年5月1日授予B先生3000股限制性股票,授予价格为0美元,分3年归属,每年归属1/3。

2019年5月1日,第一批1000股归属,归属日股价为50美元;

2020年5月1日,第二批1000股归属,归属日股价为100美元;

2021年5月1日,第三批1000股归属,归属日股价为500美元。

计算B先生的联邦个人所得额:

2019年5月1日,个人所得额为1000×(50－0)＝50,000美元;

2020年5月1日,个人所得额为1000×(100－0)＝100,000美元;

2021年5月1日,个人所得额为1000×(500－0)＝500,000美元。

综上所述,在2019年5月1日,B先生需将5万美元计入当年所需报税的正常收入中进行相应报税;2020年为10万美元,2021年为50万美元。此收入性质为工资薪金,雇主有雇主税扣缴的义务,并需将此收入和扣缴的税款额都呈现在雇主出具的年度收入信息表W－2表格里。

由此可见,若公司的股票价值在授予后接下来的几年中持续增加,则B先生的税负也会逐渐增加,在2021年的个人RS收入达到50万美元,个人所得税税率最高可达37%。

为了避免这种因为公司价值的不断增长而产生的较重税负,美国《国内税收法典》提供了section 83(b)Election的选项,即B先生可在公司授予限制性股票的 30 日内向美国国税局申报 section 83(b)Election,在完成该申报后,B 先生所获的 3000 股限制性股票均可按照授予时股票的公允市场价格计算收入并在当年按工资薪金进行申报,而之后年度股票的增值部分在出售时则可适用资本利得的税率。

(5)section 83(b)Election

section 83(b)Election 是美国《国内税收法典》下的规定,该条款赋予员工或初创公司的创始人一个选择权,即在授予限制性股票时可按限制性股票当时的公允市场价值纳税。

section 83(b)Election 只适用于需要归属的股票,它会提示美国国税局(IRS)在授予限制性股票时向所有者征税,而不是在限制性股票归属时征税。section 83(b)Election 的相关申请文件必须在限制性股票授予后的 30 日内报送给美国国税局(IRS),并递交一份副本给雇主。

总结一下,section 83(b)Election 意味着员工或初创公司的创始人可以在公司估值较低且预计公司股票价值在接下来的几年中会较大增长的时候,以授予时点的公允价值预先支付限制性股票原本所有归属时点的总纳税义务,将未来的增长记作"资本利得"。在公司股价持续增长的情况下,无疑此种安排会有很大的税务节省,但如果公司的股价持续下降,这种税收策略毫无疑问是不明智的,因为参与者会按更高的股权价值提前多缴税款。

7. 业绩股票

(1)业绩股票的定义

业绩股票(Performance Shares,PS)是一种权益结算的长期激励工具。具体来说,它是在公司范围内满足特定业绩标准(通常是财务或业务指标)的情况下,将公司的股票分配给参与者(通常为公司高管)的一种安排。

PS 旨在使公司高管人员获得具有市场竞争力的长期激励并加强绑定,将股东价值与公司高级管理团队的长期收益联系起来,从而推动参与者积极实现利润增长的承诺。公司可通过 PS 这种形式加强股东价值与高管自身业绩的联系。PS 的主要特点如表 7 - 9 所示。

表 7－9　业绩股票(PS)的主要特点

项目	内　　容
绩效和等待期	通常为 3～4 年 授予通常每年进行一次
绩效指标	财务指标(如 EPS、ROE 等) 市场条件(股东总回报、股价变化等) 其他(客户满意度、公司战略计划)
结算方式	通常以股票结算 (也可以现金结算)
审核批准	纽交所和纳斯达克要求上市公司授予业绩股票以权益结算的,须经股东批准 如果以现金结算的,则无须股东批准

(2)业绩股票的个税处理

业绩股票(PS)的个税处理如表 7－10 所示。

表 7－10　业绩股票(PS)的个税处理

时点	纳税义务
授予日	不纳税
绩效期结束日	不纳税
结算日	以权益结算——以结算日收到的股票的市场公允价值计算普通收入缴纳联邦个人所得税 以现金结算——直接全部计入普通收入
出售日	须纳税——就股票出售的价格与结算日股票的市场公允价值的差额缴纳资本利得税 联邦税率:长期资本利得适用最高 20% 的累进税率;短期资本利得适用最高 37% 的累进税率。另外,超过限额部分另行征收 3.8% 的净资产投资税

8. 员工股票购买计划

(1)员工股票购买计划的定义

员工股票购买计划(Employee Stock Purchase Plan,ESPP)是一种公司运作的股票购买计划,参与该计划的员工可以用折扣价购买公司的股票。员工通过在授予日和购买日之间累积的工资扣除额(税后)来缴纳出资参与该计划。雇主通常在购买期的最后一天发行股票，员工可以在任意时间选择退出，购买期限通常为 6 个月、12 个月、24 个月。

常见的操作流程为：

第一，公司向员工启动员工股票购买计划；

第二，公司获得员工的授权从其工资薪金里逐月按比例扣除一定金额的税后收入以建立起购股基金；

第三，在购买期的最后一天，公司用累积起来的员工购股基金以当日的市场公允价格按事先约定好的折扣比例为员工购买本公司股票。

为了提升激励的效果，有些计划会增加价格回望的条款以增加一层对员工购股价的保护。一般来讲，员工按购买日的市场公允价格使用事先约定好的折扣来购买。但在价格回望条款下，员工可以在授予日和购买日的市场公允价格中选择孰低者作为购买的基础价格，在此基础上计算折扣后的实际购买价格，以获取更低的购买成本。

ESPP 鼓励员工持有公司的股票，以分享公司长期价值的增长。

（2）合格 ESPP 与非合格 ESPP

ESPP 分为合格 ESPP 与非合格 ESPP 两类。此处的“合格”指该计划按照美国《国内税收法典》第 423 条中的要求设计与实施，从而能享受其所提供的税务优惠处理。

合格的 ESPP 主要需要遵循以下几点规定：

① 计划的审核批准：须经由股东会在计划采纳前后 12 个月内审议通过。

② 价格：价格不得低于授予日股票公允市场价值的 85% 和购买日股票公允市场价值的 85% 中孰低者。

③ 购买期限：如果以折扣定价，自授予之日起最长 27 个月的期限。

④ 激励对象：参与者只能是公司（及其母公司、子公司）雇员；不得是受雇少于 2 年的员工；不得是每周工作时间不超过 20 小时的员工；如果员工在被授予后，其持有的公司所有类别的股票的总投票权或总价值超过 5%，则该员工不得参与计划。

⑤ 额度：任何日历年的可行使金额不超过 25,000 美元。

⑥ 实施方式：雇主通过扣除工资来实施。

合格 ESPP 可以享受特定的税务优惠处理，即在购买日无须按工资薪金缴纳个人所得税，而是递延到未来出售股票时再缴纳个人所得税。届时，收入总额按实际收益情况分为普通收入和资本利得两部分，按各自适用的税率计算应纳税金额。在美国，企业实施 ESPP 时，出于对员工税务优化的考虑，大部分企业会选用合格 ESPP。

非合格 ESPP 无须满足上述针对合格 ESPP 设定的条件，因此不能享受税收优惠，使用折扣购买公司股票的购买日即产生纳税时点。但是，也因为不用遵守严格的条件，其在设计计划时有更灵活的空间，如给予更大的折扣比例。有很多境外公司员工参与的计划，由于这些员工不用考虑美国个税影响，也可以考虑选用非合格 ESPP 以换取其他方面的好处。

表 7－11 为合格 ESPP 与非合格 ESPP 的对比。

表 7－11　合格 ESPP 与非合格 ESPP 的对比

时点	合格 ESPP	非合格 ESPP
资金来源	税后工资扣除	税后工资扣除
折扣范围	0～15%（15%最常用）	可以不符合 IRS 15%上限的要求
计划的审批	经股东会批准	非必要
税收政策	有税收优惠	无

（3）合格 ESPP 的处置

合格 ESPP 根据其持有期间的长短分为合格处置（qualified disposition）与非合格处置（disqualificd disposition）。

所谓合格处置，是指在满足美国国税局（IRS）规定的两个持有期后出售股票。两个持有期分别是：自授予日起持有 2 年；且自购买日起持有 1 年。

如果股票在规定的两个持有期内正常持有，在出售时就是合格处置，就可以享受税收优惠；如果股票没有在规定的持有期内持有，就会发生不合格处置，也就意味着不能享受相应的税收优惠政策。

图 7－6 总结了合格 ESPP 的两种处置方法。

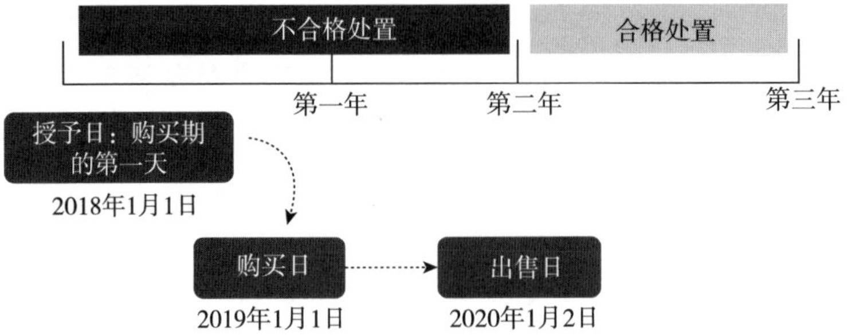

图 7－6　合格 ESPP 的两种处置方法

购买期间为授予价格有效的期间，授予日为购买期的第一天，购买日期通常为每个购买期的最后一天。

（4）合格 ESPP 的个税处理

合格 ESPP 在合格处置与非合格处置情形下的个税处理如表7－12 所示。

表 7－12　合格 ESPP 的个税处理

项目	合格处置	非合格处置
普通收入	按下列两种方式计算普通收入应税所得，可选择两个价格之孰低者： ① 股票出售的价格与股票实际购买价格的差额； ② 发售日首日的市场公允价值（FMV）乘以折扣比率	购买日股票市场公允价值与实际出资的差额
资本利得	按照股票出售的价格与发售日股票的市场公允价值的差额缴纳长期资本利得税	按照股票出售的价格与购买日股票的市场公允价值的差额缴纳长期或短期资本利得税

（5）案例分析

在如下条件下，合格处置与不合格处置的比较，见表 7－13。

股票发行的数量为 20 股；

2019 年 1 月 1 日发售日股票的市场公允价值为 10 美元；

2019 年 4 月 30 日购买日股票的市场公允价值为 15 美元；

2019 年 4 月 30 日以 15% 的折扣购入股票，购买价格为 8.5 美元；

2019 年 6 月 1 日出售日股价为 16 美元；

2021 年 9 月 30 日出售日股价为 25 美元。

其个税处理如表 7－13 所示。

表 7－13　该案例的个税处理

单位:美元

时点	合格处置	不合格处置
出售日	2021 年 9 月 30 日	2019 年 6 月 1 日
普通收入个税	计算方式 1:股票出售的价格与股票实际购买价格的差额;25－8.5＝16.5 计算方式 2:发售日首日的市场公允价值乘以折扣比率;10×15%＝1.5 二者选较低者,普通收入为 1.5 1.5×37%＝0.555	购买日股票市场公允价值与实际出资的差额 15－8.5＝6.5 6.5×37%＝2.405
资本利得税	长期资本利得税 25－10＝15 15×20%＝3	短期资本利得税 16－15＝1 1×37%＝0.37

注:上述案例中假设普通收入适用的联邦税率为 37%,资本利得税率为 20% 且不考虑净资产投资税。

9. 关于 409A 条款

在处理有美国员工参与的股权激励计划时,一个绕不开的话题就是 409A 条款。那么,什么是 409A 条款呢?

美国《国内税收法典》中的 409A 条款是一套全面的、复杂的、有时还让人迷惑的法规体系,适用于所有给员工提供了不合格递延薪酬计划的公司。一般来讲,递延薪酬是一种员工、顾问或董事会成员在未来某个预定的税务年度获得该时间前工作酬劳的薪酬发放安排。“不合格”的计划不包含 401(k)条款和其他“合格”的计划。股权激励计划是递延薪酬的一种,因此也在 409A 条款的覆盖范围内。

409A 条款要求美国企业授予的股票期权行权价格不得低于授予日公司股票的公允价值,这是因为美国国税局(IRS)担心如果允许授予价格低于授予日公司股票的公允价值,则会被一些公司滥用,成为递延员工现时收入的一种安排,而事实上在早期也确实出现过此种情况。

如果股票期权的行权价格低于授予时公司普通股的公允价值,则该期权被视为409A条款中指向的不合格递延薪酬计划，因此纳税时点就不再是行权时点，而是会提前。这会给参与激励计划的员工提早带来现金流的压力，因为他们并没有一笔实际获取的收入。而且，除了常规的联邦所得税、州税和FICA（Federal Insurance Contributions Act）税，参与员工还将承担高额的惩罚性税负，且公司有义务对这些税款进行预扣缴，否则将面临惩罚。

由此可见，在股票期权计划中，授予时公司股票的市场公允价值是一个关键因素。IRS认为，一家企业在授予员工股票期权时，企业和员工都会有很强烈的意愿降低公司的公允市场价值，因为股票的公允价值越低，意味着员工的行权成本更低。因此，企业实施股权激励中权益工具的市场公允价值一直是IRS的重点排查对象。那么，如何来确定公司股票的市场公允价值呢，尤其是未上市公司？是否会使用最近一轮融资价格来作为公司的市场公允价值呢？实践中，很多美国的非上市企业并不会以最近一轮融资估值作为其股票的公允价值，它们通常会在公司实施股权激励前，聘请独立第三方针对其股权价值出具一份评估报告，该报告中的估值也被称为409A估值。

因此，409A估值是一份由独立公司或分析师根据IRS批准的估值方式出具的正式的报告，所测算的是公司普通股的公允价值。通过完成409A估值，就可以得到公司以权益支付的激励工具的公允价值，包括股票期权、限制性股票、股票奖励和其他基于权益支付的激励工具。在很多企业实施的股权激励计划中，尤其是科技类公司的计划，409A估值低于公司最近一轮融资估值是普遍存在的现象。

违反409A估值将会受到IRS严格的处罚，如要求公司本年度和往年所有递延薪酬立即纳税，以及对应纳税额计提利息，对所有递延薪酬加征20%的附加税等。虽然IRS不太可能对大多数初创企业进行审计，但是当公司的业务增长到一定规模，接近退出的时点（如并购、合并或IPO等事项即将发生时），公司就有可能面临IRS的审计。

409A条款除了上文提到的行权价格方面的要求，还有其他很多要求以及林林总总的豁免和除外条款。因为其法规和实践的复杂性，这里就不再赘述，读者可以查阅相关法条或咨询专业人士。

二、澳大利亚雇员股票计划与个税处理

1. 澳大利亚雇员股票计划

在澳大利亚，雇员股票计划（Employee Share Schemes，ESS）的税务处理有专门的规则。

2015 年，澳大利亚政府为了促进企业的发展，宣布对 ESS 的税务处理进行税收改革。在 2015 年 6 月 30 日之后，如果 ESS 的权益（包括股票、期权等）是折价授予的，只要符合相应的资格条件，员工可以享受特殊的税收待遇。

不同的 ESS 适用不同的税务处理方式。根据其是否可以享受税收待遇，可分为两类计划：

（1）无税务优惠型雇员股票计划（non – concessional ESS）

如果公司以折扣价格授予员工 ESS 权益，但是该 ESS 或者员工并不符合税收优惠待遇，则员工在授予日需要就折扣收入进行个税缴纳。

（2）税务优惠型雇员股票计划（concessional ESS）

如果公司以折扣价格授予员工 ESS 权益，且该 ESS 及员工满足税收优惠待遇规定的条件，则可以享受税收优惠政策。

其中，税务优惠型雇员股票计划的基础条件包括：

① 公司为员工提供的必须是公司或控股公司的 ESS 的权益；

② 员工依据 ESS 获授的权益只能与公司的普通股相关，而非优先股；

③ 员工及其亲属在行使 ESS 权利后，不应持有公司超过 10% 的所有权或投票权；

④ 公司的主业不得是并购、证券或其他投资。

上文所述是税务优惠型雇员股票计划的基础条件。在满足上述基础条件和其他条件的前提下，企业和员工须根据实际情况选择满足以下优惠政策中的一种或几种以享受特定的税收优惠：年度豁免待遇（upfront concession）、递延纳税待遇（deferred concession）、初创公司特别税收待遇（start – up concession）。

2. 年度豁免优惠方案

(1)年度豁免优惠方案(taxed – upfront scheme)的内容

在澳大利亚的年度豁免优惠方案制度下,若符合相应的条件,员工可以最高扣除 1000 澳元的应税收入。

(2)年度豁免优惠方案必须满足的条件

员工年度调整后的应税收入不超过 180,000 澳元;且在实际取得(2015 年 6 月 30 日之后)ESS 权益后,员工及其亲属不得持有公司超过 10% 的所有权或投票权。

(3)案例分析

Sarah 在 A 公司工作,并于 2015 年 7 月 29 日根据公司 ESS 获得了 A 公司的激励股票。该部分激励股票的市场公允价值为 6000 澳元,Sarah 的行权价格为 3500 澳元,因此 Sarah 获得了价值 2500 澳元(6000 澳元减去 3500 澳元)的折扣。

如果 Sarah 的年度调整后应税收入(包含 2500 澳元的折扣收入)不超过 180,000 澳元,如果该激励计划被确认符合年度豁免优惠方案,则 Sarah 可以根据法规,将 2500 澳元的折扣收入减去 1000 澳元的税收优惠,仅就 1500 澳元的收入进行个税缴纳。

3. 递延纳税优惠方案

递延纳税优惠方案(tax – deferred scheme)是指当符合相应的条件时,员工取得 ESS 权益的收益在授予日无须缴税,递延至递延纳税时点才须缴税。

递延纳税时点以下述日期中孰早为准:

(1)权益无没收(forfeiture)风险且无处置限制的日期,通常为股票归属日或期权行权日;

(2)员工终止雇佣关系(从 2022 年 7 月 1 日起,这一条失效,员工终止雇佣关系不会产生递延纳税时点);

(3)授予日后 15 年(如果是 2015 年 7 月 1 日前授予,则为 7 年期)。

4. 初创公司特别税收待遇

(1)初创公司特别税收待遇(concessions for start - up companies)的内容

澳大利亚的初创公司特别税收待遇政策是指2015年6月30日之后在澳大利亚雇员股票计划(ESS)制度下,如果符合相应的条件,员工无须在获取当年就折扣收入(权益的公允价值和授予价格的差价)进行所得税缴纳,只需在出售时缴纳资本利得税即可。

举例说明,假设B公司是一家符合初创公司认定资格的start - up company,B公司股份的市场公允价值为每股10澳元,公司授予员工Lorene 2500股股票,价格为每股8.5澳元。如果Lorene在满足相关的个人条件后,她的ESS权益可以根据初创公司特别税收待遇,无须在取得股票时就股票的市场价格及行权价格(10澳元与8.5澳元的差额)缴纳个人所得税,只需在股票出售时就销售收入缴纳资本利得税。

(2)初创公司特别税收待遇的资格条件

初创公司特别税收待遇相关的要求如下。

① 初创公司的认定条件

第一,公司未上市;

第二,公司注册成立时间少于10年;

第三,期权授予之前一年的总营业额不超过5000万澳元。

② 对雇主的要求

雇主公司必须是澳大利亚居民纳税企业。

③ 权益的持有期权条件

第一,雇员须持有ESS权益至少3年,持有期限从雇员行权(真实获得权益)开始计算;

第二,如果在3年的期限内,公司因100%被收购而导致所有雇员的权益都被处置,则雇员可以书面提出申请以缩短最短持有期限要求。

④ 权益规定

第一,股票的折扣不能超过市场公允价值的15%;

第二,期权的行权价格不得低于公司发行的普通股的市场公允价值。

此类计划并不要求唯一性,即使用初创公司特别税收待遇的同时,如果满足条件,可以同时使用其他优惠政策。

5. 股票期权计划

在澳大利亚,股票期权计划(share option plans)相当受欢迎,因为股票期权计划几乎适用于所有的行业,这一工具允许澳大利亚公司授予员工与公司普通股相关的选择权或权利,其中,期权与股票最大的差异在于,期权通常以指定的行权价格行使,而股票通常可以免费行使,员工无须承担任何费用。

澳大利亚员工股票期权计划的关键要素主要包括:

(1)授予:股票期权计划的参与人通常是澳大利亚公司的高管人员,也可以是全体员工。除此之外,一些非员工,如非执行董事(上市公司若向非执行董事或执行董事授予期权需要获得股东批准)、承包商和潜在入职员工也可以参与。

(2)归属条件:通常情况下,在满足基于时间的归属条件(time - based conditions)和基于绩效的归属条件(performance - based conditions)前提下,期权才会归属。

(3)行权:期权和股票行使后,员工可以获得公司的普通股;在某些情况下,也可以通过现金来结算。

除了上市公司,澳大利亚的非上市公司,尤其是可以被认定为初创公司的实体,其期权的使用也极为普遍。非上市公司的股票期权计划的税务处理可以考虑是否适用前文所述 ESS 的初创公司特别税收待遇。并且,非上市公司授予的期权,有些除了服务期限条件之外,并不设定其余的归属条件,对员工的激励效果还是比较明显的。

股票期权计划常用的税收优惠政策是:递延纳税优惠方案;初创公司特别税收待遇。

以递延纳税优惠方案为例,股票期权的个税处理如表 7 - 14 所示。

表 7 - 14 Option 的个税处理——适用递延纳税优惠方案

时点	纳税义务
授予日	不纳税
归属日	不纳税
递延纳税时点(行权日)	须纳税——持有者须按照行权日股票市场公允价值与出资价格的差额作为普通收入缴纳个人所得税

续表

时点	纳税义务
出售日	须纳税——就股票出售的价格与行权日股票的市场公允价值的差额缴纳资本利得税 如果持有股票 1 年以上,一般可以获得 50% 的收入减免税收优惠

6. 限制性股票计划

限制性股票计划(restricted share plans),是指公司为符合条件的员工提供特定数量或者货币价值的澳大利亚公司的普通股,该等普通股在规定的限制期内被限制处置。在限制期内,员工不能出售、转让或以其他方式处置其限制性股票,但一般拥有分红权以及投票权。

在澳大利亚,限制性股票主要通过两种方式实现锁定:一是公司将普通股发行至信托受托人,待限制性股票归属后,受托人再将普通股转入员工名下;二是在授予协议中约定好限制性股票受到“锁定”的限制,待归属后,解除锁定。

限制性股票通常在授予时就需要对折扣收入(市场公允价值减去实际出资)进行缴税,但是在 ESS 制度下,如果限制性股票设置了基于时间或者基于业绩表现的归属条件,则该限制性股票被视为在授予时存在没收风险及处置限制。因此,纳税时点以下述日期中孰早为准:

(1)权益无没收风险且无处置限制的日期,即限制性股票归属日;

(2)员工终止雇佣关系时;

(3)授予日后 15 年。

以递延纳税优惠方案为例,RS 的个税处理如表 7－15 所示。

表 7－15　RS 的个税处理——适用递延纳税优惠方案

时点	纳税义务
授予日	不纳税
递延纳税时点(归属日)	须纳税——持有者须按照归属日股票市场公允价值与出资价格的差额作为普通收入缴纳个人所得税
出售日	须纳税——就股票出售的价格与归属日股票的市场公允价值的差额缴纳资本利得税 如果持有股票 1 年以上,可以获得 50% 的收入减免税收优惠

在上述期权和限制性股票的情形下，如果使用信托作为承载工具，其相关的税务法规非常复杂，在这里就不做介绍了。

三、英国股权激励工具与个税处理

在英国，依据股权激励计划而授予的用来换取员工服务的权益，其价值原则上需要向员工征税。在实践中，权益的税务处理和纳税时点取决于权益是否根据税收优惠或非税收优惠的股权激励计划获得，以及是否存在影响权益价值的特殊条件，如限制处置或转换权等。

1. 英国雇员股票计划

在英国，员工依据不同的税收优惠计划获得的股票，可以享受不同的税收待遇。英国税务海关总署（Her Majesty's Revenue and Customs，HMRC）规定了以下几种享有税收优惠的雇员股票计划：股权激励计划（Share Incentive Plans，SIPs）、赚取即存（Save As You Earn，SAYE）、公司股权期权计划（Company Share Option Plans，CSOP）、企业管理激励计划（Enterprise Management Incentives，EMIs）。

2. 股份激励计划

英国的 SIPs 最早诞生于《2000 年金融法案》（Finance Act of 2000），是英国两种面向全部员工且拥有税收优惠的雇员股票计划之一，另一种面向全部员工的雇员股票计划是赚取即存（SAYE），也被称为储蓄优先认股计划。

SIPs 被广泛地应用于英国上市公司和独立的私营企业，为公司和员工提供所得税和社会保险税方面的税收优惠。

根据 SIPs 授予的股份以专项信托形式持有。如果持有期限超过 5 年，参与者将免除所得税或社会保险税。

SIPs 主要通过以下四种方式参与，雇主可以选择给员工提供一种或四种方式的组合来获得 SIPs 份额：一是免费股份（free shares）；二是合伙企业股份（partnership shares）；三是匹配股份（matching shares）；四是股息股份（dividend shares）。

值得注意的是，SIPs 的税收减免有两个重要的前提条件：一是该计划必须在英国税务海关总署（HMRC）注册；二是雇主每年都须向英国税务海关总署（HMRC）远程报送与计划相关的所有信息。

SIPs 作为一种利益共享、凝聚人心的机制，对公司和员工都大有裨益。对于公司，它有助于吸引、保留和激励公司员工，且根据 SIPs 授予的股份奖励，即使其可能完全不产生现金成本，也可以在计算企业税时从利润中扣除；而对于员工，依据计划获得的股份可以享受所得税和社会保险税的优惠，且资本利得税的税基是奖励股份从信托计划中分配时的市场价值，因此只要计划继续符合条件，在计划中所持有的股份的所有增值都不需要缴纳资本利得税。

（1）免费股份

雇主可以在每个纳税年度为参与者提供最高价值 3600 英镑的免费股份。这些免费股份必须在相同的条件下向所有合格员工授予，其数额的具体分配可以依据员工报酬、服务期限、绩效表现、岗位职级的不同而有所不同，但必须遵守“相同条款”这个基本原则。

SIPs 一般规定 3 ~ 5 年的持有期。在持有期要求得到满足之前，除非员工离职或公司发生“特殊事件”（如公司的控制权发生变更），免费股份不能从信托计划中撤出。如果员工在自免费股份授予日起 3 年内离职，公司有权将该等免费股份全部没收，某些善意离职的除外。如果股份在 5 年内撤回，税收减免也会受到限制。

免费股份的税务处理如表 7 – 16 所示。

表 7 – 16　免费股份的税务处理

时点	纳税义务
收到免费股份	不纳税
获得股份 3 年内退出	须纳税——员工须按退出日免费股份的市场公允价值缴纳所得税及社会保险税
获得股份 3 ~ 5 年内退出	须纳税——员工须按收到免费股份时的市场公允价值和退出日的市场公允价值之孰低者缴纳所得税及社会保险税
任何时期“善意离职”而退出	不纳税——如果从 SIPs 信托中提取免费股份，不需要缴纳所得税及社会保险税
获得股份 5 年后退出	不纳税

续表

时点	纳税义务
出售免费股份	视情况而定——任何时候从 SIPs 中提取免费股份都不需要缴纳资本利得税，但是如果提取股份后未立即出售，则在未来出售时需要就增值部分缴纳资本利得税 *

* 英国的资本利得税有年度豁免额度，2022/2023 财政年度英国个人资本利得税豁免额为 12,300 英镑。如果相关的资本利得税税前收益在资本利得税豁免额范围内，则无须纳税。

(2)合伙企业股份

合伙企业股份方案为员工提供了扣除一定额度税前工资以购买公司合伙企业股份的机会。

员工每年参与合伙企业股份的额度为 1800 英镑或税前工资的 10%，两者以孰低者为准。

合伙企业股份的税务处理如表 7 – 17 所示。

表 7 – 17　合伙企业股份的税务处理

时点	纳税义务
购买时	不纳税——无须就购买合伙企业股份的出资缴纳所得税或社会保险税
获得股份 3 年内退出	须纳税——员工须按退出日合伙企业股份的市场公允价值缴纳所得税及社会保险税
获得股份 3 ~ 5 年内退出	须纳税——员工须按购买合伙企业股份的出资和退出日的市场公允价值之孰低者缴纳所得税及社会保险税
任何时期“善意离职”而退出	不纳税——无须缴纳所得税或社会保险税
获得股份 5 年后退出	不纳税——无须缴纳所得税或社会保险税
出售合伙企业股份	视情况而定——任何时候从 SIPs 中提取合伙企业股份都不需要缴纳资本利得税，但是如果提取股份后未立即出售，则在未来出售时需要就增值部分缴纳资本利得税

(3)匹配股份

匹配股份是相对于员工购买的合伙企业股份而言的，员工每购买一份合伙企业股份，公司可以最多为其提供两份免费的匹配股份。合伙企业股份每年的最高份额为 1800 英镑，因此匹配股份的最高份额为 3600 英镑(1800 英镑乘以 2)。

换句话说,匹配股份的合理使用能够有效地降低合伙企业股份的购买成本。如果员工购买的每一份合伙企业股份都配送了两份匹配股份,则员工的购股成本相当于是原价的1/3。

匹配股份与免费股份具有相同的持有期及税务处理方式。并且,对于这两种都是免费授予的股份,公司可以对获授者附加更多的条件,如服务期限条件、业绩条件等,常见于规定员工在3年的规定期限内离职的或者业绩条件不达标的,公司可以无偿没收其股份。

(4)股息股份

如果 SIPs 中的股份派发了股息,通常有两种处置方式:第一种是员工以现金形式领取股息,按照股息的法规缴税;第二种是将股息用于再投资公司股份,在这种方式下,员工获取的就为股息股份。股息是通过现金派发还是用于再投资取决于公司。

如果股息股份在信托中持有期不少于3年,员工可以免缴所得税。在此计划中,员工在每个纳税年度可以使用最高1500英镑的免税股息额度。

股息股份的税务处理如表7－18所示。

表7－18　股息股份的税务处理

时点	纳税义务
购买股息股份时	不纳税——无须缴纳所得税和社会保险税 注:超过相关免税额的任何股息按现行股息税率征税
获得股份3年内退出	须纳税——按照退出日期的现行股息税率,就最初用于购买股息股份的现金股息金额缴纳所得税
获得股份3年后退出	不纳税——无须缴纳所得税和社会保险税
任何时期“善意离职”而退出	不纳税——无须缴纳所得税和社会保险税

注:员工离职时,必须从 SIPs 信托中提取股息股份;股息股份在任何情况下都不涉及社会保险税。

3. 赚取即存

赚取即存(SAYE)最早诞生于1980年,是一种与储蓄相关的拥有特别税收待遇的股票期权计划,也被称为储蓄优先认股计划。SAYE 与 SIPs 的相同点在于,它们都是面向全部员工的雇员股票计划。

作为一种无投资风险的储蓄型股票期权计划,SAYE 在英国极受欢迎,据统计，有超过14，000家英国公司都在滚动实施着SAYE。

公司若计划推行SAYE，必须在计划启动前通知员工，员工可以自行选择是否参加。值得注意的是，公司必须为所有工龄5年及以上的员工提供同等的参与机会。

在SAYE下，所有的合格参加者需与经批准的第三方储蓄机构签订一份为期36个月或60个月的储蓄合同，每月最高的储蓄额度为500英镑（税后工资），资金将被存放在合格的储蓄账户中，由储蓄机构进行经营及管理。储蓄合同开始，意味着参与者当即获得了在未来的日期（储蓄合同结束时）以固定价格（折扣价）购买公司股票的权利。

SAYE的核心要素如下：

（1）期权授予日：储蓄合同开始的日期。

（2）期权行权价格：公司通常为参与者提供股票市场公允价值最高20%的折让。

（3）期权的数量：期权授予的数量在授予日确定，并与员工承诺储蓄的水平成正比。

（4）期权的行使：期权只能在储蓄合同开始日的3年或5年后行使，具体的行权有效期由公司在授予时确定；如果未在行权有效期内行使权益，则期权失效，储蓄将自动返回员工账户。

（5）离职：SAYE通常会规定员工须在离职后6个月内行使期权，除非一些特定的情况发生。

（6）提前行权：若员工是善意离职的，如因疾病、残疾、裁员、身故、退休等原因离职，或公司被并购导致控制权转移，则员工可以提前行权。

SAYE的税务处理如表7－19所示。

表7－19　赚取即存（SAYE）的税务处理

时点	纳税义务
授予日	不纳税——无须缴纳所得税和社会保险税
3年内员工因善意离职而行权	不纳税——无须缴纳所得税和社会保险税
计划结束后选择行权 （股价高于行权价）	不纳税——无须缴纳所得税或社会保险税

续表

时点	纳税义务
放弃行权（股价低于行权价）	不纳税——储蓄金及免税的利息和奖金将会一次性返还
卖出股票	可能须纳税——就出售价格与行权价格的差额缴纳资本利得税
行权后 90 日内将股票转入 ISA 账户*	不纳税——在行权 90 日内将股票转入 ISA 账户，则不会触发资本利得税，从 ISA 账户中出售股票，也不需要缴纳资本利得税
行权后直接转入养老金账户	不纳税——无须缴纳资本利得税

* ISA 账户：Individual Saving Account，是一种享受税务优惠的特定个人储蓄账户。

4. 公司股份期权计划

公司股份期权计划（CSOP）是一项享受特殊税收优惠待遇的期权激励计划。公司可根据该计划向任意员工或执行董事授予最高价值达 30,000 英镑的期权，前提是行权价格不得低于授予日公司股份的市场公允价值。在此计划下，员工无须就折扣收入缴纳所得税和社会保险税，只需要在出售时缴纳资本利得税。

CSOP 与 SIPs 及 SAYE 的不同点在于，CSOP 可以自行选择特定的员工或执行董事参与，而不需要对所有的员工开放。CSOP 对公司的规模和员工人数没有限制，被广泛地应用于大型企业、上市公司以及那些由于行业限制被企业管理激励（EMIs）排除在外的公司。从某种意义上讲，CSOP 可以作为企业不符合 EMIs 时的一种选择，但比 EMIs 有更多的限制条件。

CSOP 的核心要素如下：

（1）实施主体：公司必须是上市公司或者独立的不受另外一家公司控制的非上市公司；股份必须为公司的普通股而非优先股。

（2）激励对象：由公司董事会或薪酬委员会酌情选择全职员工、执行董事（每周至少为公司工作 25 小时）参加；非执行董事不得参加；在授予期权前拥有超过 30% 股份（含本公司及其分支机构等股权）的“重大利益人”不得成为激励对象。

（3）期权行权价格：不得低于授予日公司股份的市场公允价值。

(4)税收优惠额度:30,000 英镑(按授予日价值计算),超过该额度的部分无法享受税收优惠待遇。

(5)等待期:自授予日起 3 年内员工不得行使期权。

(6)提前行权:在规定的 3 年持有期限内,如果员工是善意离职的,如因疾病、残疾、裁员、身故、退休等原因离职,或公司被并购导致控制权转移的,员工可以提前行权。其中,在下述情形下,仍可继续享受税收待遇:因疾病、残疾、裁员、退休等原因离职提前行权的,在离职后 6 个月内行权;或因身故而提前行权的,在身故后 12 个月内行权;或公司被现金并购,导致控制权转移的,在公司特定事项发生后 6 个月内行权。

公司股份期权计划的税务处理如表 7 – 20 所示。

表 7 – 20　公司股份期权计划的税务处理

时点	纳税义务
授予日	不纳税——无须缴纳所得税和社会保险税
3 年内员工因善意离职而行权	不纳税——无须缴纳所得税和社会保险税
行权日(3 年后)	不纳税——无须缴纳所得税或社会保险税
出售日	可能须纳税——就出售价格与行权价格的差额缴纳资本利得税

5. 企业管理激励

企业管理激励(EMIs)旨在通过向员工授予在未来达到一定的条件(服务期限/业绩考核)后,用既定价格(折扣价或授予日市场公允价值)购买公司股票的权利,以达到帮助规模较小、风险较高和有高增长潜力的中小型企业保留、吸引和激励核心员工的目的。在该计划下获授的期权,有较灵活的税收优惠待遇。

EMIs 对公司和员工设置了严格的条件,只有在完全满足的情形下,才可以享受相应的税收优惠待遇。

EMIs 的核心要素如下。

(1)对公司的要求

第一,授予时公司与集团公司必须为总资产不得超过 3000 万英镑的独立的不受另外一家公司控制的上市公司或非上市公司;股份必须为公司的普通股而非优先股。

第二，公司主业不得为限制类行业，如金融、租赁、农业、房地产开发、法律服务、船舶建造等。

第三，授予时公司或集团公司的全职员工与非全职员工的折算人数共计不得超过250人。

（2）对计划的要求

第一，授予总额为300万英镑，每个参与者最高可以获得价值25万英镑的期权。值得注意的是，CSOP中授予的额度也应一并计算在内。

第二，期权的有效期为10年。

（3）对参与者的要求

第一，所有参与者，包括全职员工、执行董事每周至少为公司工作25小时（或总工作时间的75%）。

第二，在授予期权前拥有超过30%股本的“重大利益人”不得成为激励对象。

企业管理激励的税务处理如表7－21所示。

表7－21　企业管理激励的税务处理

时点	纳税义务
授予日	不纳税——无须缴纳所得税和社会保险税
行权日 （行权价格＝授予日市场公允价值）	不纳税——无须缴纳所得税和社会保险税
行权日 （行权价格≤授予日市场公允价值）	须纳税——就授予日的市场公允价值与行权价格的差额缴纳所得税和社会保险税
出售日	须纳税——就出售价格与行权价格的差额缴纳资本利得税

6. 员工所有权信托

（1）员工所有权信托的含义

员工所有权信托（Employee Ownership Trusts，EOT）是英国政府于2014年推出的一项具有法定税收优惠的新举措，旨在为股东提供机会将其股份出售给员工持股的信托且免征资本利得税，从而促进员工间接持有公司的所有权。在EOT模式下，员工不直接持有公司的股份，而是通过成为拥有公司控股权信托的受益人来间接持有公司的股份。

（2）EOT的优势

EOT举措的优越性在于，它为股东提供了快速而精简的退出途径，允许股东在没有明显第三方购买者的情况下免税退出，且股东可以保留高达49%的公司股份；股东退出的股份可以用于激励、保留管理层及核心员工，从而加强员工承诺，提高绩效和提升创新，促进公司业务增长，有利于公司的长远发展。

与员工福利信托（Employee Benefit Trusts，EBTs）不同，EOT在两个方面具有明显的税收优惠：

其一，自2014年起，股东个人（或者是几个股东在同一纳税年度共同出售控股权）向EOT出售其合格股份被视为无收益且无损失的交易，因此免缴资本利得税；

其二，合格的EOT控股的公司，可以向员工派发免税的奖金。每位员工在每个纳税年度的个人所得税免税额度上限为3600英镑（社会保险税除外）。

（3）EOT的资格条件

在满足以下条件的前提下，可以享受EOT的法定税收优惠：

① 交易要求：涉及股份转让的公司必须是一个贸易公司或贸易集团的主要公司。

② 面向全体员工要求：EOT的资产必须面向全体符合条件的员工开放（不包括持股5%以上的员工），信托受托人可以参考员工的薪酬、服务期限、绩效表现和岗位职级等条件对信托资产进行分配，但必须遵守“相同条款”这一基本原则。

③ 控股权要求：EOT在受让股份转让前持股不能超过50%，而受让股份当年的年末必须保持标的公司的“控制权”。“控制权”是指超过50%的普通股股本、投票权和利润分配权等。

④ 有限参与人要求：身为董事或员工的股东及持股不少于5%的员工股东及其亲属的人数不得超过公司或集团员工总数的40%。

7. 长期激励计划

除了前文提到的由英国税务海关总署（HMRC）批准的可以享受特定的税收优惠待遇的计划之外，在英国其实还存在各种各样“未经批准的”的激励计划，如期权计划、限制性股票计划、业绩股票计划等。这些以公司股份为基础用于员工补偿的计划统称为长期激励计划。

下面简单介绍几种英国常用的无税务优惠的长期激励工具及税务处理。

（1）期权

公司向激励对象授予在未来达到一定的条件（服务期限/业绩考核）后，可以按既定价格（折扣价或授予日公允市场价值）购买一定数量公司股份的权利。

英国的期权主要分为两类：第一类是享受税收优惠的期权，如依据 CSOP 和 EMIs 授予的期权；第二类是不享受税收优惠的期权，如超过了 EMIs 规定的 25 万英镑额度限制部分的期权。第一类期权的税务处理不再赘述，在此主要总结无税务优惠的期权的税务处理，如表 7－22 所示。

表 7－22　无税务优惠的期权的税务处理

时点	纳税义务
授予日	不纳税——无须缴纳所得税和社会保险税
行权日	须纳税——就行权日的市场公允价值与行权价格的差额缴纳所得税和社会保险税
出售日	可能须纳税——就出售价格与行权日市场公允价值的差额缴纳资本利得税

（2）限制性股票（RS）

限制性股票是指所有权受限制的股票。

英国税法明确解释了限制的定义以及范围。常见的限制有两种：第一类限制是（权益存在）没收风险。具体来说，它是指当特定事件发生时，员工需要将权益归还给公司，常见于协议中规定的若员工在一定期限内离职，员工的权益奖励需要归还公司，即权益存在没收风险。第二类限制是限制处置。在此类型中，员工可能被允许保留权益，但是公司要求员工不得将其出售或者只能在一定期限内将权益出售给指定的对象。

当公司发行以换取员工的服务为目的的受限制的股票时，该等受限制股票存在两个不同的价值：一是实际市场价值（Actual Market Value，AMV），这是附加限制的股票的实际价值；二是不考虑所受限制时的市场价值（Unrestricted Market Value，UMV），这是没有任何附加限制的股票价值，即公司股票的市场公允价值。不受限制的市场价值（UMV）常常高于实际市场价值（AMV），因为公司附加的限制条件使得员工手里的股票实际贬值了。

受限制的权益（包括限制性股票）的税务处理及纳税时点不仅与其是否根据税收优惠或非税收优惠的股份计划获得相关，也与影响其价值的限制条件相关。

以最常见的5年内存在没收风险的限制性股票为例，其税务处理如表7－23所示。

表7－23　限制性股票（RS）的税务处理——5年内存在没收风险

时点	纳税义务
授予日	不纳税——无须缴纳所得税和社会保险税
归属日	须纳税——须按照归属日股票市场公允价值与实际出资（若有）的差额缴纳所得税和社会保险税*
出售日	可能须纳税——须就出售价格与归属日市场公允价值的差额缴纳资本利得税

*除了员工社会保险税，还有可能为雇主支付社会保险税，由雇主决定是自行支付还是由员工支付。

（3）Section 431 Election

英国的Section 431 Election赋予了公司和员工一个选择，在授予时按照不受限制的市场价值（UMV）预先缴纳所得税，而未来受限制股票在归属时，员工无须再缴纳任何所得税，只需要在出售时就增值部分缴纳资本利得税。

若选择Section 431 Election的处理方式，必须在授予日后14日内，由公司和员工联合签署并报送英国税务海关总署。

举例说明，员工William在2019年1月被免费授予了5000股每股价值3英镑的限制性股票，前提是William需要持续为公司服务3年，若William在2022年1月的归属日前离开，则该等限制性股票会被公司没收（3年内存在没收风险）。

在2022年1月,公司股价涨到了每股10英镑。

是否签署 Section 431 Election 的税务处理的比较如表7－24所示。

表7－24　是否签署 Section 431 Election 的税务处理的比较

单位:英镑

项目	不签署 Section 431 Election	签署 Section 431 Election
授予日	0	5000×3＝15,000
归属日	5000×10＝50,000	0
归属日及之前所得税应税所得额合计	50,000	15,000

从上述案例中可以看到,在两种不同的处理方法下,归属日及之前所得税的应税金额差距较大。如果考虑未来资本利得税的应税额,加上所得税共计的应税金额是一致的,但分布在所得税和资本利得的部分却很不一样。

读者可能已经发现,英国的 Section 431 Election 与前文介绍过的美国的 Section 83(b) Election 非常类似。它们都允许员工可以按照授予时点的股票公允价值预先缴纳所得税,把后面增长的价值全部锁定到资本利得税中。如果在获授限制性股票的时点公司股票的价值尚低,且预计未来公司价值会大幅增长的情形下,鉴于所得税的税率通常都高于资本利得税,这种安排确实能起到税务优化的效果。

(4)限制性股票单位(RSU)

在英国,RSU多由跨国的科技公司提供。

RSU和RS的税务处理大致一样,如表7－25所示。

表7－25　限制性股票单位(RSU)的税务处理——5年内存在没收风险

时点	纳税义务
授予日	不纳税——无须缴纳所得税和社会保险税
归属日	须纳税——按照归属日股票市场公允价值缴纳所得税和社会保险税
出售日	可能须纳税——就出售价格与归属日市场公允价值的差额缴纳资本利得税*

* 如果在RSU归属后立即出售,则无须缴纳资本利得税。

四、新加坡股权激励工具与个税处理

在新加坡,有两种员工股权激励计划较为常见:第一种是员工股票期权计划(employee share options plans,ESOP),指公司赋予员工在未来某个日期购买公司股份的权利,其包含"股票期权";第二种是其他形式的员工持股计划(employee share ownership plans,ESOW),指公司允许员工持有或购买公司的股份,其包括股票奖励和其他类似形式的员工股票购买计划。新加坡税务局(Inland Revenue Authority of Singapore, IRAS)对上述两种激励计划的纳税要求都做了规范:如果员工在新加坡受雇并根据前述的计划获授激励股份并产生收益的,需要就收益进行纳税。

要理解新加坡股权激励的税务处理,需要先了解两个概念:一是限售期,指在 ESOP 或 ESOW 下的股份行权/归属后,个人仍然不得出售股份的期限;二是限制性股份,指被限制出售的股份。

1. 员工股票期权计划

(1)员工股票期权计划(ESOP)的含义

ESOP 就是最常见的股票期权计划,指公司赋予员工(包括无雇佣合同的董事)在未来达到一定的条件(服务期限/业绩考核)后,可以按预定价格购买一定数量公司股票的权利。

根据 IRAS 的法规,从 2003 年 1 月 1 日起,尽管多数情况下期权在行权时纳税,但如果期权在行权后仍然被限制出售,可待解除出售限制时再缴纳所得税,并把这类行使后仍存在限售期的期权计划称为受限制的股票期权计划。

(2)股票期权的个税处理

① 无限售期期权的个税处理(见表 7 – 26)

表 7 – 26　期权的个税处理——行权后无限售期

时点	纳税义务
授予日	不纳税
归属日(可行权日)	不纳税

续表

时点	纳税义务
行权日	须纳税——须就行权日的市场公允价值与行权价格的差额缴纳所得税
出售日	不纳税*

＊新加坡无资本利得税。

② 行权后有限售期期权的个税处理(见表7－27)

表7－27　期权的个税处理——行权后有限售期

时点	纳税义务
授予日	不纳税
归属日(可行权日)	不纳税
行权日	不纳税
解除限售日	须纳税——须就解除限售日的市场公允价值与行权价格的差额缴纳所得税
出售日	不纳税

(3)案例分析

王先生是新加坡公民,受雇于C公司,他于2017年3月1日根据C公司ESOP获授了受限制的股票期权,给定的行权价格为5新元/股(等于授予日的公开市场价值)。2018年4月,王先生行权购买了5000股C公司的股票,市场价为7.5新元/股。

根据C公司ESOP,员工在行权后的两年内不准出售股票。2020年4月,股票解除限售,公开市场价格为7新元/股,2020年10月,王先生将股票出售,价格为8新元/股。

在此案例中:授予日股票的公开市场价格为5新元/股;行权价格为5新元/股;行权日股票的公开市场价格为7.5新元/股;解除限售日股票的公开市场价格为7新元/股;出售日股票的公开市场价格为8新元/股。

王先生的税务处理如表7－28所示。

表 7 – 28 王先生的税务处理

时点	纳税义务
授予日	不纳税
行权日	不纳税
解除限售日	须纳税——就解除限售日的公开市场价格与行权价格的差额缴纳所得税 其 ESOP 应税所得额为(7 – 5) ×5000 = 10,000 新元
出售日	不纳税

2. 员工持股计划

(1)员工持股计划(ESOW)的定义

ESOW 指公司允许员工持有或购买公司的股份,其包括股票奖励和其他类似形式的员工股票购买计划,但不包括虚拟股票和股票增值权。常见的限制性股票和限制性股票单位即属于 ESOW。

(2)限制性股票/限制性股票单位的个税处理

IRAS 规定,没有归属期的 ESOW 在授予时纳税,有归属期的 ESOW 在归属日纳税,如果在归属后仍然有限售期的,在解除限售日纳税,如图 7 – 7 所示。

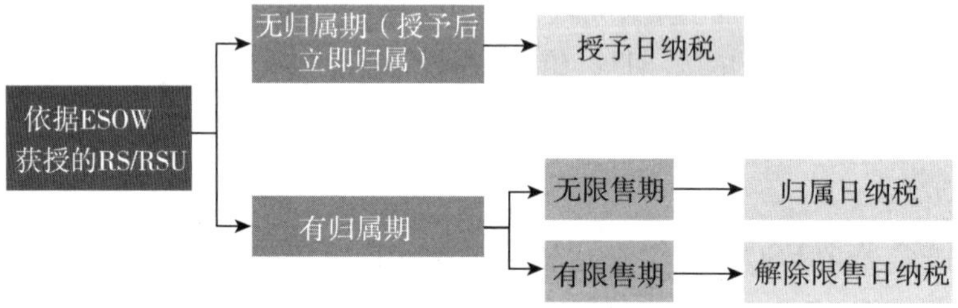

图 7 – 7 新加坡税务局关于 ESOW 的纳税处理

① 无归属期的 RS/RSU 的个税处理(见表 7 – 29)

表 7 – 29 无归属期(包括授予后立即归属的)的 RS/RSU 的个税处理

时点	纳税义务
授予日	须纳税——就授予日的市场公允价值与实际出资的差额缴纳所得税
出售日	不纳税

② 有归属期但无限售期的 RS/RSU 的个税处理(见表 7 - 30)

表 7 - 30　有归属期但无限售期的 RS/RSU 的个税处理

时点	纳税义务
授予日	不纳税
归属日	须纳税——就归属日的市场公允价值与实际出资的差额缴纳所得税
出售日	不纳税

③ 有归属期及限售期的 RS/RSU 的个税处理(见表 7 - 31)

表 7 - 31　有归属期及限售期的 RS/RSU 的个税处理

时点	纳税义务
授予日	不纳税
归属日	不纳税
解除限售日	须纳税——就解除限售日的市场公允价值与实际出资的差额缴纳所得税
出售日	不纳税

(3)案例分析

吴女士是新加坡永久公民,受雇于 D 公司,她于 2017 年 6 月 1 日根据 D 公司 ESOW 获得了 10,000 股股份奖励,授予后可即刻归属,授予日股票的公开市场价格为 3.5 新元/股。

但是根据 D 公司 ESOW,该股份奖励有两年的限售期,即在 2019 年 6 月 1 日前不得出售。在 2019 年 6 月 1 日(解除限售日)市场价为 3.2 新元/股。

2020 年 1 月,吴女士以 4.2 新元/股的价格将持有的 10,000 股 D 公司股票全部出售。

在此案例中:授予日股票的公开市场价格为 3.5 新元/股;解除限售日股票的公开市场价格为 3.2 新元/股;出售日股票的公开市场价格为 4 新元/股。

吴女士的税务处理如表 7 - 32 所示。

表 7-32　吴女士的税务处理

时点	纳税义务
授予日	不纳税
解除限售日	须纳税——就解除限售日的市场公开价值与实际出资的差额缴纳所得税 其 ESOW 应税所得额为 3.2×10,000=32,000 新元
出售日	不纳税

3. 递延纳税计划

(1)合格员工股权薪酬计划(QEEBR)

一直以来,非上市公司的期权行权成本在全球范围内都是一个令人头疼的问题,因为非上市公司的股票在行权后没有公开交易的场所可以出售,所以也无法像上市公司那样可以采用非现金行权(cashless)的方式来覆盖期权行权成本及相关税费。

为了促进初创企业的发展,解决出资问题并缓解现金流压力,新加坡税务局(IRAS)于 1999 年推出了合格员工股权薪酬计划(Qualified Employee Equity-based Remuneration,QEEBR)。符合此递延纳税计划要求的 ESOP 和 ESOW,可以享受最高 5 年的纳税递延,但须支付由此产生的利息费用。

(2)QEEBR 的资格条件

根据新加坡税务局(IRAS)的法规,符合 QEEBR 须满足若干条件。

① 合格的 ESOP/ESOW

合格的 ESOP/ESOW 必须符合新加坡交易所对上市公司归属期的要求。对于未在新加坡交易所上市的公司,此归属期要求同样适用。

合格 ESOP 的归属期要求如表 7-33 所示。

表 7-33　QEEBR——ESOP 归属期要求

行权价格	ESOP 不能行使的时期
行权价格≥授予日公开市场价格	期权授予后 1 年内
行权价格<授予日公开市场价格	期权授予后 2 年内

合格 ESOW 的持有期要求如表 7－34 所示。

表 7－34　QEEBR——合格 ESOW 持有期要求

实际出资	ESOW 不能归属的时期
实际出资≥授予日公开市场价格	股份授予后半年内
实际出资＝0，或 实际出资＜授予日公开市场价格	股份授予后 1 年内

值得注意的是，如果是一次性授予但分期归属的 ESOP 或 ESOW，如果满足了相关的期限要求，也可以依据 QEEBR 享受纳税递延，期权归属比例如表 3－35 所示。

表 7－35　期权归属比例

项目	年度					合计
	1	2	3	4	5	
比例/%	20	20	20	20	20	100

如表 7－35 所示，这是一份 5 年匀速归属的期权，假设行权价格低于授予日市场公允价值，若想符合 QEEBR 递延纳税的条件，则该 ESOP 须满足两年的归属期要求。

在这个案例中，40％的期权在两年内归属，因此并不满足 QEEBR 最低归属期的要求，无法享受递延纳税，而剩余 60％的期权在两年后归属，满足 QEEBR 最低归属期的要求，可以享受递延纳税。

② 合格的员工（适用 2003 年 1 月 1 日及以后时期）

第一，激励对象被授予 ESOP 或 ESOW 时需在新加坡工作，且 ESOP 或 ESOW必须由激励对象所为之工作的公司或关联公司授予；或

第二，激励计划涉及的个税不由公司承担；或

第三，激励对象不得是破产者，或不得是根据新加坡税务局（IRAS）的记录被确定为拖欠纳税人；或

第四，根据现行法规，激励对象不被允许分期缴纳税款；或

第五，股票期权的收益税款低于 200 新元。

③ 递延纳税计划的终止

新加坡税务局(IRAS)规定,如果员工破产或者身故,递延纳税计划将立即终止。

如果雇员是外籍员工或者拥有新加坡永久居留权(Singapore Permanent Resident,SPR)的人群,当他们停止在新加坡工作并离开新加坡时,或者被外派至海外时,或者离开新加坡超过 3 个月(除非激励对象能证明他不会永久离开新加坡)时,递延纳税计划将立即终止,激励对象需立刻支付递延税款及利息。

4. 外籍员工与新加坡永久居民

(1)“视同行权”原则(“deemed exercise” rule)

众所周知,新加坡是一个拥有多元文化的移民国家,因此在新加坡有许多外籍员工和持有新加坡永久居留权的人群。对于这些个人依据 ESOP 或 ESOW 获授的公司股权激励的个税处理,新加坡税务局(IRAS)有特殊的规定。

根据新加坡税务局(IRAS)的法规,如果外籍员工终止在新加坡的雇佣关系时,他仍持有一些尚未行使的 ESOPs 或尚未归属 ESOWs,那么在其终止受雇时,他将被视为已经从尚未行使的 ESOPs 或尚未归属 ESOWs 获得最终利益(视同行权收益),在终止受雇时点,需要立即缴纳所得税。

此处的外籍员工具体包括:外籍个人(非新加坡公民);永久离开新加坡的新加坡永久居民;派驻海外工作的新加坡永久居民。

外籍员工终止受雇时 ESOP 与 ESOW 的视同行权收益的计算公式:

以孰晚日期的股票公开市场价格(外籍员工停止受雇日期的一个月前,或授予日,二者之孰晚者)- ESOP 的行权价格或 ESOW 的实际出资 = 外籍员工的最终收益(视同行权收益)

(2)案例分析

① 案例一:终止受雇日期的前一个月晚于授予日

美国人 John 于 2018 年 11 月 1 日至 2020 年 9 月 30 日在新加坡的 K 公司工作。K 公司于 2019 年 9 月 1 日授予他一份 ESOPs,期权行权价格为 1 新元/股。

2020 年 9 月 30 日,John 终止在 K 公司的工作并将离开新加坡,但是他仍有 5000 股期权尚未行权。2020 年 8 月 30 日，也就是他终止受雇日期的前一个月公司股票的公开市场价格为 2 新元/股。

根据外籍员工“视同行权”的规则，John 被视为在 2020 年 8 月 30 日（离职日期的前一个月）已就 ESOPs 行权，因此 John 需要就此纳税。

比较两个日期：

授予日：2019 年 9 月 1 日；

终止受雇日期的前一个月：2020 年 8 月 30 日。

终止受雇日期的前一个月晚于授予日。

John 的视同行权收益为：（受雇日期前一个月的公开市场价格 - 行权价格）× 尚未行使的期权数量，即（2 - 1）×5000 = 5000 新元。

② 案例二：授予日晚于终止受雇日期的前一个月

英国人 David 于 2018 年 11 月 1 日至 2020 年 9 月 30 日在新加坡的 T 公司工作。T 公司于 2020 年 9 月 15 日授予他一份 ESOP，期权行权价格为 1 新元/股，授予日公司股票的公开市场价格为 2.2 新元/股。

2020 年 9 月 30 日，David 终止在 T 公司的工作并将离开新加坡，但是他仍有 5000 股期权尚未行权。

根据外籍员工“视同行使”的规则，David 被视为在 2020 年 8 月 30 日（离职日期的前一个月）已就 ESOPs 行权，因此 David 需要就此纳税。

比较两个日期：

授予日：2020 年 9 月 15 日；

终止受雇日期的前一个月：2020 年 8 月 30 日。

授予日晚于终止受雇日期的前一个月。

David 的视同行权收益为：（授予日的公开市场价格 - 行权价格）× 尚未行使的期权数量，即（2.2 - 1）×5000 = 6000 新元。

如果不想使用“视同行权”规则在终止受雇且离开新加坡时即刻缴税，新加坡税务局（IRAS）也为纳税人提供了另一种替代的方法：期权追踪法（tracking option）。其原理就是如果不想即刻缴税，就需要有很确定的方法一直追踪到实际行权的时间再来纳税。此方法对雇主的要求极高，有烦冗的文件申报流程、大量的行政管理工作，且如果中间出现差错，雇主可被处以最高达到税款 200%

的金额的罚款,因此采纳率并不高。

5. 股权薪酬激励计划

总体来说,在新加坡,激励对象依据 ESOP 或 ESOW 获得的收益应当在权益归属或行权的时候纳税。如前文所介绍的,在满足条件的情况下,可依据 QEEBR 最长将纳税时点递延 5 年。在 QEEBR 出现之前,IRAS 还为 ESOP/ESOW 中取得的收益提供了另一种税收减免的政策,即股权薪酬激励计划(Equity Remuneration Incentive Schemes, ERIS),在符合 ERIS 相关的资格要求的前提下,可享受税收减免的税务优惠。

ERIS 下包括三个子方案:一是初创公司 ERIS——ERIS(start - ups);二是中小型企业 ERIS——ERIS(SMEs);三是全公司ERIS——ERIS(all corporations)。

该三个子方案的摘要如表 7 - 36 所示。

表 7 - 36 股权薪酬激励计划 ERIS

子方案类型	ERIS(start - ups)	ERIS(SMEs)	ERIS(all corporations)
税收待遇(如满足条件)	(1)员工依据 ESOP 或 ESOW 获取的收益可享受 75% 的税收减免,免税期限为 10 年 (2)申请免税的 10 年期累计收益上限为 1000 万新元,且所得收益必须在 2023 年 12 月 31 日或之前取得	(1)员工依据 ESOP 或 ESOW 获取的收益可享受 50% 的税收减免,免税期限为 10 年 (2)申请免税的 10 年期累计收益上限为 1000 万新元,且所得收益必须在 2023 年 12 月 31 日或之前取得	(1)员工依据 ESOP 或 ESOW 获取的前 2000 新元的收益所得税全免,超过 2000 新元部分的收益可享受 25% 的税收减免,免税期限为 10 年 (2)申请免税的 10 年期累计收益上限为 100 万新元,且所得收益必须在 2023 年 12 月 31 日或之前取得
适用条件	(1)激励股份需在 2008 年 2 月 16 日至 2013 年 2 月 15 日授予 (2)且授予日必须在公司成立后 3 年内	(1)ESOP 的期权需在 2000 年 6 月 1 日至 2013 年 12 月 31 日授予 (2)ESOW 的股份需在 2002 年 1 月 1 日至 2013 年 12 月 31 日授予	(1)ESOP 的期权需在 2001 年 4 月 1 日至 2013 年 12 月 31 日授予 (2)ESOW 的股份需在 2002 年 1 月 1 日至 2013 年 12 月 31 日授予

从表 7－36 可以看到,ERIS 的最晚授予年度在 2013 年,最晚的收入日期是 2023 年 12 月 31 日。也就是说,该政策处于渐进退出阶段,从 2024 年开始,该政策就不再实行,转为现行的 QEEBR 了。